DÉMARCHES ORIGINALES DE DESCARTES SAVANT

BIBLIOTHÈQUE D'HISTOIRE DE LA PHILOSOPHIE

NOUVELLE SÉRIE

Fondateur : Henri GOUHIER Directeur : Jean-François COURTINE

DÉMARCHES ORIGINALES DE DESCARTES SAVANT

par

Pierre COSTABEL

PARIS

LIBRAIRIE PHILOSOPHIQUE J. VRIN

6, Place de la Sorbonne, V^{e}

—

2013

Imprimé en France

ISSN 0249-7980

ISBN 978-2-7116-2050-0

www.vrin.fr

AVERTISSEMENT

Le souhait de nombreux amis trouve aujourd'hui, dans la Collection « Vrin-Reprise», le moyen d'être satisfait. Je rassemble ici la majeure partie des études que j'ai consacrées à l'œuvre scientifique de Descartes et qui, dispersées dans des publications diverses, sont difficiles à consulter ou carrément inaccessibles dans certains cas. Le titre sous lequel je les présente n'est pas factice car c'est bien l'originalité de Descartes savant qui a été, dès l'origine de mes recherches, le thème que j'entendais soumettre à un examen approfondi et objectif. Le pluriel dont j'use dans ce titre signifie simplement que durant quelque vingt-cinq ans l'examen en question a été pour moi porté sur divers aspects de Descartes savant sans que je puisse me permettre autre chose que des suggestions quant à une synthèse. Les textes que je rends ici accessibles au lecteur ne sont d'ailleurs pas sans lacunes par rapport à l'activité scientifique de Descartes, notamment en ce qui concerne la cosmologie et le magnétisme. Tels quels, portant en eux-mêmes la marque des circonstances et du moment dans lesquels ils ont été écrits, je crois cependant avec mes amis qu'ils peuvent être utiles encore, dans leur rassemblement même. Et mieux valait les remettre à la disposition du public que d'attendre, dans la crise actuelle de l'édition, la possibilité hypothétique d'une refonte générale et organisée. Je me suis contenté seulement d'ordonner ces textes en plaçant en tête deux tentatives d'information générale et en adoptant pour les études proprement dites de la science cartésienne un ordre qui suive très sensiblement la chronologie de Descartes lui-même. En remerciant les éditions de la Librairie Philosophique J. Vrin et le Comité de direction de Vrin-Reprise de leur bienveillante attention, j'espère que l'ordonnance de cette réédition de textes dispersés constitue effectivement une réponse à l'attente qu'un lecteur a normalement face à un volume et à son titre.

PIERRE COSTABEL.

SOMMAIRE

RENÉ DESCARTES, 1596-1650*

Étrange destin que celui de René Descartes. La conscience qu'il manifesta à maintes reprises, d'être un maître à penser dont les générations à venir n'épuiseraient pas l'héritage, rend difficiles à son endroit la sérénité et l'exactitude du jugement. D'aucuns le haïrent en son temps, l'accusant d'un immense orgueil, et la lignée de ceux qui le chargèrent de tous les méfaits d'un rationalisme étroit et artificiel ne s'est pas éteinte aujourd'hui encore. D'autres n'ont cessé de le porter aux nues, sans pour autant se faire scrupule de connaître autre chose de lui que des schémas simplistes. Qu'on le blâme pour les illusions de ses «idées claires et distinctes», ou qu'on le loue pour l'excellence de sa «Méthode», il reste cependant qu'il a fait davantage que marquer son époque. Davantage aussi qu'illustrer la France et promouvoir sa langue et son esprit, tandis qu'il a pratiquement vécu hors de son pays. Il a tracé des voies auxquelles la science et la philosophie ne cessent d'avoir à revenir.

Il naquit, semble-t-il, avant terme, et sur le bord du chemin que sa mère accomplissait pour accoucher chez les siens à La Haye, petite bourgade de Touraine. Son père était Conseiller au Parlement de Rennes et appartenait à ces cadres de petite noblesse qui permirent au royaume de France de traverser les crises de la fin du XVIe siècle. René Descartes fit ses études au Collège royal de La Flèche tenu par les Jésuites, et s'il ne fut pas pour ses maîtres un élève ordinaire et docile, il ne renia jamais ce qu'il leur devait, ni l'attachement qu'il gardait pour la plupart d'entre eux. L'Université de Poitiers le reçut quelque temps pour le baccalauréat et la licence en droit, mais à peine obtenus ces grades conformes à la tradition familiale, le jeune Descartes partit pour la Hollande et s'engagea dans l'armée de Maurice de Nassau. C'est en novembre

* Notice parue en italien dans *Scienziati e Tecnologi della Origini al 1875,* Milano, Arnoldo Mondadori Editore, 1975, vol. I, p. 406-409.

de la même année, 1618, qu'il fit la rencontre d'Isaac Beeckman, son aîné de quelques années, qui venait de rentrer de France où il avait pris à Caen ses grades pour le doctorat en médecine. Beeckman était très informé de tout le mouvement scientifique du moment et avait déjà à cet égard une position originale. Descartes fut saisi d'enthousiasme.

En avril 1619 cependant il reprit la route, gagna le Danemark, puis l'Allemagne où il s'engagea dans les troupes de Maximilien de Bavière. Le 10 novembre il eut, près d'Ulm, une nuit de rêves exaltants quant «aux fondements d'une science admirable» et il renonça bientôt à la vie militaire pour suivre une vocation intellectuelle qui s'imposait de plus en plus à lui. On le retrouve en France en 1622 pour régler ses affaires de famille – ce qui lui donne assez de fortune pour ne pas avoir à se préoccuper d'une profession fixe –, puis en 1625, après un nouveau voyage (en Italie cette fois). Durant deux ans, il mit à profit ses fréquents séjours à Paris pour mener à la fois une vie mondaine et entretenir des relations scientifiques actives, notamment avec le cercle de Mersenne. Impressionné par les conseils du cardinal de Bérulle, il se retira en Bretagne durant l'hiver 1627-1628. C'est semble-t-il à cette époque qu'il composa ses *Regulae* (Règles pour la direction de l'esprit) dont le texte ne fut connu qu'après sa mort et qui constituent la charte de toute son œuvre. Cette œuvre, cependant, c'est en Hollande qu'il devait la réaliser puisqu'au printemps de 1629 il repartit vers ce pays, en raison des souvenirs de ses vingt ans. Le désir d'un lieu de séjour paisible, maintes fois exprimé, dès là et par la suite, a dû guider le choix. Descartes pourtant n'a cessé de changer de domicile; Franeker, Amsterdam, Leyde, Deventer, Sandpoort, Hardenwijk, Endegeest, Egmond... les noms se succèdent sur les adresses de ses lettres, évocateurs d'une existence qui a plus d'un aspect mystérieux. La correspondance, qui se fait active durant ces années d'exil volontaire, est plus savante que personnelle, mais révèle quelques moments marquants. Les premières années du séjour avaient permis, dans le calme recherché, un important travail de rédaction et les projets de publication se formaient. Ils furent arrêtés dès que Descartes apprit la condamnation de Galilée en 1633. Avant même d'en connaître la teneur exacte, il comprit que cette condamnation visait directement son propre *Traité du Monde* puisqu'il y prenait parti pour le mouvement de la Terre. Il prit donc la décision d'adopter une stratégie prudente.

Le *Discours de la Méthode* et les *Essais* de cette méthode *(Dioptrique, Météores, Géométrie)* paraissent à Leyde, en 1637. En employant la langue française et un vocabulaire aussi commun que possible, Descartes ne prenait pas visage de philosophe et assurait en même temps une diffusion en dehors des milieux traditionnels. Le succès, encore que relatif, dépassa ses désirs, ouvrant pour lui l'ère des controverses.

Dès 1640 il lui devint clair qu'à persister dans l'attitude qui consistait à ne donner publiquement que des «échantillons de sa philosophie», il n'aboutissait qu'à accorder consistance aux déformations que ses adversaires commençaient à faire circuler. Il se décida donc à publier en latin et à faire œuvre de philosophe tout en continuant à garder secret le *Traité du Monde.* Ce furent les *Meditationes de prima philosophia* (1641), puis les *Principia Philosophiae naturalis* (1644). Tout en manifestant au grand jour l'ampleur de son propos et en assurant sa renommée, ces publications ne firent que développer les discussions dont il avait espéré se dégager. Les objections auxquelles il lui fallut répondre vinrent de tous côtés, du cercle de Mersenne, de Gassendi, d'Arnauld, de la Sorbonne et des Jésuites. Aucune des diplomaties dont il usa ne rencontra l'accueil escompté. Et les coups les plus durs lui furent portés en Hollande même par le théologien Voetius et ses collègues de l'Université d'Utrecht.

Cette affaire à peine réglée, sur l'intervention de l'ambassadeur de France, Descartes eut à rompre avec un disciple compromettant et infidèle, Régius, puis à combattre contre les attaques des théologiens de Leyde. Aussi le désir de revoir la France devint plus pressant. Il fit deux voyages, en 1647 (tandis que s'achevaient les éditions françaises de ses *Principes* et de ses *Méditations*) et l'année suivante.

Mais Paris le déçut. Il avait perdu auprès de Mersenne l'ascendant dont il bénéficiait dix ans plus tôt et les rencontres qu'il fit de quelques-uns de ceux avec lesquels il avait rompu des lances, Roberval, Hobbes, Gassendi, lui donnèrent la preuve des préventions dont il était l'objet. Avec le jeune Blaise Pascal le contact eut son importance pour l'expérience barométrique, mais resta superficiel. La pension royale promise ne fut pas versée. Les débuts de la Fronde déterminèrent Descartes à repartir sans esprit de retour, mais son dernier séjour en Hollande fut de courte durée.

Cédant aux instances de l'ambassadeur de France à Stockholm et de la reine Christine, Descartes se rendit à la cour de Suède en octobre 1649. Les appréhensions diverses qui avaient longtemps différé le voyage prirent leur vrai visage sur place. En butte à l'hostilité d'un grand nombre et obligé de satisfaire davantage la souveraine en se pliant à l'horaire très matinal qu'elle avait imaginé pour ses leçons de philosophie, Descartes souffrit beaucoup de l'hiver et de ses rigueurs. A la fin de janvier 1650 il prit froid et prétendit se soigner lui-même. Reconnaissant à la fois son erreur et «la souveraineté de son Créateur sur sa vie», il rendit son âme à Dieu le 11 février.

Ainsi s'achevait loin de la douce Touraine natale une vie tourmentée où la renommée grandissante n'avait cessé de se mêler à d'âpres contestations. La mort ne mit pas un terme à cette situation. Sans doute de fervents disciples firent-ils avec plus de liberté ce que le maître n'avait pas voulu faire et n'aurait peut-être pas permis: diffuser l'œuvre manuscrite, notamment la correspondance. De 1657 à 1667, le fidèle Clerselier, dépositaire des papiers de Descartes, assura ainsi le rayonnement posthume et convertit au cartésianisme les meilleurs esprits, dans les milieux les plus divers. Mais l'héritage du philosophe n'en fut pas pour autant assumé dans la paix. C'est peut-être, en définitive, la marque de son importance exceptionnelle.

Né à la fin d'un siècle où la religion et les sociétés du vieux Continent avaient été secouées de crises violentes, Descartes ne fut pas le seul, certes, à percevoir dès sa jeunesse l'urgence d'une révision complète des cadres de pensée qui permette à l'homme de retrouver confiance, de dépasser le scepticisme et de conjurer le désespoir. Mais il a été certainement, parmi les pionniers d'un nouveau savoir, celui qui en a conçu la forme et les conditions avec la netteté la plus grande et la plus suggestive.

La forme résulte du modèle que les mathématiques offrait à l'élève du Collège de La Flèche. Il n'y a pas lieu de douter de la sincérité du souvenir que Descartes confie à son lecteur dans son *Discours de la Méthode* lorsqu'il déclare qu'«il se plaisait *surtout* aux mathématiques à cause de la certitude et de l'évidence de leurs raisons» et qu'il s'étonnait seulement qu'on n'eût «rien bâti dessus de plus relevé». Le thème d'une *mathesis universalis,* c'est-à-dire d'une méthode inspirée par le modèle mathématique mais d'application universelle, marquait déjà dans les *Regulae,* une dizaine d'années avant la divulgation de sa pensée, combien Descartes donnait une dimension nouvelle à une expression qu'il trouvait, dans l'actualité mathématique de son temps, limitée à l'idée des liens entre arithmétique et géométrie. Cette dimension nouvelle est celle de l'ordre que la correspondance entre les diverses catégories d'objets mathématiques révèle comme fondement des démarches de l'esprit lorsque celui-ci, ayant épuisé les données immédiates d'un «regard» global, est obligé d'entrer dans un processus de compréhension. Ce processus, qui va par degrés et exige en chacun un choix raisonnable dans l'énumération exhaustive des possibles, remonte une chaîne ordonnée jusqu'aux principes premiers pour redescendre ensuite en prolongeant l'organisation des moyens et permettre ainsi la découverte. Descartes avait donc trouvé dans les mathématiques beaucoup plus qu'une illustration des vertus de la déduction.

C'est qu'il en avait pratiqué les ouvrages servant à son initiation avec un esprit critique dont les *Regulae* témoignent de manière précise: ces ouvrages n'étaient-ils pas remplis de recettes particulières, encombrés d'une nomenclature surabondante, plus soucieux de fournir un matériel opératoire et les exemples de son maniement que d'établir des définitions solides et les règles de leur emploi. Le modèle que Descartes emprunte aux mathématiques est en réalité le fruit d'une réforme marquée du double signe de la rigueur et de l'économie.

Lorsqu'en 1637 la *Géométrie* parut, insérée dans un ensemble didactique, au rang d'un *Essai* de la Méthode parmi d'autres, il fallait cependant être un lecteur avisé et attentif pour en saisir la signification profonde. Très rares furent ceux qui s'y montrèrent sensibles. L'introduction de notations nouvelles rendant plus aisée la correspondance entre problèmes de géométrie et résolutions algébriques détournait l'attention, pour la grande majorité des lecteurs, au profit d'appréciations superficielles. Aujourd'hui encore il est courant de célébrer Descartes comme le créateur de la géométrie analytique sans relever la révolution conceptuelle correspondante, trop discrètement indiquée par l'auteur: à savoir que l'algèbre fournit un code qui permet de «chiffrer» la géométrie et d'en transposer les problèmes dans une langue artificelle dont il s'agit ensuite de décoder les produits.

Pour entraîner l'adhésion, Descartes consentit à la rédaction d'un petit ouvrage plus élémentaire auquel il adjoignit les solutions de cinq problèmes difficiles, et le zèle de quelques disciples assura la diffusion de copies manuscrites, dont il reste heureusement des témoins. Dominée par le souci de montrer à la fois la simplicité et l'efficacité d'une technique opératoire, l'entreprise aboutit davantage à développer la notoriété de l'auteur qu'à faire comprendre la nature véritable de son succès. Mécontent des infidélités de certains disciples, notamment J. Wassenaer, Descartes ne fit rien pour dissiper publiquement les équivoques, les vastes perspectives de son œuvre philosophique le prenant d'ailleurs tout entier à partir de 1644. C'est aujourd'hui seulement, grâce à l'examen attentif de la correspondance et des manuscrits, que la mathématique cartésienne apparaît dans sa vérité. Usant de notations certes, mais en les maintenant à leur rang de moyens; perfectionnant l'algèbre sans être esclave de son expression et pour mieux découvrir au niveau de structures formelles le classement des difficultés; animée par l'espoir d'étendre au maximum le domaine d'action d'une logique soumise au contrôle de la non-contradiction et excluant l'infini.

Leibniz, qui fut à la fin du siècle celui qui comprit le mieux le projet, ne cessa de répéter qu'il n'allait pas aussi loin que Descartes le croyait et s'appliqua à montrer comment il convenait de le dépasser. Il reste que dans les limites où ce projet bénéficiait d'une base solide, la réflexion philosophique tirait de la réorganisation mathématique une exemplarité suggestive, de valeur générale, définissant les traits d'une connaissance sûre et certaine.

On s'abuserait cependant en imaginant que l'inventeur d'une telle vision originale avait attendu de se satisfaire en mathématiques pour passer à la spéculation généralisante. La publication de 1637, en sa forme comme par son contenu, prouve que l'auteur avait au contraire mis cette spéculation en œuvre depuis assez longtemps pour être en mesure de présenter à la fois la «Méthode» et les «Essais». Qu'il s'agisse de mathématique pure avec la *Géométrie,* ou de théorie physique avec la *Dioptrique* et les *Météores,* les *Essais* méritent leur nom. Rien d'achevé en eux; ils sont essentiellement les témoins d'une science en train de se faire. Ce qui est trompeur seulement, dans le titre sous lequel ils sont rassemblés, c'est que leur contenu correspond à une recherche et à un acquis qui remontent à une dizaine d'années et sont entremêlés avec ce qui concerne la «Méthode».

De la science cartésienne, les *Essais* ont d'ailleurs fourni davantage aux contemporains une approche qu'une initiation claire. On a retenu par exemple la loi de la réfraction de la lumière par la règle des sinus que Descartes n'est pas seul à avoir reconnue, mais dont il a assuré la première manifestation publique assortie d'un essai de justification, et l'on n'a trouvé dans la *Dioptrique*, à cet égard, que des «comparaisons» ambiguës. L'isomorphisme que Descartes voyait entre les lois de la mécanique et celles de la transmission de la lumière ne portait pas atteinte à la différence radicale des phénomènes, le second étant d'une extrême rapidité et sans transfert de matière. Il s'agissait là cependant d'un mode de pensée subtil qui eût exigé un exposé approprié. Quant à l'explication de l'arc-en-ciel que contiennent les *Météores*, elle ne pouvait certes pas être isolée de la juste conception cartésienne selon laquelle il faut tenir à la fois la propagation rectiligne de la lumière et l'impossibilité de réduire à néant l'épaisseur de ses faisceaux, mais il fallait, pour le comprendre et pour en suivre les conséquences relativement à une théorie des couleurs, une attention peu commune. Descartes a manifestement consacré plus d'efforts pour se faire entendre sur la Méthode en général, que sur les questions d'où il l'avait tirée et mise à l'épreuve en même temps.

La Méthode, cependant, n'était elle-même qu'une face de la philosophie que cet esprit supérieur se sentait la mission de promouvoir. Il avait été trop nourri de l'enseignement scolastique pour ne pas souffrir de la logomachie qui l'encombrait et de l'abus des commentaires de textes qui ensevelissaient les véritables questions d'importance sous une épaisse couche de savoir livresque. En produisant ses *Meditationes de prima philosophia* en 1641, puis ses *Principia Philosophiae naturalis* en 1644, Descartes fit plus que transformer un style. Il mit la méthode des idées claires et distinctes au service des fondements mêmes de la philosophie.

L'ordre de ces publications est significatif. Les «vérités éternelles» dont la correspondance avec Mersenne faisaient déjà état vers 1630 s'imposent en effet de plus en plus à Descartes comme le point de départ de toute connaissance certaine et si la philosophie est un arbre dont la physique est le tronc, la médecine, la mécanique et la morale les branches principales, la métaphysique en constitue les racines. Il faut d'abord s'assurer par rapport à elle avant de rechercher comment conduire la connaissance de la Nature.

C'est pourquoi la métaphysique de Descartes commence par le doute, un doute méthodique qui consiste à se demander si les jugements d'existence que nous formons spontanément à partir des données de nos sens sont justifiés, mais aussi un doute qui aille jusqu'à plier le jugement en sens inverse de ses habitudes et de ce fait mérite le nom d'hyperbolique. Ce doute, qui déblaie le terrain et offre une garantie majeure contre ce que nous croyons tenir objectivement alors que nous l'avons surtout par la mémoire et l'imagination, s'avère heureusement provisoire. Car il a pour première conséquence la certitude de l'existence du moi pensant. L'acte de l'esprit qui doute exclut le doute sur sa propre existence.

C'est le fameux *«cogito, ergo sum»* dont l'évidence renvoie au principe de vérité que, pour penser, il faut être. Contrairement à la plupart des hommes qui tiennent l'existence des corps pour plus certaine parce qu'ils sont prisonniers de leurs sens et de leurs habitudes, Descartes reporte la certitude première sur l'âme, sujet de toute perception possible. Il sera de ce fait entraîné peu à peu à radicaliser la distinction entre l'âme et le corps.

Avant d'avoir ces conséquences fâcheuses, le *cogito* cartésien a eu pourtant un avantage considérable. Celui de situer exactement le point où l'appel à l'ontologie est inévitable. Car l'existence du moi pensant n'aboutit qu'à une solitude si rien d'extérieur à lui ne peut être assuré, et l'analyse critique des idées que forme l'esprit ne permet pas d'exclure de leur causalité le phantasme ou l'influence d'un malin génie. Aussi l'idée de Dieu prend-elle pour Descartes une importance majeure. Cette idée, faite des négations de toutes les limites qui s'imposent à l'être humain, ne saurait trouver sa cause qu'en dehors de cet être fini, de telle sorte que le Dieu de Descartes est non seulement invoqué en tant que cause de sa propre idée, mais encore existe du fait que le défaut d'existence serait une imperfection contraire à sa définition même.

Si la clé de voûte de la métaphysique cartésienne est en définitive ce Dieu qui «est», et qui garantit, par ce qu'il met en nous, la possibilité d'une connaissance objective, il reste à comprendre comment l'esprit humain est susceptible d'erreur. Descartes y parvient en distinguant l'entendement, qui tout en étant limité puise à la source de la véracité divine, et la volonté qui provoque les décisions mentales en participant à la liberté infinie de la nature spirituelle. La volonté peut déclencher le jugement avant que l'entendement ne soit pleinement éclairé. Ainsi se découvre le secret de l'excellence de la Méthode : en retenant le jugement dans les bornes des idées claires, elle est le secours le plus efficace contre l'erreur.

A partir de 1646, devant diverses interprétations fautives de sa pensée, pressé par les questions embarrassantes qui lui sont posées notamment par la princesse Elisabeth, Descartes se voit obligé d'aborder franchement le problème des rapports de l'âme et du corps, et de dire si sa philosophie débouche sur une science de l'homme concret. Sur le plan spéculatif, les résultats de ses efforts ne donneront pas de solution pleinement satisfaisante. Le traité des *Passions de l'âme,* dernière publication cartésienne (1649), essaie bien de relier la physiologie mécaniste à la morale «provisoire», constituée dans la société par l'expérience ancestrale, que le *Discours* avait signalée comme indispensable en attendant mieux. Tout ce que la science du corps, que Descartes croit avoir mise en œuvre et à laquelle il tient comme le fleuron de sa couronne, apporte en la matière, c'est qu'il est certainement impossible de dissocier les phénomènes dont cette science étudie le réseau et les «états d'âme» qui sont concomittants à la plupart d'entre eux. Mais l'insertion de la volonté sur un fond de nature moralement neutre demeure mystérieuse. Le philosophe cède la place au sage en prônant la générosité et le service du bien comme conditions de la volonté souverainement libre.

On le sait mieux aujourd'hui: de son dernier séjour en Hollande, où il a exercé en milieu populaire une charité active, à cet hiver fatal à la cour de Suède, où il s'est trouvé pris dans les intrigues des grands, Descartes a fait de cette sagesse une intense expérience vécue. Il a mis ainsi un sceau d'actualité permanente sur l'ensemble de son œuvre d'homme et de penseur.

A l'aube d'un monde dominé par la science et la technique et auquel il a apporté un puissant élan intellectuel, il a su marquer que la science est limitée et que la situation de l'homme reste subordonnée à l'usage d'un libre arbitre absolu, à la possibilité de refuser le bien et le vrai, même en face de leur évidence. Loin d'avoir enfermé l'esprit dans un rationalisme prétentieux et étroit, le philosophe des idées claires et distinctes a plutôt cherché à léguer à ses «neveux» une meilleure organisation du savoir accessible à l'intérieur des limites mêmes de l'être fini.

Ces limites du fini conditionnent toute la science cartésienne, de la mathématique au système du monde bâti sur une physique du plein, excluant le vide. Et de bonne heure, les artifices de ce système, avec ses «tourbillons» imaginaires, ont pu susciter la critique et l'ironie, mais aucun d'eux n'est resté sans influence sur le progrès effectif de la science positive, aussi bien le contact, principe de communication de mouvement, que la rotation génératrice de poussée centripète.

L'intrépidité de Descartes savant n'a pas été le fruit d'une confiance aveugle en la Méthode, mais l'expression d'une volonté d'étendre ses bienfaits aussi loin que possible alors même que la philosophie et la vie mettaient au cœur de l'homme Descartes la conviction d'un au-delà de la raison. C'est pour cela que son exemple traverse les siècles.

DESCARTES SAVANT *

C'est à la grande édition Adam-Tannery que revient le mérite d'avoir mis en évidence la nécessité de traiter de manière spécifique le Descartes savant, et d'avoir donné les moyens de l'atteindre par une édition critique annotée aussi soignée que possible. Gaston Milhaud fit usage de ces moyens pour un ouvrage de synthèse qui reste, malgré l'usure du temps, une référence indiscutable. Puis Alexandre Koyré, dans ses *Etudes Galiléennes* (1939) inaugura un type d'exploitation plus philosophique, concernant le statut du mouvement chez Descartes, et par ses « Leçons sur Descartes » — pendant la seconde guerre mondiale et après — suscita aux Etats-Unis un grand intérêt pour l'analyse conceptuelle de l'œuvre scientifique cartésienne considérée dans son contexte et son environnement. Et c'est dans son enseignement à l'Ecole des hautes études, de 1950 à 1960, que ce maître s'efforça de promouvoir en France des recherches nouvelles, davantage orientées sur la restitution des sources. Mais on peut estimer, sans commettre d'erreur grave, que jusqu'en 1960 il n'y eut pas de renouvellement radical de la documentation dans le domaine particulier envisagé.

La réédition d'Adam-Tannery entreprise à cette époque, et dont la publication s'est étendue sur dix ans (1964-1974), a permis de corriger de nombreux points de détail et de publier des documents nouveaux. Confiée d'abord à Bernard Rochot, qui assurait par ailleurs la succession de Robert Lenoble à l'édition de la Correspondance de Mersenne, cette entreprise a bénéficié des renseignements précieux fournis par l'étude critique des données du groupe Mersenne, et nous l'avons achevée pour les cinq tomes de correspondance de Descartes, de 1969 à 1974. Si la réédition fut longue, sa pénétration dans le public l'a été davantage encore, et ne fait pratiquement que commencer. Ce n'est pas par référence à elle qu'il y a lieu de parler des études sur Descartes savant pour la période qui nous intéresse ici : 1960-1977.

L'excellent ouvrage de Jean-Louis Allard, sur *Le mathématisme de Descartes* (Ottawa, 1963), ne constitue pas une étude nouvelle de la mathématique cartésienne, mais s'attache — sous l'inspiration d'un ouvrage d'E. Gilson, publié à New York en 1952 — à fournir aux étudiants d'université une synthèse à propos de l'élaboration d'une science universelle sur le modèle mathématique. Et il y réussit de manière très satisfaisante pour l'enseignement universitaire.

Tout autre est l'impact de l'ouvrage de J. Vuillemin, *Mathématiques et Métaphysique chez Descartes* (Paris, 1960). Sortant des sentiers battus et de la spéculation générale sur le rationalisme mathématique, l'auteur a noté comment, chez Descartes, il voyait la métaphysique en liaison

* Centre Méridional de Rencontres sur le 17e siècle : *Travaux récents sur le XVIIe siècle, Actes du 8e Colloque de Marseille* (janvier 1978), p. 167-171.

avec le souci d'étendre la *mathesis universalis* à des problèmes que nous reconnaissons comme relevant de l'analyse différentielle et intégrale, et il a insisté sur la présence, dans les textes cartésiens, de thèmes très nouveaux — par exemple la fonction logarithmique et la spirale, entités suggestives par leur application en psychophysiologie. Mais, tout en étant particulièrement stimulant, cet ouvrage n'a pas — pas davantage que le précédent — proposé autre chose qu'une interprétation des sources connues. Et sans mentionner leur état précis, ni les libertés prises à leur égard.

Dans le domaine où je dois me limiter ici — Mathématiques et Mécanique — on peut en dire autant d'autres commentaires figurant ou non sur la liste que nous communiquons ci-après. L'édition française des *Etudes Newtoniennes* d'Alexandre Koyré en 1968 a mis à la disposition du public francophone la contribution majeure de l'auteur concernant l'émergence chez Descartes d'une physique nouvelle (complète identification de la physique céleste et de la physique terrestre, principe de conservation, première formulation du principe d'inertie). Ainsi que l'importance de la notion cartésienne de mouvement état, et du concept de persévérance dans l' « état » *sponte sua, ex natura sua* — qui deviendra plus tard chez Newton *Quantum in se est*. Mais quel que soit l'immense mérite d'Alexandre Koyré, il reste que ses analyses sont plus séduisantes par leur forte rigueur philosophique que bien fondées sur une étude critique, suffisamment systématique, des textes. Il est clair, en particulier, comme l'avait d'ailleurs noté E. Gilson, que le vocabulaire de Descartes véhicule des termes d'origine scolastique, comme *modus*, et qu'en ce qui concerne le statut du mouvement, ce terme intervient en fait trop souvent chez Descartes pour qu'on puisse conclure aisément quant au « mouvement état », ou du moins quant à l'exclusivité de cette notion. Il y a donc encore beaucoup de travail à faire pour que l'analyse conceptuelle ait une base suffisamment solide. Et c'est bien ce qui apparaît dans un ouvrage comme celui de F. Aiton, *The Vortex Theory of planetary motions* (Londres, New York, 1972) ou dans l'étude de Blackwell Richard, « Descartes' laws of motion » (Revue *Isis*, 1966). Sans doute, le fait d'étudier Descartes par rapport à Newton comme le font presque tous les auteurs de langue anglaise ne favorise pas la recherche d'un approfondissement du point de vue cartésien, mais il est surprenant que l' « immutabilité divine » avancée dans *Le Monde* pour justifier une loi de conservation, ou que le caractère informel du modèle tourbillonnaire cartésien soient dans l'un et l'autre cas considérés comme des éléments suffisants pour l'appréciation de la pensée de Descartes dans la comparaison avec ce qui l'a dépassée à la fin du siècle. Face à ces études occasionnelles de la science cartésienne — occasionnelles parce que motivées essentiellement par un thème synthétique plus général — il est certain que l'on est heureux de trouver en France des travaux consacrés à la science cartésienne pour elle-même. Par exemple l'excellente étude de Mme Martinet, dans les *Archives Internationales d'Histoire des Sciences* (1974), « Science et Hypothèses chez Descartes », qui renouvelle de l'intérieur l'analyse de la cohérence de l'élaboration cartésienne dans les *Essais* et la 3e partie des *Principes* et restitue « au moralement certain », dans la physique de Descartes, une place que les adversaires méconnaissent de manière abusive et erronée.

C'est évidemment dans le sens d'un tel renouvellement de la connaissance de Descartes savant que nous travaillons. Jean-Luc Marion a déjà parlé de notre édition toute récente d'une traduction des *Regulae*, accompagnée de notes mathématiques, et bien que j'aie donné à ce sujet un article de synthèse dans le numéro spécial des *Etudes philosophiques* consacré à Descartes l'année dernière, il convient que je reprenne ici l'essentiel.

L'indexation s'est révélée constituer un puissant secours à la critique interne et nous a permis de mettre l'accent sur quelques aspects positivement méconnus jusqu'ici. A savoir tout d'abord que Descartes se trouvait en 1628 en opposition profonde avec ce que l'actualité de son temps connaissait sous le nom d'algèbre. Prolifération de nomenclatures inutiles, de notations sauvages employées sans souci des limites de leur application, c'est là le mal fondamental contre lequel Descartes propose une véritable cure d'amaigrissement. Et il le fait en dégageant les règles logiques qui sont seules nécessaires pour couvrir le domaine des opérations directes et inverses sur grandeurs finies, d'où pratiquement une refonte complète de la structure des vieux traités *de proportionibus*. Il faut évidemment compléter ce schéma de la réforme cartésienne en soulignant que sont exclus : d'une part le concept d'infini, d'autre part l'extension de symboles hors des domaines où ce qu'ils représentent a un sens (par exemple la racine carrée de nombres négatifs).

Descartes n'a pas varié par la suite par rapport à ces options. Sans doute a-t-il lancé avec la *Géométrie* un type de notations simples et cohérentes qui ont connu une immense fortune, mais il est très remarquable que, dans toutes les discussions où il a été engagé, c'est toujours par rapport aux structures logiques que Descartes a conduit le débat, les notations n'étant qu'un simple moyen, commode, dont il se passait volontiers à l'occasion. Et bien qu'il ait employé le terme d' « imaginaire » pour caractériser les racines d'équation qui « disparaissent » dans certains cas, il n'a nullement consenti à introduire à ce sujet une notation nouvelle. Il a conservé à sa mathématique une structure fermée sur les lois de composition du fini. Mais il a manifesté une conception très neuve de la mathématique, à savoir que les opérations qu'elle régit peuvent être appliquées sur un langage « chiffré », le mot de chiffre étant à prendre au sens des transpositions qui connaissaient un grand succès à son époque pour la diplomatie secrète. Je ne peux m'étendre ; je ne puis que déclarer clairement ceci : l'algèbre de Descartes — car il y a bien une telle algèbre — est une écriture codée dont l'auteur fait la première application à la géométrie, c'est-à-dire à la science des figures planes, et c'est le caractère de « code » qui fait la profonde originalité de l'apport cartésien.

Naturellement j'aurais bien d'autres choses à dire concernant les études de détail auxquelles nous conduisent les indexations de la *Géométrie*, de la *Dioptrique* et des *Météores,* ou encore l'édition critique en préparation pour le *De Solidorum elementis*. Mais il faut se limiter. Et se contenter de noter que toutes ces études confirment un point particulièrement important : l'information scientifique de Descartes par rapport au mouvement des idées de son temps est bonne, mais toujours incomplète, et ce qui caractérise à proprement parler son génie est son aptitude à situer les débats aux racines mêmes des problèmes cruciaux. D'où son intérêt pour les principes, d'où l'impossibilité de séparer en lui le savant du philosophe.

Pour terminer, je voudrais signaler deux voies où il me semble qu'il y a encore beaucoup à faire. Descartes a-t-il cru, comme Leibniz l'a dit, que sa mathématique était suffisante pour aller « très loin » ? Je ne crois pas qu'il ait eu cet orgueil. Mais il a certainement pratiqué une grande intrépidité : celle qui consiste à opérer un repli sur des positions fortement organisées et à combattre pour refuser de sortir de ces positions tant que cela n'est pas absolument nécessaire. Et on a surtout retenu l'intrépidité, sans s'intéresser suffisamment à ce qui la motivait : le souci de déblayer un terrain encombré — ce à quoi je faisais allusion plus haut en parlant de cure d'amaigrissement —, mais aussi le souci de faire rendre au maximum les outils assurés avant de s'aventurer dans une fabrication nouvelle. Les témoignages de cette attitude pragmatiste ne manquent pas chez Descartes, il faut cependant les passer au crible d'un examen rigoureux et les lier si possible en un faisceau qui ne soit pas artificiel.

Une autre voie, dont les entrées sont à peine ébauchées, est celle des grandes intuitions théoriques qui ont guidé Descartes dans l'exploitation de la structure mathématique sûre sur laquelle il avait effectué son repli. Je fais allusion ici à l'isomorphisme entre les lois de la mécanique et celles de l'optique qui sous-tend si manifestement la *Dioptrique*. Je fais allusion aussi au principe d'économie qui préside aux lois du choc telles que Descartes les énonce dans les *Principes*. Sans doute ne sommes-nous éclairés à cet égard que par quelques aveux de l'auteur dans sa correspondance, mais ces aveux sont formels. A Clerselier, Descartes a explicitement déclaré que l'effet du choc est de rendre compatibles des modes de mouvement qui ne l'étaient pas d'abord, et que la théorie consiste à chercher comment cette compatibilité peut être réalisée avec le moindre changement possible.

On s'est, semble-t-il, abusé jusqu'ici en majorant chez Descartes soit le rôle du calcul mathématique, soit l'appel à des principes métaphysiques proprement dits. L'affaire de la conservation de la quantité de mouvements dans le monde illustre bien cette double majoration. Comme je l'ai montré, c'est avec le mot « mouvements », au pluriel, qu'il faut lire le principe cartésien, et la « quantité de mouvements » est une sorte d'entité globale à laquelle Descartes ne se hâte pas de donner une expression mathématique. Et s'il évoque comme justification l'immutabilité divine, on peut légitimement se demander s'il ne s'agit pas là d'un arrangement, plus ou moins conscient, à usage externe. Principe de conservation et économie, isomorphisme d'un domaine à un autre, ce sont là de grandes simplifications rationnelles qui se suffisent à elles-mêmes pour mettre en œuvre l'exploitation de la mathématique, et de ses structures logiques, dans la physique. Au moins à titre de première approximation et jusqu'à épreuve d'une contradiction.

C'est à ce point de vue, j'en suis persuadé, qu'il nous reste beaucoup à apprendre d'une attention renouvelée aux textes scientifiques de Descartes. Nous tenons une clé — celle que je signalais à propos de la *Géométrie* en disant *avec Descartes* que la mathématique est un « chiffre » —, mais il reste certainement à approfondir dans quelle mesure Descartes a bien conçu la constitution de la serrure et les limites de son perfectionnement.

BIBLIOGRAPHIE COMPLÉMENTAIRE DE P. COSTABEL

P. COSTABEL ET J.-R. ARMOGATHE

« L'analyse textuelle automatique appliquée aux œuvres de Descartes: état présent des travaux », Bulletin Cartésien II, *Archives de Philosophie*, Beauchesne, Paris, t. 37, 3, 1974, p. 453-458.

« Premiers résultats de l'Équipe Descartes », *I° Colloquio Internazionale del Lessico Intellettuale Europeo*, Ediz. dell'Ateneo, Roma, 1976, p. 113-121.

P. COSTABEL

« Propos de bibliographie matérielle : Éditions et émissions des œuvres de Descartes de 1657 à 1673 », Bulletin Cartésien V, *Archives de Philosophie*, t. 39, 3, 1976, p. 445-454.

« Ignace Gaston Pardiès et la Physique cartésienne », *Recherches sur le XVIIe siècle*, I, édit. CNRS, 1976, p. 87-91.

« A propos du manuscrit *Cartesius* », CR d'une étude de Mme Rodis-Lewis, Bulletin Cartésien II, *Archives de Philosophie*, t. 36, 3, 1973, p. 444-446.

« Deux documents inédits sur Descartes », CR sur des sources hongroises, Bulletin Cartésien IV, *Archives de Philosophie*, t. 38, 2, 1975, p. 268-269.

« Contribution à la sémantèse d'*ordre/ordo* chez Descartes », *II° Colloquio Internazionale del Lessico Intellettuale Europeo*, Ediz. dell'Ateneo, Roma, 1979, vol. 2, p. 640-654.

« Matière et Lumière au XVIIe siècle », *Acta Historiae rerum naturalium nec non technicorum*, Prague, 1967, Special Issue 3, p. 115-130.

« Révolution galiléenne ou Révolution cartésienne ? » *Rupture et permanence dans les civilisations occidentales*, Université de Paris-Sorbonne, Colloque 1981, p. 7-27.

Descartes - *Progymnasmata de Solidorum elementis. Édition critique, introduction, traduction française, commentaires et indexation*, Ediz dell'Ateneo, Roma, parution prévue pour 1983.

LE THÉORÈME DE DESCARTES–EULER*

C'est dans un manuscrit de Descartes, connu par une copie de Leibniz,[1] que se trouve la substance d'un théorème très important pour la théorie des polyèdres et pour les propriétés fondamentales de l'espace, théorème qui a été redécouvert et publié plus d'un siècle plus tard par Euler. Il s'agit de la relation entre le nombre S des sommets, le nombre F des faces et le nombre A des arêtes d'un polyèdre convexe: $F + S = A + 2$. Le fait est reconnu depuis longtemps sans avoir cependant retenu des historiens de la mathématique toute l'attention souhaitable. Il ne paraît pas inutile de revenir sur la question pour montrer que le théorème à porter au crédit de Descartes ne relève pas seulement d'équivalences ou de certaines relations implicites, mais qu'il doit être considéré comme possédé de manière claire et particulièrement originale par le jeune gentilhomme poitevin.

Le texte dont Leibniz a pris copie à Paris vers 1676, chez Clerselier, est certainement de la part de Descartes un travail de jeunesse. Il fait usage de signes cossiques pour la représentation des puissances et cet usage rend impossible toute datation postérieure à la rédaction des *Regulæ*, c'est-à-dire à 1628. Mais s'il est relativement aisé de situer le texte dans le temps de son auteur, il est plus difficile d'apprécier dans quelle mesure nous atteignons effectivement à travers l'activité de Leibniz l'original cartésien.

La difficulté n'a guère été sensible aux premiers découvreurs et l'on peut s'en convaincre aisément en lisant l'introduction que les éditeurs de la grande édition Adam-Tannery ont placé en tête de la publication du *De solidorum elementis*, au tome X, pp. 257-263. Si ces éditeurs ont parfaitement relevé ce que l'on sait de l'existence de l'original d'après l'inventaire des papiers de Descartes dressé à Stockholm après sa mort, s'ils ont soigneusement noté les étapes de la découverte de la copie leibnizienne,[2] ils ont été avant tout préoccupés par le souci de

1– Leibniz-Archiv, Niedersächsische Landesbibliothek, Hannover, LH IV 1, 4 b fol. 1 r-v et fol. 15 r. 2– Première publication par Foucher de Careil dans son tome II des *Œuvres inédites de Descartes* en 1860, pp. 214-226; Commentaire et première traduction française par E. Prouhet dans la *Revue de l'Instruction publique* du 1er novembre 1860, pp. 484-487; *Écrit posthume de Descartes – De solidorum elementis – Texte latin (original et revu) suivi d'une traduction*

*[*Studia Cartesiana* I, 1979]
(p.25-35)

mettre un terme à diverses retouches proposées au nom de la logique du sens, et ils ont mis en œuvre les moyens dont ils disposaient alors pour éditer correctement la copie de Leibniz,[3] c'est-à-dire le texte latin le plus proche de l'original qu'il nous soit possible d'atteindre. Mais ils ne sont pas allés au delà et n'ont d'ailleurs pas totalement réussi dans leur entreprise de base. Lorsque nous eûmes nous-même à assurer la révision du tome X pour une réédition de mise à jour (1974), nous ne pûmes qu'indiquer quelques corrections importantes et nous dûmes renvoyer à une édition ultérieure la possibilité de livrer au public l'état réel et précis du manuscrit leibnizien. Cette édition est désormais proche, et sera accompagnée d'une indexation et de commentaires.[4] C'est du travail qu'elle a demandé que nous détachons, sans préjudice, quelques données centrées sur le sujet annoncé plus haut.

Leibniz a transcrit le titre du texte original tel qu'il figure sur l'inventaire de Stockholm, à savoir *Progymnasmata de solidorum elementis*, et il a ajouté *excerpta ex manuscripto Cartesii*. Il y a donc tout lieu de penser que le manuscrit cartésien se présentait effectivement comme une suite de propositions, ou d'exercices, préparatoires ('progymnasmata') et qu'il ne faut pas laisser de côté ce terme comme l'ont fait jusqu'ici tous les éditeurs. En précisant que ces 'exercices' sont extraits ('excerpta'), Leibniz a par ailleurs laissé entendre qu'il ne faut pas recevoir son texte comme une copie servile et exhaustive. L'inventaire de Stockholm signale que le manuscrit cartésien comprenait 16 folios in-octavo, tandis que le manuscrit de Leibniz, recouvrant deux folios et demi grand format, ne peut guère correspondre – malgré la densité de l'écriture – à plus de dix folios de l'original, et cette donnée matérielle va dans le même sens d'une probabilité pour que Leibniz n'ait en définitive relevé, au cours de sa lecture, que ce qui lui paraissait digne de l'être ou nécessaire à la compréhension. Les notes marginales que Leibniz a faites vers la fin de son relevé, ainsi que diverses hésitations marquées par des ratures, indiquent d'ailleurs que des difficultés se présentaient à ce lecteur pourtant privilégié, mais qu'il en laissait consciencieusement la trace. Et il est assez facile, d'après l'état de la deuxième partie du texte, de juger que c'est pour cette partie que Leibniz est intervenu directement pour réduire le contenu de l'original cartésien. Dans la première partie qui occupe tout le premier folio du texte de

---

française avec notes par M. de Jonquières, édition de l'Institut de France, 55 pp. in-4°, Paris, Firmin Didot, 1890. 3 – Notamment en envoyant à Hannover un jeune chercheur qualifié pour examiner le manuscrit de Leibniz et corriger la copie de Foucher de Careil sur laquelle E. Prouhet et Ernest de Jonquières avaient travaillé sans vérification. 4 – Édition prévue pour 1983 aux Edizioni dell'Ateneo de la Faculté des Lettres de l'université de Rome (CNR), dans le cadre de la publication des index du corpus cartésien (ont déjà paru les index des *Regulæ* et du *Discours de la méthode*; en préparation l'index du *Compendium musicæ* avec édition critique).

Leibniz et qui est essentiellement celle que nous avons à considérer ici, il semble que les notes de lecture du savant allemand donnent le reflet exact des 'exercices' de Descartes. Du moins aucune raison tirée de la critique externe ne permet de dire que le lecteur a supprimé délibérément des explications ou des développements importants.

Il faut donc se confier à la critique interne à travers l'examen du contenu. Si cet examen a déjà été fait plusieurs fois, comme nous le rappelons plus haut, il l'a été avec la préoccupation de 'traduire' – c'est-à-dire de passer dans un discours mathématique immédiatement accessible au lecteur moderne – plutôt qu'avec le souci de conjuguer les divers aspects de traduction d'un texte latin de mathématique archaïque. Or, dès le premier paragraphe, la difficulté de cette conjugaison apparaît.

Ce premier paragraphe est en effet consacré à l''angle solide droit' qui est défini comme celui qui découpe sur une sphère (centrée sur le sommet de l'angle) un huitième de cette sphère. Même si cet angle solide – est-il ajouté – n'est pas fait de trois 'angles plans' droits. La remarque a évidemment pour but de souligner que le trièdre trirectangle est le premier exemple et le plus simple d'un angle solide découpant un huitième de sphère, mais que l'on cherche comment la définition par le huitième de sphère introduit un type d'angle solide droit plus général que le trièdre trirectangle. Et la solution est immédiatement énoncée: si tous les 'angles plans' pris ensemble font 3 droits, l'angle solide est droit.

Il est curieux qu'aucun des précédents commentateurs ne se soit attaché d'abord à analyser cette solution. Dans la mesure même où l'angle solide droit est posé comme étant celui qui découpe un huitième de sphère, il est évident que la solution n'a pu être cherchée par l'auteur du texte qu'à partir d'une attention à la surface découpée sur une sphère par l'angle solide. Or il est très aisé, pour un angle solide trièdre OABC, de sommet O et d'arêtes OA, OB, OC, d'établir la relation suivante entre les valeurs des angles dièdres A, B, C exprimées en fonction de l'angle droit plan pris comme unité, et la valeur de l'aire du triangle sphérique (ABC), exprimée en fraction de la sphère entière[5]:

$$A + B + C = 2 + 8 \cdot (ABC)$$

Pour que $(ABC) = \frac{1}{8}$, il faut et il suffit que $A + B + C = 3$ droits, et l'on peut être tenté de conclure que la solution indiquée par le texte doit s'entendre en identifiant les 'angles plans' avec les dièdres. Conformément d'ailleurs avec

5– Nous jugeons inutile de donner ici une figure et de développer la démonstration. Il suffit pour aboutir au résultat, de considérer les trois secteurs découpés dans la sphère par les dièdres d'arêtes OA, OB, OC et de considérer dans chaque secteur le complément du triangle sphérique (ABC). En usant des propriétés de symétrie par rapport au centre de la sphère, on compose alors immédiatement, à l'aide de ces éléments, une demi-sphère qui donne le résultat indiqué.

une terminologie qui est encore courante aujourd'hui et qui réserve l'expression 'angle plan' à la mesure des dièdres, tandis que l'on appelle 'face' l'angle de deux arêtes.

Malheureusement, la propriété ne se généralise nullement au cas d'un angle solide ayant plus de trois arêtes, tandis que l'énoncé de la solution formulé dans le texte: '*omnes* anguli plani...', et la proposition qui fait suite indiquent à l'évidence que l'auteur ne se limite pas à la considération des simples trièdres. Pour un angle solide de n arêtes, OABCDE... découpant un polygone sphérique (ABCDE...), la relation écrite plus haut est remplacée par:

$$(A + B + C + D + E + \ldots) = 2n - 4 + 8\,(ABCDE\ldots)$$

Et c'est la somme des suppléments des dièdres, à savoir $2n - (A + B + C + D + \ldots)$, qui est égale à $4 - 8\,(ABCD\ldots)$ et fait 3 droits lorsque $(ABCD\ldots) = \frac{1}{8}$.

Cette constatation oblige à regarder de plus près le texte latin:
«Omnes anguli plani ex quibus circumscribitur (angulus solidus rectus), simul «sumti sunt tribus rectis.»
Si l'on lit correctement, il faut donc entendre que la somme des 'angles plans' qui fait 3 droits pour un angle solide droit de quelque nombre d'arêtes que ce soit, est formée avec les 'angles plans dont l'angle solide est circonscrit'. Mais, d'après ce que nous venons de voir, c'est la somme des suppléments des dièdres qui est égale à 3 droits. Donc les 'angles plans dont l'angle solide est circonscrit' sont les suppléments des dièdres, ou encore les 'inclinaisons' de chacun des plans de l'angle solide sur celui qui lui fait suite lorsqu'on fixe l'ordre dans lequel on considère ces plans. L'expérience prouve donc qu'il faut être patient pour traduire.

La suite apporte confirmation. De même que dans une figure plane (polygone convexe), la somme de tous les angles 'externes' est 4 droits, de même, est-il dit, la somme de tous les 'angles solides externes' d'un corps solide (polyèdre convexe) fait 8 angles solides droits. Et Leibniz laisse ici évidemment la parole à Descartes lorsqu'il est ajouté: «Per angulum externum *intelligo* curvaturam et inclinationem planorum ad invicem...» Ce qu'il faut entendre par angle solide externe fait en effet toute la question pour savoir si la proposition est exacte.

L'expression de 'courbure et inclinaison des plans les uns par rapport aux autres' oriente vers une entité tirée de la considération des dièdres, mais le texte se poursuit par la déclaration qu'il convient de mesurer cette courbure à l'aide des 'angles plans qui comprennent l'angle solide' («oportet metiri ex angulis planis angulum solidum *comprehendentibus*»), car la différence entre 4 droits et la somme de ces angles plans *désigne* l'angle solide externe («nam pars qua aggregatum [] minus est quatuor anguli recti *designat* []»). Tous les termes soulignés éveillent l'attention. C'est la somme des faces de l'angle solide qui est toujours, a priori, inférieure à 4 droits, et la différence à 4 droits marque en effet en quoi l'angle solide se distingue d'un plan et est ainsi doué d'une certaine 'courbure'.

Tout incline à considérer que les 'angles plans' ici considérés, et qui 'comprennent' l'angle solide, sont différents de ceux qui précédaient et qui 'circonscrivaient'.

Passons de l'examen du texte aux vérifications. L'analogie introduite dès l'abord avec ce qui se passe pour les polygones convexes dans le plan, oriente la pensée, en ce qui concerne dans l'espace les polyèdres convexes, sur la considération des perpendiculaires abaissées d'un point O intérieur sur les faces. Dans le plan et pour un polygone, la construction donne autour de O des angles supplémentaires des angles du polygone et dont l'ensemble, jointif, couvre tout le plan. Dans l'espace et pour un polyèdre convexe, la même construction donne autour de O des angles solides, que l'on peut dire supplémentaires des angles solides du corps, et dont l'ensemble, également jointif, embrasse tout l'espace – comme 8 angles solides droits. Il ne peut y avoir de doute que c'est bien là le substratum de la première phrase. Mais l'analogie souffre d'une certaine difficulté.

Car si l'angle supplémentaire d'un angle du polygone, construit dans le plan comme on vient de le rappeler, peut sans hésitation être identifié comme angle extérieur ou externe du polygone, il n'y a pas, dans l'espace, de cadre tout préparé pour recevoir une notion d'angle solide externe susceptible d'être appliquée à l'angle solide supplémentaire d'un angle solide du polyèdre. D'où la nécessité d'une recherche dont il est aisé de tracer la voie.

Dans le plan, l'angle supplémentaire marque l'écart de l'angle du polygone avec le plat et signifie en quoi il y a effectivement 'angle' pour le polygone au sommet considéré. Il est donc naturel de 'signifier' l'angle solide pour le polyèdre par un écart avec le plat et ceci est très convenablement réalisé par la différence entre 4 droits et la somme des faces.

Reste à savoir si la 'signification' ainsi donnée à la 'courbure' et à l''angle solide externe' aboutit à une traduction satisfaisante pour la sommation à l'ensemble des 'angles solides externes'.

D'après la relation générale indiquée plus haut, pour chacun des angles solides supplémentaires on a: 4 droits - somme des suppléments des dièdres = 8 fois l'aire du polygone sphérique découpé par l'angle considéré.

Mais les suppléments des dièdres de l'angle solide supplémentaire sont tout simplement les faces de l'angle solide du corps donné. De telle sorte que la courbure de cet angle solide, au sens qui vient d'être proposé, est égale à 8 fois l'aire sphérique correspondant à l'angle solide supplémentaire. Et pour tout le corps, la courbure totale se traduit par le nombre 8 puisque les angles solides supplémentaires embrassent tout l'espace autour de leur sommet commun et que la somme des aires des polygones sphériques qu'ils découpent est la sphère entière, soit l'unité de mesure.

La réponse est donc positive. La signification donnée à la courbure conserve bien la forme de la proposition. Elle traduit l'égalité de la somme des angles solides externes avec celle de 8 angles solides droits, par l'égalité de la somme des courbures avec 8 angles droits. On passe d'une proposition de l'espace à une proposition entre des angles au sens de la géométrie plane sans aucune modification de la forme.

C'est cette traduction, bien remarquable, que les commentateurs ont jusqu'ici négligé de mettre en lumière. Elle ne va pas de soi, sans examen particulier. Et sa vérification confirme le changement de sens de l'"angle plan', de la première à la deuxième proposition.

Bien entendu, il convient de noter que ladite traduction ne figure pas explicitement dans le texte cartésien là où on l'attendrait. Mais elle vient immédiatement après, sous la forme d'une troisième proposition qui consiste à lire la deuxième d'une autre manière. Et à énoncer: la somme de 'tous les angles plans qui sont à la surface du corps' est égale à la différence S • 4 droits - 8 droits, S étant le nombre des sommets. Après tout ce que nous avons développé, il n'y a pas lieu d'insister davantage sur la cohérence complète du texte cartésien. Ni sur l'économie des moyens mis en œuvre afin d'aboutir très vite à une relation caractéristique.

C'est cette relation, 4S - 8 = somme des faces, qu'Euler a reconnu en effet lui-même comme équivalente à F + S = A + 2. Nous y reviendrons. Notons simplement pour l'instant que dans la ligne suivie ci-dessus, le passage de la première à la seconde de ces relations se fait sans peine, car sous la forme même où a été obtenue la première à l'aide des angles solides supplémentaires, on doit normalement se demander si le second nombre, comme somme des suppléments des dièdres, ne peut pas s'exprimer autrement et de manière très simple.

Tous les angles solides supplémentaires étant jointifs, il y a en effet une autre manière d'évaluer la somme de leurs dièdres. Cette somme fait autant de fois 4 droits qu'il y a d'arêtes, et il y a autant d'arêtes qu'il y a de plans pour les faces du corps donné. De sorte que la somme des dièdres des angles solides supplémentaires est égale à 4F. Pour évaluer la somme des suppléments des mêmes dièdres, il suffit de tenir compte du nombre de ces dièdres, évidemment égal au nombre des angles faces. Ce nombre est double de celui des arêtes, car toute arête est un côté pour deux angles faces. Et la somme des suppléments des dièdres fait en définitive:

$$2 \cdot (2A) - 4F = 4A - 4F.$$

Ainsi,

$$4S - 8 = 4A - 4F$$

ou

$$F + S = A + 2.$$

Mais si la possibilité pour Descartes de découvrir cette nouvelle relation s'inscrivait ainsi comme naturelle dans la voie qu'il avait suivie jusque-là, cela ne prouve évidemment pas qu'il en ait positivement usé. Et il faut en revenir à un examen positif du texte.

Une première constatation s'impose. L'affirmation que $F + S = A + 2$ apparaît explicitement dans le texte cartésien vers la fin de la première partie que nous considérons ici.[6] Il n'y a certes aucune ébauche de justification – et l'on ne voit pas pourquoi Leibniz aurait supprimé une telle ébauche s'il l'avait eue sous les yeux –, mais reste le fait brut: Descartes possédait la relation. Il en a seulement rejeté la déclaration à un stade éloigné de son élaboration des *Progymnasmata*, d'où, pour nous, lecteurs modernes, un étonnement légitime.

Une deuxième constatation, qui va dans le même sens, est que tout ce qui fait suite, dans le texte cartésien, à la troisième proposition relevée ci-dessus, nous paraît aujourd'hui, à première vue, postuler l'usage de la relation. D'où la question: pourquoi Descartes ne le déclare-t-il pas, là où cela semblerait le mieux placé? Il importe ici d'être très explicite.

Dans le quatrième paragraphe du texte, Descartes énonce deux inégalités symétriques toujours vérifiées sur un corps polyédral donné, à savoir:

$$2(S - 2) \geqslant F \text{ et } 2(F - 2) \geqslant S.$$

La première est évidemment conséquence directe de la troisième proposition car si $4S - 8 = 2(2S - 4)$ est égal à la somme de tous les angles faces, il est clair que $(2S - 4)$ indique le multiple de 2 droits dont est formé cette somme et, comme chaque face du corps est au moins un triangle, il s'ensuit immédiatement que $2S - 4 \geqslant F$.

Mais la seconde inégalité, dans laquelle les rôles de F et de S sont simplement intervertis par rapport à la première, semble résulter de la connaissance de $F + S = A + 2$. Car, cette relation posée, on a

$$2F - 4 = 2A - 2S$$

et chaque sommet étant commun à 3 arêtes au moins, on a dans le compte des angles faces au moins 3 fois autant que dans le compte des sommets, soit

$$2A \geqslant 3S,$$

d'où

$$2A - 2S \geqslant S.$$

Le lecteur moderne peut donc légitimement croire que la relation $F + S = A + 2$ est ici sous-jacente au texte cartésien. Or il suffit de réfléchir pour constater qu'il n'est pas nécessaire d'expliciter cette relation pour parvenir au résultat de l'inégalité susdite.

On peut en effet se contenter de l'égalité établie entre $4S - 8$ et la somme

6– AT X 269, 15-16.

des angles faces. Car chaque face du polyèdre étant un polygone dont la somme des angles fait (2s - 4), en appelant s le nombre de sommets ou d'angles d'un tel polygone, la somme totale des angles faces du polyèdre est formée d'autant de termes de cette forme qu'il y a de faces, et se trouve égale à 2 fois le nombre total d'angles moins 4 fois le nombre de faces. La propriété signalée à l'instant, selon laquelle le nombre total d'angles est supérieur ou égal à 3S, peut être ici reprise en compte pour donner immédiatement l'inégalité

$$4S - 8 \geqslant 6S - 4F$$

d'où

$$2F - 4 \geqslant S.$$

D'aucuns pourraient trouver que la distinction que nous introduisons est subtile. Elle nous paraît cependant s'imposer. Pour parvenir à l'inégalité en question, il est parfaitement possible de suivre la voie que nous indiquons sans expliciter la relation $F + S = A + 2$.

Que cela corresponde davantage à la pensée de l'auteur nous paraît aussi s'imposer. Étudiant quelques cas particuliers (prisme et pyramide double) le même auteur avait auparavant constaté que $2S - 4 = F$ et $2F - 4 = S$ étaient caractéristiques de ces cas, et après l'affirmation des deux inégalités symétriques susdites, il s'écrie: «maxima est reciprocatio inter facies et angulos solidos». C'est donc que la réciprocité entre F et S a été le pôle d'attraction de sa recherche et qu'il a tout fait pour y parvenir le plus vite possible, sans se laisser détourner en chemin par toute autre considération.

Et l'on peut dire que la réciprocité demeure privilégiée lorsqu'est abordée ensuite la question de savoir ce qui peut caractériser les corps réguliers. (2S - 4) et (2F - 4) doivent être, est-il affirmé, des multiples entiers respectifs de F et de S. C'est évident pour 2S - 4, car si le corps est régulier et si, de ce fait, toutes les faces sont égales, la somme de tous les angles faces, soit 4S - 8, ne peut être un multiple de 2 droits que par l'intermédiaire du nombre de faces F. Et c'est la réciprocité entre F et S qui assure la propriété seconde concernant 2F - 4 multiple de S.[7]

Nous n'abuserons pas davantage de la patience du lecteur. Si l'auteur énonce la relation $F + S = A + 2$ seulement à la fin de ses 'éléments', il y a une raison. C'est que la progression suivie amène alors la question suivante: suffit-il de se donner F et S pour avoir une caractéristique suffisante du corps polyédral à considérer?

7– C'est sur les deux équations $2S - 4 = n \cdot F$ et $2F - 4 = m \cdot S$ que le texte fonde la démonstration qu'il n'existe que cinq corps réguliers. Il s'agit, rappelons-le, des corps sur lesquels Kepler a fondé toute sa spéculation du *Mysterium cosmographicum*, mais en référence à la tradition euclidienne dans laquelle la propriété relève de raisonnements géométriques procédant par tâtonnement.

Répondre à cette question est nécessaire si l'on veut procéder de manière systématique au classement des formes géométriques. Répondre est le préalable à toute théorie de ce que l'on peut appeler les 'nombres polyédraux' qui font précisément l'objet de la deuxième partie du texte cartésien.

Peu importe, pour l'objet que nous avions en vue ici, que la réponse ne soit pas donnée véritablement et que cette déficience pèse sur la suite du texte. Nous avons simplement à retenir que ce n'est pas par hasard si la relation $F + S = A + 2$ apparaît seulement lorsque se pose une question nouvelle. Question mettant en jeu les angles faces avec lesquels on doit pouvoir construire, lorsqu'on se donne a priori le nombre de faces et le nombre de sommets.

D'où une confirmation éclatante de ce que nous avons appelé plus haut l'économie du texte cartésien.

C'est cette économie, au sens étymologique, qui a été méconnue par les commentateurs et qu'il importait de restituer. Dès 1861, un professeur à l'université de Dresde, Richard Baltzer, concluait une note à l'académie de Berlin[8] suscitée par l'article de E. Prouhet, en déclarant que le théorème fondamental de la polyédrométrie avait incontestablement été découvert par Descartes et il ajoutait: «Euler aura désormais en commun avec [Descartes] la gloire de cette découverte». Une telle conclusion n'est pas tout à fait celle qui convient.

Il suffit pour s'en convaincre d'observer comment celui qui fut appelé volontiers par les historiens du XVIIIe siècle 'illustre géomètre', est parvenu lui-même au résultat. Euler n'a rien caché de ses démarches. Dans un premier mémoire,[9] adressé à l'académie de Saint-Petersbourg pour insertion dans ses Actes de 1752-1753, il met au premier plan de la théorie des polyèdres la relation $F + S = A + 2$ (proposition 4), mais il avoue ne pas être en mesure d'en donner une 'démonstration ferme'. Constatant qu'elle a lieu dans un certain nombre de cas (pyramides, corps cunéiformes et prismatiques, polyèdres réguliers), il déclare qu'on ne saurait avoir de doute quant à sa vérité générale. Et c'est à son aide qu'il établit les inégalités symétriques que nous avons mentionnées plus haut (proposition 6), puis les expressions de la somme des angles d'un polyèdre $\Sigma = 4(A - F)$ (proposition 8), et $\Sigma = 4S - 8$ (proposition 9). Il conclut explicitement sur l'espoir que sa publication suscitera la découverte de la démonstration qu'il n'a pas pu fournir. Or c'est lui qui a été assez heureux pour ne pas tarder à faire cette découverte, assez heureux aussi pour que la découverte, consignée dans un second mémoire,

8– Cf. *Monatsberichte der Königlichen Preussichen Akademie der Wissenschaften zu Berlin (aus dem Jahren 1861)*, Zweite Hälfte, Berlin, 1862, pp. 1043-1046. Présentée dans la séance plénière du 21 novembre 1861, la note de Richard Baltzer est motivée par la publication de E. Prouhet et spécule sur les premières propositions du *De solidorum elementis* sans mentionner la déclaration explicite du théorème que nous signalons ci-dessus – cf. note 6 supra. 9– «Elementa doctrinæ solidorum», in *Novi commentarii Academiæ scientiarum petropolitanæ* 4, 1752/53 (publiés en 1758), pp. 109-140. Cf. *Opera omnia*, série I, vol. 26, Zürich, 1953, pp. 71-93.

puisse figurer dans le même recueil que le premier mémoire grâce au retard de la publication des Actes de Saint-Petersbourg.[10] Et la découverte c'est que 'l'analogie avec la somme des angles d'un polygone' conduit directement à la relation $\Sigma = 4S - 8$, équivalente à $F + S = A + 2$.

Toutefois la manière dont Euler pratique l'analogie susdite consiste à passer de la décomposition d'un polygone plan en triangles à la décomposition d'un polyèdre en pyramides triangulaires. Le procédé est lourd et besogneux. Il n'a qu'une affinité lointaine avec celui qui est manifestement sous-jacent au texte cartésien et qui transpose directement, comme nous l'avons vu plus haut, la sommation des 'angles externes': 4 droits pour les figures planes, 8 droits pour les polyèdres.[11]

En relevant, selon la déclaration même d'Euler, le rôle qu'a joué pour lui l'induction, Ernest de Jonquières n'est donc pas allé assez loin dans la confrontation avec le *De solidorum elementis*. Sans doute Euler a-t-il fini par découvrir l'intérêt de considérer d'abord la relation $\Sigma = 4S - 8$, et sa 'cohérence' avec $F + S = A + 2$, mais satisfait d'avoir ainsi résolu la difficulté qu'il avait rencontrée, il n'a pas essayé de reprendre systématiquement son exposé précédent pour en renverser l'enchaînement déductif et aboutir à la forme très structurée que Descartes avait obtenue d'emblée.

Objectivement, d'après le contenu des textes, s'il y a lieu de parler de gloire comme le fait Baltzer, la palme revient à Descartes sans aucun partage.

Bien entendu, du point de vue de l'histoire, revient à Euler le mérite d'avoir reconnu et publié le 'théorème', tandis que le texte de Descartes demeurait inconnu et inédit dans les papiers de Leibniz.[12] Comment ne pas regretter cependant qu'Euler doive sa priorité au destin défavorable d'un manuscrit où il aurait certainement puisé, s'il en avait eu connaissance, matière à découvrir davantage, et plus rapidement, relativement aux propriétés fondamentales de l'espace. Au delà du 'théorème', c'est bien de ces propriétés qu'il s'agit et il est bien difficile de dire qui était le mieux placé, en définitive, pour en traiter, de Descartes ou d'Euler.

Que si quelque lecteur regrette, à son tour, que Descartes ait mis sous les yeux de Leibniz un texte très bref, vraisemblablement aussi peu accompagné de démonstrations que celui que Leibniz nous a transmis, comment ne pas le renvoyer à cette déclaration de l'auteur de la *Géométrie*: «Au reste, j'ai omis la plu-

10– «Demonstratio nonnularum insignum proprietatum quibus solida hedris planis inclusa sunt prædita», in *Novi commentarii...*, pp. 140-160. Cf. *Opera omnia*, I, 26, pp. 94-108.

11– Le lecteur moderne remarque aisément que 4 et 8 étant respectivement les puissances de 2 correspondant aux nombres de dimensions (2 pour le plan, 3 pour l'espace), le texte cartésien est extrêmement suggestif.

12– Notre édition critique mettra en évidence que Leibniz n'a jamais relu ses notes de lecture du manuscrit de Descartes. S'il a vraiment eu l'intention de revenir sur ce texte pour le publier – comme le prétend Ernest de Jonquières –, cette intention n'a pas eu de suite.

part des démonstrations [] à cause qu'elles m'ont semblé si faciles que pourvu que vous preniez la peine d'examiner méthodiquement si j'ai failli, elles se présenteront à vous d'elles-mêmes ; et il sera plus utile de les apprendre en cette façon qu'en les lisant.[13] »

Résumé. Il s'agit d'une importante relation entre le nombre de sommets, le nombre d'arêtes et le nombre de faces d'un polyèdre convexe, relation découverte par Euler en 1753 et publiée par lui en 1758. On sait depuis 1860, date de la première publication d'une copie par Leibniz d'un manuscrit de jeunesse de Descartes, que celui-ci possédait cette relation. Mais la transcription de la copie de Leibniz était affectée de nombreux défauts. La première édition critique du texte, actuellement en cours, permet d'apprécier l'élégance et la qualité de la solution cartésienne, alors qu'Euler, malgré une tentative notable, ne s'est pas dégagé de l'induction. Il y a illustration exemplaire de la valeur mathématique du jeune Descartes et possibilité de soumettre cette valeur au jugement des mathématiciens d'aujourd'hui.

Abstract. This article concerns an important relationship between the number of vertices, the number of edges, and the number of faces of a convex polyhedron, discovered by Euler in 1753 and published by him in 1758. Descartes was also aware of this relationship, as we have known since a copy of one of his early manuscripts, made by Leibniz, was first published in 1860. However the transcription of Leibniz's copy was marred by numerous errors. The first critical edition of this text, currently in progress, makes it possible to appreciate the elegance and quality of the Cartesian solution, while Euler's attempt, though noticeable, did not free itself from induction. This solution is a prime example of the young Descartes' mathematical ability, and gives the possibility of submitting that ability to the judgement of today's mathematicians.

13 – *Géométrie*, Livre III, p. 389 (AT VI 464, 11-16).

LA MATHÉMATIQUE DE DESCARTES ANTÉRIEURE À LA »GÉOMÉTRIE«*

Lorsqu'on parle de Descartes et des mathématiques, c'est toujours à la *Géométrie* que l'on se réfère et à l'influence que ce petit ouvrage de lecture difficile a fini par exercer sur les meilleurs esprits de son temps. Personne n'a jamais douté, du moins doit-on l'espérer, qu'il y ait eu pour Descartes lui-même une pratique de la mathématique antérieure à ces démarches nouvelles que manifeste publiquement la *Géométrie,* mais il ne semble pas que l'on se soit préoccupé d'en connaître assez pour en tirer quelques leçons utiles.

Le philosophe des idées claires et distinctes a sans doute été, en cela, et jusque dans son pays, sa propre victime, car la méthode naïve qui consiste à lire à livre ouvert les grands auteurs, sans s'embarrasser d'érudition ni d'exégèse, et qui est encore fort répandue, lui doit bien quelqu'inspiration.

Il n'y a pas très longtemps que des documents relatifs à la mathématique cartésienne antérieure à la *Géométrie* ont été rassemblés. En fait c'est l'entreprise de la grande édition des *Oeuvres Complètes* par Adam et Tannery qui en a provoqué la recherche et le rassemblement à la fin du siècle dernier, c'est-à-dire que les exigences du projet d'édition ont, en cette affaire, primé en quelque sorte matériellement sur les mises au point que des textes méconnus ou inattendus demandaient. Nous en avons fait l'épreuve très récemment, à l'occasion de la réédition d'Adam–Tannery,[1] pour le tome X qui contient en particulier les *Excerpta ex mss.* tirés des *Opuscula posthuma* publiés à Amsterdam en 1701, et de divers manuscrits de Hanovre et de Londres.

Parmi ceux-ci le cas du *De Solidorum elementis* est typique. Découvert à Hanovre au milieu du siècle dernier, ce texte copié par Leibniz

[1] Cette réédition, qui consiste en une reproduction photographique avec changement de format et adjonction de notes correctives, a été entreprise par la maison d'éditions Vrin, Paris, depuis 1965. Les tomes de correspondance I–V sont en cours de traitement, les tomes VI–XI ont été réédités de 1965 à 1967.

* *Actes du Symposium* organisé par l'Académie yougoslave des sciences *en l'honneur du 4e centenaire de Marinus Ghetaldus,* Zagreb, 1969, p. 127-137.

lors de son séjour parisien a été transcrit pour la première fois de manière hâtive en 1860 par Foucher de Careil, lequel n'a pas reconnu les caractères cossiques dont il y est fait usage, mais qui a eu le mérite de susciter l'intérêt. D'où plusieurs savants commentaires dont l'un, celui d'Ernest de Jonquières, s'accompagnait d'une traduction française où l'auteur n'a pas craint de substituer aux passages latins de lecture incertaine ou de compréhension difficile, des »reconstitutions« de son crû. On reste quelque peu confondu devant cette histoire suggestive qui montre des auteurs sérieux si peu au fait de l'algèbre du début du XVIIe siècle et plus pressés de commenter que d'établir objectivement le contenu du document, mais cela permet de mesurer le progrès de la conscience historique dont nous bénéficions aujourd'hui. Nos moyens sont aussi meilleurs et nous n'avons pas à ironiser sur le fait que deux lectures successives, effectuées à Hanovre jusqu'en 1894, n'aient pas réussi à donner du manuscrit, dans l'édition Adam–Tannery, une transcription définitive et exacte. Si cette transcription résulte des notes correctives que nous avons données pour la réédition du tome X, c'est que nous venions après des travaux d'approche fort utiles et à une époque où les photocopies permettent à domicile une étude minutieuse.

Puisque c'est à Leibniz que nous devons d'avoir été ainsi enseignés, comment ne pas songer à la comparaison que suggère l'évocation de ce nom prestigieux. La reconnaissance que l'historien ne peut manquer d'avoir pour celui qui a laissé tant de renseignements, de copies et de manuscrits d'une richesse inestimable s'accompagne d'une constatation banale. S'il soignait à ce point sa documentation, Leibniz était non moins avide de sa gloire personnelle et éprouvait un grand besoin de se définir par rapport aux autres. Il écrivait l'histoire pour mettre en valeur sa propre histoire. Et c'est là, semble-t-il, un souci qui n'affleure pas chez Descartes.

Descartes n'est pas plus indifférent que Leibniz à sa renommée, mais il marque son temps par ses combats sans avoir d'autre goût que celui de la lutte. Il fait l'histoire et n'a pas besoin de l'écrire. Peut-être est-ce là une forme supérieure d'orgueil. En tout cas il est sûr qu'il est avare de confidences sur ses lectures et sur les références qui l'inspirent, et qu'il préfère toujours passer pour n'avoir avec lui qu'une bibliothèque de voyage. C'est en quelques heures, à l'entendre, qu'il s'informe des grandes oeuvres – par exemple de Galilée et de Harriot – grâce à des prêts occasionnels et toujours limités dans le temps. Il ne faut guère compter sur lui a priori pour situer sa *Geométrie* à la manière dont Leibniz a tenu à décrire la naissance et les mérites de son *Calcul.*

Les documents confirment. Descartes n'a pas écrit une de ces apologies personnelles qui embarrassent l'historien plus qu'elles ne l'aident. Mais parmi les pièces d'archives cartésiennes qui sont à notre disposition, il y a suffisamment de quoi nous instruire objectivement.

Dans le cadre d'une simple communication, il faut cependant se limiter à ce qui paraît le plus caractéristique et l'on ne saurait avoir la prétention d'être exhausif. Pour dégager quelques conclusions, nous retiendrons ici trois éléments témoins qui vont directement à notre sujet. Le premier ressort des contacts de Descartes avec Beeckman en 1619, et particulièrement de la lettre de Descartes à Beeckman du 26 mars.[2]

D'après les expressions employées par Descartes dans cette lettre, c'est, semble-t-il, par les commentaires de Cornelius Agrippa (1600) qu'il a eu connaissance de l'*Ars Brevis* de Raymond Lulle, et un autre passage du journal de Beeckman nous apprend que Descartes se flattait d'avoir épuisé l'information en une ou deux heures au plus.[3] L'évocation de Lulle suffit à attirer l'attention, mais les considérations qu'elle entraîne sous la plume de Descartes ne peuvent être séparées de ce qui les motive et dont il importe de tirer d'abord la leçon particulière.

Descartes répond dans cette lettre du 26 mars 1619 à des questions relatives au traitement algébrique de la trisection de l'angle et trouvant l'occasion d'écrire une équation du 2ème degré il le fait avec les signes cossiques et à la manière de Clavius. Là où Clavius, dans son *Algebra* de 1609, écrivait: *aequatio inter* ʒ ʃ ℋ + N, Descartes écrit: *aequatio inter* 1ʒ ʃ O ℋ + O N pour ce que nous écrivons aujourd'hui $x^2 = ax + b$. L'indice fourni par ce simple exemple est très précis. Si Descartes marque un progrès par rapport à Clavius en figurant les coefficients, le progrès est médiocre du fait que la même lettre O est admise pour désigner des nombres qui sont bien conçus comme pouvant être différents. Une telle déficience eût été impossible si Descartes eût connu à cette époque la tradition de Ramus et de Viète, tandis qu'il est très clair qu'il puise dans la formation reçue auprès des maîtres jésuites de La Flèche.

Mais la trisection de l'angle et l'énumération des équations cubiques correspondantes sont pour Descartes une occasion de nous fournir sur lui-même une information d'une plus grande importance. L'extraction des racines des nombres composés fait *aussi*, dit-il, l'objet de ses préoccupations et il espère en faire *une science réduite en ordre.* C'est alors que l'*Artificium sive Ars Brevis ad absolvendum omnium artium encyclopaediam* de R. Lulle est mentionné, mais pour déclarer aussitôt qu'il faut faire mieux, qu'il faut créer une *science nouvelle* par laquelle toutes les questions qui peuvent se présenter dans le *genre de la quantité, tant continue que discrète*, puissent se résoudre *généralement.*[4]

C'est évidemment cet adverbe qui contient pour Descartes l'essence même du projet. Sans doute faut-il traiter de chaque chose selon sa nature, *unaquaeque juxta suam naturam*, mais de même qu'en Arithmétique on distingue les questions qui se résolvent par nombres rationnels, celles qui le sont seulement par nombres sourds, celles enfin qui se peuvent *imaginer* mais non résoudre, de même, en Géométrie, domaine

[2] Cf. Oeuvres de Descartes – A. T. X, p. 154.

[3] Cf. Oeuvres de Descartes – A. T. X, p. 63–65.

[4] »Sed scientiam penitus novam tradere cupio, qua generaliter solvi possint quaestiones omnes quae in quolibet genere quantitatis, tam continuae quam discretae, possunt proponi.«

de la quantité continue, il y a les problèmes qui se résolvent par la règle, ceux qui exigent le compas, ou l'emploi de courbes décrites par un seul mouvement (et qui ne sont pas moins géométriques que le cercle), et enfin ceux qui font intervenir des courbes résultant de plusieurs mouvements non *subordonnés* entr'eux.

Il y a donc correspondance entre trois classes de problèmes, correspondance que Descartes estime suffisamment précise et exhaustive, et il espère fournir des critères permettant de fixer d'emblée à quelle classe appartient tel ou tel problème proposé de telle sorte qu'il n'y ait bientôt presque rien à inventer en géométrie: *ut pene nihil in Geometria supersit inveniendum.*

Sans doute le début du Livre II de la *Géométrie* apportera-t-il quelque modification à la structure des classes puisque Descartes devra séparer parmi les courbes qu'il estimait d'abord n'être pas moins géométriques que le cercle, celles qui le sont vraiment, c'est-à-dire qui relèvent d'une équation algébrique, et celles qui sont »mécaniques« et rejoignent la troisième classe. Et il précisera sur les exemples de la Spirale et de la Quadratrice que ces courbes »vraiment mécaniques ne sont point du nombre de celles qui sont à recevoir ici à cause qu'on les imagine décrites par deux mouvements séparés qui n'ont entr'eux aucun rapport qu'on puisse *mesurer exactement*«. Mais à ces différences près – dont l'importance est certes très grande du point de vue de l'objet mathématique – il est clair que Descartes n'a pas varié quant à la structure logique du projet qu'il formait en 1619.

Dès cette époque sa pensée mathématique était toute entière soustendue par les correspondances à établir de classe à classe entre les problèmes des deux *genres* de la quantité, et c'est là qu'il voyait le secret de la généralité qu'il ne trouvait pas chez R. Lulle. Dans cette perspective les idées fondamentales sont celles de l'analogie qui permet les passages d'un genre à l'autre, et de l'ordre qui dans chaque genre organise le classement.

Comment ne pas évoquer ici la fameuse lettre du 20 novembre 1629 où Descartes répond à Mersenne sur un projet de langue universelle. Il faudrait, dit-il, »établir un ordre entre toutes les pensées qui peuvent entrer dans l'esprit humain de même qu'il y en a un naturellement établi entre les nombres«, et il ne tient pas pour impossible que quelqu'un y parvienne, à condition de »bien expliquer quelles sont les idées simples qui sont en l'imagination des hommes, desquelles se compose tout ce qu'ils pensent et que cela fut reçu par tout le monde«. Mais il précise très nettement que cette condition, qui dépend »de la vraie Philosophie«, prime sur la traduction des idées, sur la composition des mots et la recherche des meilleurs »caractères« pour les écrire.

Que l'on ne s'attende donc pas à trouver en Descartes un de ces mathématiciens qui sont hantés par le perfectionnement des symbolismes, et dont le champ de conscience est dominé par l'opératoire. Il marquera l'algèbre, certes, au point d'en transformer les notations pour longtemps, mais dès le début de son activité créatrice il apparaît davantage soucieux d'un autre type de préoccupation mathématique. L'algèbre n'est pour lui que la servante de la science des nombres, mais pour définir quelques règles formelles qui permettent d'y mettre de l'ordre, de caractériser des classements, de faire de cette science un modèle et le support d'analogies fécondes, le service demandé reste mineur.

Quant au rôle de servante assignée à l'algèbre, le témoignage apporté par le *De Solidorum Elementis* nous paraît très significatif. Tannery situe ce texte entre 1619 et 1621, peut-être est-il un peu postérieur et contemporain des *Regulae*. Peu importe. Il appartient certainement à la période qui nous intéresse directement ici. Encore que la copie de Leibniz ne nous le restitue probablement pas en entier,[5] ce qu'elle nous en fait connaître offre trop de matière à la réflexion pour qu'il puisse être question d'en embrasser le commentaire en quelques lignes. Nous laisserons de côté la première partie, pourtant bien intéressante pour l'historien des mathématiques puisqu'elle traite des relations numériques dans les polyèdres et anticipe le théorème d'Euler. Le témoignage qui nous est utile ici ressort de la deuxième partie relative aux nombres polyédraux.

C'est dans cette partie surtout que Leibniz a éprouvé des difficultés de lecture, a dû laisser un blanc pour poursuivre l'examen de tableaux numériques et n'a manifestement trouvé la clé qu'à la fin de cet examen. D'où les difficultés que les éditeurs postérieurs ont éprouvées à leur tour et que nous avons évoquées plus haut.

Ces difficultés ne sont d'ailleurs pas mineures, du fait que l'appui recherché dans la théorie des nombres polygonaux est présenté dans le texte de manière beaucoup plus allusive que détaillée. On voudra bien ici faire confiance à notre exegèse sans que nous puissions en fournir la justification développée.

Les nombres polygonaux d'indice 1 sont les nombres des sommets d'un polygone régulier ayant pour coté le segment unité. Si l'on double la longueur du côté en pratiquant une homothétie à partir de l'un des sommets pris comme point fixe, et si l'on compte le nombre des extrémités des segments unités obtenus dans cette opération, on définit le nombre polygonal d'indice 2 et ainsi de suite. Pour un polygone de coté mesuré par le nombre entier *n*, le nombre polygonal est celui des points situés sur les cotés ou à l'intérieur du polygone, tels que chacun d'eux soit toujours à la distance 1 d'un autre de ces points et que le segment qui les joint soit parallèle (ou colinéaire) à un côté ou à une diagonale du polygone.

Nous n'abuserons pas davantage de la définition générale qui vient d'être énoncée, car le texte que nous étudions ne s'en embarrasse nullement et ne s'intéresse qu'à la formation des règles permettant de pas-

[5] L'inventaire après décès de Stockholm signale pour ce texte 16 feuillets en 8⁰ tandis que la copie de Leibniz s'étend sur deux folios et demi grand format. Plusieurs indices de critique interne montrent que Leibniz n'a pas effectué une copie servile et qu'il a même éprouvé des difficultés à ordonner ses notes de lecture

ser d'un indice *n* à l'indice suivant *n* + *1*, c'est-à-dire à ce qui est appelé *gnomon*. Pour cette étude, le mieux est évidemment de se donner à l'origine un point qui sera sommet fixe et les deux demi-droites indéfinies issues de ce point, faisant entre elles l'angle du polygone. Dans cet angle, qualifié de *vide*, le polygone d'indice 1 se construit à l'aide de R segments unité, qui sont les cotés opposés au sommet origine (R + 2 = nombre caractéristique du polygone) et l'on peut encore décrire le polygone comme la juxtaposition de R triangles. La juxtaposition fait coïncider deux sommets qui ne doivent compter que pour un, de ce fait. Si l'on appelle A le nombre de juxtapositions, nombre qui est également caractéristique du polygone et qui est égal au nombre de diagonales, il est aisé de constater que A vient en diminution dans le décompte des extrémités des segments R. 2 R–A est le nombre des sommets qui viennent s'ajouter au sommet de l'angle vide, ou encore le *gnomon* d'indice 1, tandis que numériquement R–A est égal à 1.

Lorsqu'on passe au polygone d'indice 2, chaque segment de la suite R donne naissance à un gnomon triangulaire, et A reste le nombre à soustraire, de sorte que le gnomon est α R–A en appelant α le gnomon triangulaire d'indice 2. Et ainsi de suite. Tout repose en définitive sur les nombres triangulaires pour lesquels les gnomons successifs sont 2, 3, 4 etc. Le texte indique comme une donnée commune que de ce fait les nombres triangulaires s'expriment en fonction du carré de l'indice et cette expression est donnée en caractères cossiques.

Les longues explications que nous venons de donner permettent d'énoncer plus clairement ce qui est proposé pour les nombres polyédraux, dont la définition généralise à l'espace la définition des nombres polygonaux. Ici encore la clé du calcul consiste à définir les gnomons qui sont les différences premières des nombres cherchés lorsqu'on passe de l'indice *n* à l'indice *n* + *1*. Descartes indique nettement qu'il faut toujours partir d'un sommet et d'un angle polyédral vide et que la constitution du *gnomon*, du point de vue géométrique, résulte de ce qu'il faut ajouter à cette donnée pour achever de construire la *surface* du corps polyédral considéré d'indice 1. Ainsi pour le corps polyédral composé de 4 faces triangles et de 4 faces hexagones qui a 18 cotés et 12 sommets,[6] chaque sommet correspond à un angle trièdre formé à l'aide d'un triangle et de 2 hexagones. Le *gnomon* géométrique est donc lui-même formé de 4 — 1 = 3 triangles et 4 — 2 = 2 hexagones. S'il est très important de caractériser le nombre de triangles et le nombre d'hexagones qui constituent le gnomon, il est non moins important de préciser les juxtapositions dont s'accompagne cette constitution. Autour du sommet origine et sur les faces de son angle trièdre vide doivent

[6] 4 faces triangles et 4 faces hexagones représentent $4 \times 3 + 4 \times 6 = 36$ segments qui sont jointifs par couples sur le polyèdre, d'où 18 côtés réels. 36 étant égal à 3×12 ou 4×9, le nombre des arrêtes aboutissant à un même sommet du solide polyèdre ne peut être que 3 ou 4. 4 est impossible parce que conduisant à une incompatibilité au point de vue des angles. Donc chaque angle solide du polyèdre est trièdre et il y en a 12.

venir trouver place 1 triangle et 2 hexagones juxtaposés, soit $1 \times 3 + 2 \times 6 - 3 \times 1 = 12$ cotés et $1 \times 3 + 2 \times 6 - 3 \times 2 + 1 = 10$ sommets. Dans le décompte des cotés, il faut en effet se rappeler que deux cotés justaposés n'en font qu'un, ce qui oblige à soustraire autant de fois qu'il y a de cotés juxtaposés, ici 3. Mais en ce qui concerne le décompte des sommets, la même soustraction conduit à enlever le sommet commun à plusieurs faces autant de fois qu'il est donné, et il faut en définitive ajouter 1.

De ces calculs se déduisent aisément les éléments que l'on cherche. Il reste pour le *gnomon* $18 - 12 = 6$ cotés, dont chacun est contigu à deux faces, et $12 - 10 = 2$ sommets, qui sont sommets de trièdres situés à l'intérieur du trièdre origine, c'est-à-dire que ce *gnomon* est composé de 3 triangles et de 2 hexagones ayant 6 cotés communs lesquels composent eux-mêmes 2 trièdres.

Quand on passe de l'indice 1 à l'indice 2, le gnomon sera donc obtenu en prenant 3 fois le nombre triangulaire d'indice 2, 2 fois le nombre hexagonal d'indice 2, en retranchant 6 fois le gnomon triangulaire d'indice 2, et en ajoutant 2 afin de rétablir ce que la soustraction fait disparaître indûment.*

Nous ne développernos pas davantage, mais il était nécessaire de suivre sur un exemple la méthode proposée par le texte cartésien afin de nous faire entendre avec précision et de permettre la compréhension de la généralisation qu'il contient. Pour chaque corps polyédral régulier, il y a donc un *gnomon* de la forme $F - R + A$ où F comprend un certain nombre de faces, R un certain nombre de cotés et où A est un nombre de sommets bien déterminé indépendant de l'indice. Les tableaux que l'on peut constituer – et dont le texte donne une dizaine d'exemples – permettent de calculer de proche en proche le nombre polyédral d'indice quelconque. Il suffit d'ajouter le résultat de chaque ligne horizontale à celui de la ligne précédente.

* Corporis quod constat 4 hexagonis et 4 triangulis, latera sunt 18, anguli 12, facies 8. Igitur hujus gnomon constat 2 hexagonis et tribus triangulis faciebus minus sex radicibus + 2 angulis.

		(Différences)		
F + F — R + A,	0			
		1		
3 + 2 — 6 + 2,	1		10	
		11		11
9 + 12 — 12 + 2,	12		21	
		32		11
18 + 30 — 18 + 2,	44		32	
		64		11
30 + 56 — 24 + 2,	108		43	
		107		
45 + 90 — 30 + 2,	215			

Dans une note marginale, Leibniz signale le procédé qui permet de vérifier les résultats numériques rassemblés dans ces tableaux, à savoir que si l'on considère la colonne des valeurs du gnomon, les différences tabulaires sont en progression arithmétique. La remarque, motivée par la nécessité de contrôler quelques résultats a priori anormaux, est très précieuse pour nous au point de vue qui nous intéresse ici. Car il est bien évident que pour Leibniz la propriété des différences tabulaires – que l'on peut encore énoncer en disant que les différences secondes des gnomons sont des constantes – est connue d'avance du fait que les gnomons sont des fonctions du 2⁰ degré de l'indice. C'est-à-dire que l'algèbre fournit une propriété générale permettant de conduire les calculs numériques d'une manière sûre.

Il n'est pas difficile d'en déduire aussi une détermination plus simple des coefficients de la fonction du 3⁰ degré qui doit représenter le poids du nombre polyédral. Car trois valeurs du gnomon suffisent pour fixer la différence seconde constante, et on connaît les deux premières de ces valeurs, à savoir 1 et $(s - 1)$ en appelant s le nombre des sommets du polyèdre régulier. Pour avoir la valeur suivante du gnomon, il n'est pas nécessaire de se livrer aux considérations délicates que nous avons détaillées plus haut pour obtenir de ce gnomon la forme générale $F - R + A$.

Or c'est cette forme et la détermination préalable de ses coefficients qui restent essentielles dans le texte cartésien. On le voit bien à la suite des tableaux numériques, dans la manière de montrer comment on peut exprimer en *termes algébriques* les poids des nombres polyédraux. Cette expression est déduite de celle prise par le gnomon lorsqu'on y remplace les faces et les segments R par leurs poids. Autrement dit les *termes algébriques* n'interviennent que partiellement, pour donner un tour plus général à des expressions dont les coefficients numériques doivent être déterminés par ailleurs. L'algèbre ne domine pas et ne dirige pas le calcul.

Devons-nous nous excuser de quelque longueur? Nous ne le pensons pas, car une conclusion comme celle que nous venons d'énoncer, précise et nuance trop la notion acquise avec le premier document présenté pour qu'elle ne s'accompagne pas des justifications nécessaires.

En définitive, tel que nous apparaît Descartes à travers ces deux témoins de son activité mathématique de jeunesse, on ne peut se défendre contre une certaine déception. Certes ce jeune Descartes a une habilité supérieure et c'est peu de dire qu'il a du courage et de l'intrépidité devant des problèmes où la simple énumération lasserait un mathématicien moyen. Certes ce jeune Descartes met au service de ses qualités une puissance d'abstraction peu commune et un sens de la logique qui porte la marque des grands. Mais l'idée que l'amélioration du langage symbolique puisse être utile, au delà des simples traductions opératoires, pour découvrir des structures logiques et seconder l'exercice de l'analyse formelle, ne semble pas le préoccuper.

C'est pourquoi nous avons cherché un troisième témoin qui soit postérieur à la publication de la *Géométrie*, afin d'essayer de saisir si cette publication marquait pour son auteur une coupure.

Deux documents se rapportent à ce troisième témoin. Le premier est un texte latin des *Excerpta* publié dans les *Opuscula posthuma* de 1701. Le second est un manuscrit en français récemment acquis par la Bibliothèque Municipale de Toulouse, et encore inédit. Ils traitent d'un même sujet, à savoir la racine cubique des nombres binômes $a + \sqrt{b}$, avec des présentations différentes, mais en donnant la même structure de solution.

Le sujet a occupé Descartes fin 1639, à l'époque de l'affaire Stampioen–Waessenaer, alors que les questions venues de Paris par l'intermédiaire de Mersenne l'avaient amené à étudier de plus près la résolution des équations du 3ème degré.[7] Le texte latin publié utilise les notations algébriques cartésiennes pour écrire les équations à résoudre, mais use ensuite du discours pour décrire les opérations à faire à partir de la racine afin d'obtenir la solution du problème posé, et ne fournit aucune justification. Le manuscrit français use du même discours, en fournit la justification, mais écrit les équations cubiques à la manière de Viète. La comparaison objective des textes fait de l'imprimé latin le résumé du manuscrit français, la mise au net de l'énoncé de la solution, et ne permet pas de douter de l'attribution à un même auteur. La comparaison avec la lettre de Descartes à Waessenaer du ler février 1640 confirme que cet auteur ne peut être que Descartes.[8]

Peu importe que l'écriture du manuscrit ne soit pas celle de Descartes et qu'il s'agisse d'une copie.[9] Le style est, à plusieurs endroits, caractéristique, y compris les aveux dont la correspondance de Descartes avec Mersenne donne de semblables exemples. »J'ai un peu déguisé cette preuve dans l'autre règle, est-il dit ici, pour y faire paraître plus d'artifice«, et encore, à la fin du texte, à propos de la résolution de l'équation 1C–6N eq. 40 sur laquelle Mersenne consultait Descartes fin janvier 1639, l'auteur déclare: »On le pourrait encor trouver d'autres façons, mais parce que je ne me suis pas arrêté à ces choses là et n'en ai rien gardé par écrit, il m'y faudrait penser pour le retrouver«. Ces déclarations savoureuses qui ne suffiraient pas à elles seules à décider de leur

[7] Cf. les lettres de Descartes à Mersenne du 9 janvier et du 9 février 1639, à Constantin Huygens d'octobre 1639 et surtout la lettre de Descartes à Waessenaer du ler février 1640. A. T. II p. 503–504, p. 605–609, III p. 22 et sq.

[8] A la fin d'une introduction en langue flamande, Descartes déclare à Waessenaer: »je vais ajouter ici la démonstration de notre règle pour extraire la racine cubique des nombres binômes«, et le texte français qui suit est en parenté absolue avec celui du manuscrit que nous considérons ici.

[9] Ce manuscrit appartient à un registre en provenance d'archives italiennes, où il est inséré entre une copie de la lettre de Descartes à Mersenne du 5 octobre 1637 et une traduction italienne de textes de Fermat (tangentes, maxima et minima). La présence de textes de Roberval et l'écriture de Ricci inclinent à penser que le contenu du registre correspond au portefeuille emporté par Mersenne à Rome en janvier–février 1645.

origine, appartiennent à une partie du tente qui figure dans la lettre de Descartes à Mersenne du 30 septembre 1640. Ce qui achève de lever toute espèce de doute.

Nous donnerons prochainement de ce texte l'édition et l'étude détaillée qui s'imposent. La leçon qui nous importe ici se situe à un autre niveau que celui de la critique érudite. Et cette leçon est la suivante: lorsque Descartes dialogue avec un correspondant à l'époque considérée, il ne fait pas de difficulté pour employer le langage communément reçu et conjugue le discours avec un symbolisme qu'il a lui-même abandonné en principe, mais lorsqu'il consigne dans ses papiers cette mise au net qui sera publiée en 1701, il utilise ses notations propres. Toutefois il ne le fait que pour exprimer plus clairement l'équation dont dépend toute la solution, il laisse subsister un »discours« et il n'éprouve pas le besoin de traduire en termes algébriques ce qui donne la clé de l'ensemble.

Comment ne pas conclure qu'en 1639 l'auteur de la *Geométrie* n'avait pas beaucoup changé quant à sa conception profonde du rôle des symbolismes.

Bien entendu on ne saurait lui marchander la conscience dans laquelle il était d'avoir révolutionné la mathématique. Il écrivait à Mersenne, le 29 juin 1638, que Fermat et les mathématiciens de Paris devaient probablement avoir peur que le succès de la *Géométrie* ne fasse »mépriser ce peu qu'ils savent de l'Analyse de Viète«. Mais si cette phrase laisse entendre que c'est chez Descartes que l'héritage de Viète trouve son plein épanouissement, elle caractérise cet héritage par le mot *Analyse* et non par celui *d'Algèbre*. La nuance est importante et fondamentale.

Et Descartes écrivait encore à Mersenne le 9 février 1639 que c'est *nodum in scirpo quaerere*, chercher des difficultés où il n'y en a pas, que d'opposer aux méthodes géométriques certaines solutions de la théorie des équations où il semble a priori que l'on va »à tâtons«. Car suivant la nature de la question, la même structure se retrouve quel que soit le biais par lequel on aborde la recherche de la solution, et »ceux qui savent la conjonction qui est entre la Géometrie et l'Arithmétique ne peuvent douter que tout ce qui se fait par Arithmétique ne se fasse aussi par Géometrie. Mais de le vouloir faire entendre à ceux qui les conçoivent comme des sciences toutes diverses, ce serait *oleum et operam perdere*«.

Ainsi Descartes nous ramène inlassablement à ce plan, conçu dès 1619, où le classement des natures constitue le support des correspondances entre Arithmétique et Géométrie et les unit dans une même Analyse. Et s'il ne nous dit pas ce que le perfectionnement de l'Algèbre, dont il est promoteur, apporte en cette affaire, c'est qu'il ne le conçoit pas très bien lui-même.

L'image traditionnelle qui se transmet depuis longtemps de la mathématique cartésienne est donc certainement à corriger. La *Géométrie* ne signifie pas la révolution que l'on imagine et dont on place l'essentiel dans l'emploi de l'Algèbre, et d'une algèbre renouvelée par l'invention de notations particulièrement efficaces. La *Géométrie* constitue l'achèvement d'un projet sur le fond duquel son auteur n'a pas varié, et si elle utilise avec bonheur une algèbre nouvelle, cette utilisation ne se situe pas à la profondeur qu'elle pourrait avoir, et les liens entre la technique opératoire et l'exercice de la pensée n'y apparaissent pas plèinement assumés dans une conscience claire.

Faudrait-il reprendre, en terminant, le mot que nous avons déjà prononcé? Au contact du résultat de l'enquête, la sensibilité moderne s'exprime en effet par une certaine déception. Par l'impression d'un dommage regrettable, au détriment d'une grande mémoire. Mais le jugement nous garde de sacrifier trop aisément au sentiment d'aujourd'hui en oubliant ce que nous devons à la maturation du temps écoulé. Et une certitude corrige le sentiment, la certitude du service considérable que Descartes a rendu à la mathématique en laissent la technique opératoire à sa place de servante.

Leibniz aura beau jeu, plus tard, de critiquer l'Analyse Cartésienne et de situer ses limites et ses défauts. Mais s'il a pu élaborer un autre édifice, s'il a pu spéculer sur les vertus de la »Caractéristique« et donner une dimension nouvelle aux structures formelles de l'Algèbre, c'est sans aucun doute parce qu'il avait devant lui une ébauche suggestive et parce que Descartes avait ouvert une voie royale en privilégiant les structures logiques de l'Analyse.

LES *REGULAE* ET L'ACTUALITÉ SCIENTIFIQUE DE LEUR TEMPS

L'effort réalisé pour amener au jour une nouvelle traduction française des Regulae, *et son annotation, permet à un collaborateur de ce travail de fournir quelques exemples des résultats que peut obtenir une critique textuelle améliorée. Les décisions originales de Descartes, notamment en ce qui concerne son vocabulaire, sa méfiance à l'égard du terme « algèbre » et de la mathématique calculante, ne se comprennent bien qu'en en restituant le contexte voilé, ce que peut reconstituer une étude attentive. D'où des informations positives, utiles non seulement pour dater le texte, mais aussi pour comprendre le comportement du philosophe — depuis sa bonne conscience, jusqu'à sa confiance quelque peu outrecuidante en la méthode.*

A new translation of, and a new set of footnotes devoted to the Regulae *enable to sum up some results, depending from a renewed textual criticism. Descartes' vocabulary, his disregard for the world « Algebra » as well for pure calculative mathematics can be hardly understood without referring to the intricate historical and textual background. A precise study of it makes clear some informations concerning the datation of the* Regulae, *but also Descartes's self — confidence and outstanding trust in his method.*

Tandis que la grande édition Adam-Tannery des *Œuvres de Descartes* fut, au début de ce siècle, significative d'une attention nouvelle des philosophes français à la critique textuelle et à son accession à une structure scientifique rigoureuse, la mise à jour de cette édition, qui vient à peine de s'achever sans donner entière satisfaction à ses ouvriers eux-mêmes, paraît dans un contexte méthodologique singulièrement trouble. Si les progrès de la recherche des sources et de la connaissance des environnements ont été, depuis quelques décennies, considérables et ont renouvelé, de manière générale, la conception même des apparats critiques à mettre à la disposition des lecteurs des grandes œuvres du passé, la notion de lecture est l'objet de sophistications diverses qui mettent en cause la pertinence et l'utilité de résultats dont l'acquisition passe toujours par des travaux pénibles, rarement définitifs. L'information que véhiculent les documents est même parfois déclarée philosophiquement négligeable par rapport aux réseaux d'organisation logique du discours, réseaux qui seraient, selon certains auteurs, mieux révélés entre les lignes et en filigrane qu'à la vision directe. Il semble donc opportun de revaloriser l'information positive qui résulte de la lecture critique des textes et de s'attacher à en fournir des exemples caractéristiques.

Les *Regulae* de Descartes viennent d'être l'objet, après tant d'éminents travaux, d'un important effort (1) dans lequel les ressources de l'indexation automatique des textes cartésiens ont été utilisées concurremment avec les méthodes de critique textuelle classiques, pour produire, à la fois, dans le domaine de l'analyse philosophique et sur le plan de la traduction en français. La collaboration que le signataire du présent article a été amené à apporter pour l'annotation scientifique de cette traduction a été pour lui une expérience dont il pense qu'il n'est pas déplacé de tirer quelques leçons pour le propos ci-dessus indiqué.

Que l'on ne s'attende pas, cependant, à trouver ici une vaste synthèse concernant le Descartes savant à l'époque où il rédigeait les *Regulae*. Notre but, plus modeste, est de montrer comment les résultats d'études ponctuelles, loin d'affaiblir l'attention du lecteur avide de grandes vues d'ensemble, constituent pour elle une base indispensable.

On a dit depuis longtemps que Descartes peut être légitimement crédité de l'honneur d'avoir ouvert une ère radicalement nouvelle pour l'algèbre, et cela dès la rédaction des *Regulae*. Encore que les promoteurs de ce jugement d'importance aient pris la peine, tel Pierre Boutroux, de préciser qu'il s'agit de l'algèbre en tant que science de structures formelles, il n'est pas certain qu'ils aient été généralement bien compris en dehors du milieu mathématicien et l'on rencontre encore très souvent des interprétations qui pèchent soit par défaut, soit par excès. Par défaut en conservant à l'algèbre le sens trivial d'une machine à calculer générale sur symboles littéraux. Par excès en privilégiant la logique des relations et en négligeant le rôle des notations et des écritures symboliques. C'est dans cette perspective qu'il est intéressant de regarder de près comment s'exprime Descartes lui-même.

Les occurrences du mot algèbre, dans les *Regulae*, sont très peu nombreuses (2), et le fait de cette rareté de l'emploi — que seule l'indexation automatique donne de manière précise et rigoureuse — est évidemment *a priori* fort curieux. Il invite à approfondir les contextes d'apparition. Le premier, au début de la *Règle IV*, concerne les arcanes que les Anciens ont « jalousement » exercé quant à l' « analyse » qu'ils s'étaient formée à partir « des sciences les plus faciles, l'Arithmétique et la Géométrie », afin d'atteindre l'extension « à la résolution de tous les problèmes ». « De nos jours, ajoute Descartes, fleurit un certain genre d'Arithmétique, qu'on nomme Algèbre, qui accomplit touchant les nombres ce que les Anciens faisaient touchant les figures. »

(1) Jean-Luc MARION, *Sur l'ontologie grise de Descartes. Savoir aristotélicien et science cartésienne dans les Regulae*, Paris, Vrin, 1975. Jean-Robert ARMOGATHE et Jean-Luc MARION, *Index des Regulae*, Rome, Ed. dell'Ateneo, 1976. *René Descartes : Règles utiles et claires pour la direction de l'esprit en la recherche de la vérité*, traduction selon le lexique cartésien et annotation conceptuelle par Jean-Luc MARION, avec des notes mathématiques de Pierre COSTABEL, La Haye, Martinus Nijhoff, 1976.

(2) Il n'y a que quatre occurrences du mot algèbre, deux dans la *Règle IV*, deux dans la *Règle XVI*, IV/A, A.-T., X, p. 373; IV/B, A.-T., X, p. 377; XVI, A.-T., X, p. 456-457.

Si l'on se borne, comme on l'a fait jusqu'ici, à prendre cette déclaration pour une appréciation générale de Descartes au sujet du mouvement mathématique de son temps, ce n'est pas sans peine que l'on commente. Or la manière même dont s'exprime Descartes constitue une référence bibliographique sans mystère. C'est en 1625 en effet que parut chez les Elzevir la deuxième édition de l'*Arithmétique de Simon Stevin de Bruges, contenant les computations des nombres arithmétiques ou vulgaires, aussi l'algèbre...*, deuxième édition enrichie des corrections et additions d'Albert Girard, Samielois (1), et il est important de noter que ce qui attirait particulièrement l'attention du public sur cette nouvelle édition résultait de la traduction intégrale en français des six livres connus de Diophante dont Bachet de Méziriac avait donné à Paris en 1621 une édition gréco-latine. L'algèbre, au sens de cet ouvrage, est l'art du calcul sur les puissances, dans lequel les « figures » employées par les Anciens (carré, cube, etc.) sont remplacées par des « marques » numériques, et l'emploi de ces marques est déclaré justifier le nom d'algèbre du fait que les Arabes sont à la fois inventeurs des signes numériques et de ce que tout le monde entend par algèbre, c'est-à-dire un ensemble de procédés de calculs symboliques.

On ne peut pas douter que ce soit l'*Arithmétique de Simon Stevin...* qui soit visée par la rédaction de Descartes, car non seulement le « certain genre d'Arithmétique, qu'on nomme Algèbre... » est en correspondance littérale avec le titre de l'ouvrage publié à Leyde par les soins d'Albert Girard, mais encore les deux occurrences du mot Algèbre qui apparaissent dans la *Règle XVI* apportent confirmation. Descartes y déclare en effet que l'usage du vocabulaire et des « figures » de l' « Algèbre commune » lui a paru satisfaisant pendant longtemps, mais qu'il a changé d'avis et décidé de rejeter entièrement les « noms de ce genre », c'est-à-dire racine ou ligne, carré, cube, etc., qui troublent la saine conception des choses. Celle-ci n'est d'ailleurs pas, le développement des idées dans la même *Règle XVI* le montre bien, exactement satisfaite par les procédés symboliques des « marques » de Stevin et d'Albert Girard. Car, si Descartes pose son propre système de notations, qui consiste à s'inspirer des « marques » susdites mais à placer en exposant les signes numériques correspondants, il ajoute aussitôt que « le principal de ce biais industrieux » n'est pas de faire « le résumé de beaucoup de mots », mais de représenter sans ambiguïté à l'esprit la nature et le nombre des « relations » qui entrent en ligne de compte dans la question que l'on veut résoudre. Et, distinguant parfaitement la mathématique de ses traductions symboliques, il affirme : « Nous appellerons donc désormais première proportionnelle cette grandeur qu'en Algèbre on nomme racine, seconde proportionnelle celle qu'on nomme carré, et ainsi de suite. »

(1) Pour les relations entre l'édition Girard et la version originale éditée ou supervisée par Stevin, voir l'article de H. Bosmans dans les *Annales de la Société des Sciences de Bruxelles*, 1910-1911, *35*.

Il est donc, en définitive, très clair que Descartes apparaît bien, dès les *Regulae*, comme étant en possession d'une idée fort élevée de la mathématique en tant que science de relations formelles, mais il est non moins clair qu'il a, à la fois, la conscience d'un réformateur et la volonté de se séparer des plus récentes tentatives novatrices. Laissant à la méditation des historiens des mathématiques le soin de déterminer si Descartes découvre effectivement ou bien ne fait en réalité que mieux concevoir et expliciter ce que d'autres ont déjà pensé avant lui, relevons que l'opération mentale s'accompagne chez lui d'un *rejet* du vocabulaire des algébristes, même des algébristes de pointe comme Albert Girard. Et, sans doute, Descartes s'est-il trompé, en ce sens que la postérité ne lui a pas donné complètement raison à cet égard, mais comment ne pas retenir, pour une lecture correcte des *Regulae*, ce fait positif et apparemment paradoxal : à savoir que Descartes prenait la plume pour prendre ses distances à l'égard de l'algèbre. De l'algèbre telle qu'il la trouvait devant lui, certes, et non pas de l'algèbre telle qu'elle fut progressivement comprise et développée par la suite. Qui ne voit cependant de quelles précautions le lecteur moderne et le commentateur d'aujourd'hui doivent nécessairement user.

Toujours à propos de l'algèbre, la deuxième occurrence du terme qu'offre la *Règle IV* présente à l'interprétation des difficultés dont la solution complète la leçon précédente sur un point de grande importance. Il s'agit du fameux passage où, après avoir loué les hommes d'un très grand esprit qui ont entrepris récemment de relever la *Mathesis* antique, Descartes note que « cet art, qu'on désigne d'un nom emprunté à une langue étrangère, l'Algèbre, ne lui semble être rien d'autre [que la Mathesis antique], si seulement on pouvait *le débarrasser* de la multitude des nombres et des figures inexplicables qui le *ruinent* ». Ici encore on a généralement omis de rechercher si des références précises n'étaient pas à mettre derrière le texte et on s'est perdu en conjectures sur la signification des expressions « multitude des nombres » et « figures inexplicables ». Or quiconque feuillette les ouvrages de mathématiques de l'époque constate que la nomenclature des nombres proposés à l'attention des lecteurs constitue une liste considérable : nombres entiers, premiers entre eux, entre eux composés, rompus, géométriques, amiables, barlongs, etc. La liste n'était jamais close et à chaque propriété nouvelle introduite dans une définition correspondait la création d'un terme nouveau. Lorsqu'on se place à un point de vue de critique historique, il n'y a donc pas de mystère dans la réaction de Descartes, elle est celle d'un bon pédagogue qui refuse de voir proliférer les nomenclatures au détriment des connaissances essentielles. On peut légitimement s'étonner de ce que cette explication simple n'ait pas été plus immédiatement perçue par les commentateurs passés.

Le cas des « figures inexplicables » est infiniment plus délicat. Un peu de patience fournit cependant encore une solution incontestable. Dans l'ouvrage de Stevin cité plus haut, on trouve une protestation contre l'usage qui conduit à traiter les nombres que nous appelons irrationnels de nombres sourds, absurdes, inexplicables. Et Albert Girard, éditeur de Stevin, fait quelques années plus tard profession plus nuancée, mais fort intéressante pour notre recherche. Dans son livre intitulé *Invention nouvelle en algèbre*, publié à Amsterdam en 1629, il maintient, contre Stevin, l'usage de l'adjectif inexplicable pour des expressions contenant les racines carrées de nombres négatifs. Il précise même que, dans ces expressions, la *figure* reste *enveloppée*, ce qui est une autre manière, très suggestive par rapport à l'étymologie du lemme expliqué, de traduire l'inexplicable. Ces données ne laissent pas de doute quant au fait que les termes employés par Descartes renvoient au langage des professionnels de la mathématique de l'époque. Langage qui s'est maintenu quelque temps puisque, le 28 avril 1643, Descartes avait encore à répondre à Mersenne qui l'avait consulté sur les « grandeurs inexplicables » (A.-T., III, p. 658) (1). Encore que ce dernier passage — provenant pourtant d'un autographe de Descartes — ne soit pas sans obscurité et qu'il témoigne d'une évolution de la notion d' « explicable », l'allusion qu'il contient à la résolution de l'équation du 3e degré par les formules de Cardan prouve que Descartes maintenait sa méfiance à l'égard des « explications par les signes $\sqrt{\ }$ ou $\sqrt{C}$ » (racine carrée ou racine cubique), ce qui sous-entend évidemment la difficulté essentielle présentée par $\sqrt{-1}$. De telle sorte que l'affaire des « figures inexplicables » dans le contexte des *Regulae* mérite l'examen le plus approfondi.

L'indexation automatique révèle que l'apparition de l'adjectif « inexplicable » est là un *hapax* (2) et lorsqu'on se rapporte au contexte que nous avons rappelé plus haut, il est clair que l'*hapax* est lié au fait d'un jugement sévère. Les figures inexplicables sont aussi condamnables que la multitude des nombres parce qu'elles *ruinent* l'art de l'Algèbre et que pour restituer la *Mathesis* il faut débarrasser l'édifice de toutes les proliférations nuisibles. C'est donc que Descartes a pris, au moment où il écrit les *Regulae*, la décision d'exclure de sa mathématique tout ce qui

(1) « Je ne sais pas ce que demande M. de Vitry La Ville touchant les grandeurs inexplicables car il est certain que toutes celles qui sont *comprises* dans les équations *s'expliquent par quelques signes puisque l'équation même qui les contient est une façon de les exprimer*. Mais outre celles-là il y en a une infinité d'autres qui ne peuvent pas même être *comprises* en aucune équation, et entre celles qui sont comprises dans les équations il y en a qui ne peuvent être expliquées par les signes $\sqrt{\ }$ ou $\sqrt{C}$ c'est-à-dire racine carrée ou racine cubique, hors de l'équation. Comme si j'ai un cube égal à trois racines plus trois, je ne saurais exprimer la valeur de cette racine par les signes de racine carrée ou cubique et toutefois elle n'est pas incommensurable que celles qui s'y expliquent. »

Paul Tannery pense que Descartes a été victime d'une inadvertance dans l'énoncé de son exemple d'équation cubique. La solution de cette question délicate exige une étude technique qui n'a pas sa place ici, et qui n'a d'ailleurs pas d'incidence au point de vue que nous considérons.

(2) C'est la conjugaison des deux constatations : 1° absence d'analyse de l'expression « figure inexplicable » dans les commentaires; 2° signalisation comme *hapax*, qui nous a engagé dans cette recherche.

avait la faveur des auteurs contemporains. Doit-on penser qu'en refusant l'« inexplicable », il allait jusqu'à rejeter les spéculations sur l'objet désigné de cette manière et les acquis de la mathématique calculante correspondante, notamment en ce qui concerne ce qui devait s'appeler plus tard le nombre imaginaire ? Il semble bien que la réponse à cette question doive être affirmative.

Nous avons en effet quelque raison de ne pas créditer Descartes d'une attitude favorable aux nombres imaginaires. Et sans entrer dans une controverse subtile, nous nous contenterons de remarquer ici que l'affaire Stampioen, en 1639, dans la mesure même où elle mettait en question les résolutions d'équations cubiques, aurait été l'occasion privilégiée, pour Descartes, de signifier son accord pour la manipulation de « figures inexplicables » à propos des formules de Cardan, et que, bien au contraire, Descartes a pris singulièrement soin de se taire à ce sujet (1). Sans doute trouve-t-on dans la *Géométrie* mention de racines d'équations auxquelles il convient d'appliquer le qualificatif d'« imaginaires », et notamment à propos d'équations cubiques, mais on y chercherait en vain une indication quelconque sur la manière d'en traiter (2). Et si l'on se reporte au passage cité plus haut de la lettre du 28 avril 1643, le seul progrès que l'on constate dans la formulation que Descartes donne à sa pensée est le suivant : l'équation, dont on ne sait pas calculer la racine, *explique* celle-ci aussi bien que des expressions avec des racines carrées ou cubiques, mais quelle que soit l'extension que l'on puisse donner ainsi à la catégorie de l'« explicable », on n'atteint pas pour autant la résolution de l'« incommensurable ». C'est-à-dire que l'on bute sur l'insertion dans le calcul. Il nous paraît donc que si Descartes a fini par concevoir que $x^2 + 1 = 0$ *explique* x (3) aussi bien que $x = \sqrt{-1}$, il n'a pas pour autant accepté cette « figure ». Il est resté dans la ligne de Stevin sans adopter la position d'Albert Girard.

En définitive, on voit, nous l'espérons, combien l'étude de détail

(1) Cf. Pierre COSTABEL, Descartes et la racine cubique des nombres binômes, in *Revue d'Histoire des Sciences*, avril-juin 1969, t. XXII, n° 2, p. 97-116.

(2) Cf. en particulier, *Géométrie*, III, A.-T., VI, p. 472-473. Descartes ne considère la formule de Cardan que dans le cas où la quantité $4p^3 + 27q^2$, dont il faut prendre la racine carrée, est positive. Il en exclut explicitement l'usage lorsque $4p^3 + 27q^2$ est négatif, et il met en avant la résolution géométrique qui montre, en quelque sorte visuellement, que dans ces deux cas deux des racines s'évanouissent et deviennent « imaginaires ». Descartes avait déjà dit tout cela à Beeckman en février 1929 (A.-T., X, p. 346). M. J. ITARD, dans sa brochure *Matériaux pour l'histoire des nombres complexes* (Bibliothèque d'information sur l'enseignement mathématique, 1969, 2), se base sur ce passage du *Journal* de BEECKMAN pour affirmer : « Voilà un mot, *imaginaire*, un concept qui hante Descartes depuis 1628. » C'est vraiment en dire trop. Non seulement en ce qui concerne la hantise, mais encore en ce qui concerne le passage du mot au concept. Il est impossible de ne pas accorder le mot; mais pour le concept, c'est une autre affaire.

(3) Peut-être n'est-il pas inutile de souligner combien Descartes était par là proche du point de vue qui fut adopté plus tard par la théorie algébrique des nombres complexes — point de vue dans lequel un nombre complexe est un polynôme en i, dont le reste de la division par $(i^2 + 1)$ est seul à considérer.

provoquée par les rares occurrences du mot algèbre situe le rédacteur des *Regulae* dans son contexte historique précis et révèle ses décisions de manière extrêmement instructive.

D'aucuns se demanderont, certainement, si les *Regulae* ne contiennent pas aussi quelque trace de décision à l'égard de ce qui est encore une caractéristique de la mathématique cartésienne, à savoir le rejet de l'infini. Et nous pourrions nous contenter de renvoyer au rôle du « dénombrement », constamment présenté par l'auteur comme opération fondamentale de sa méthode. Cela suffit, en soi, à traduire une pensée mathématique où l'infini n'a pas de place. Mais il y a un cas, dans la *Règle VII*, où pour montrer qu'on peut soulager l'esprit et organiser le dénombrement de telle sorte que sans être complet — et fatigant pour la capacité de l'entendement — il soit suffisant, Descartes évoque une question mathématique relevant du traitement de l'infini. Et il vaut donc la peine de faire ici encore une étude de détail.

« Si je voulais montrer par dénombrement, écrit Descartes, que l'aire du cercle est plus grande que toutes les aires des autres figures dont la périphérie est égale, il n'est pas nécessaire de passer en revue toutes les figures, mais il suffira de le démontrer à propos de quelques-unes en particulier, en sorte d'en conclure le même par induction pour toutes les autres. »

La propriété du cercle ici considérée fut vulgarisée au XVIe siècle par les nombreux commentaires du *De Sphaera mundi* de Jean de Sacrobosco, et c'est à Clavius que l'on doit la production la plus importante en ce qui concerne le progrès de la démonstration. Dans un premier temps, qui est celui du tome III des *Opera mathematica* (1570), Clavius s'est contenté de suggérer à partir de deux exemples simples que, pour un même périmètre, plus un polygone a de côtés et d'angles — ces côtés et ces angles étant égaux entre eux — plus l'aire enfermée est grande. Et il a exprimé la raison qu'on peut « voir » de cette propriété, à savoir qu'il y a ainsi davantage de « lieux » où les côtés sont plus éloignés d'un point central. D'où ensuite l'évidence que le cercle réalise le maximum. Cet exposé, qui fait tant de place à l'intuition, correspond exactement au propos de Descartes.

Dans un second temps — après la publication du *Commentaire de Théon d'Alexandrie* sur le premier livre de l'*Almageste* de Ptolémée et du livre V des *Collectiones Mathematicae* de Pappus — Clavius s'est attaché à rendre méthodique et rigoureuse la démonstration. Dans sa *Geometria Practica* de 1604, il n'omet aucun chaînon d'un ensemble de raisonnements complexes et insiste sur les trois propositions clés : n°s 6, 12 et 13. La proposition 6 conclut sur la base de celles qui la précèdent que de deux polygones réguliers isopérimètres le plus grand est celui qui a le plus de côtés. La proposition 12 conclut de même, sur la base des propositions intermédiaires, que de tous les polygones isopérimètres ayant le même nombre de côtés le plus grand est équilatère et équiangle, c'est-à-dire régulier. La proposition 13 démontre que le cercle est plus grand que tout polygone régulier de même périmètre. Il s'agit là d'une opération savante qui n'a rien de comparable à la première version. Et la conclusion s'impose. Descartes n'a connu que cette première version. Car s'il avait connu la seconde, et s'il avait ainsi mesuré les difficultés d'un problème concernant l'infinité d'un ensemble de figures, il eût été moins sûr de la « suffisance » de quelques exemples « particuliers ».

Quittant le domaine mathématique pur, nous voudrions ajouter quelques remarques concernant la participation de Descartes aux recherches physiques, mais aussi brièvement que possible. Nous avons consacré au problème de l'anaclastique et de la loi de la réfraction de la lumière *(Règle VIII)*, ainsi qu'aux lois des cordes vibrantes *(Règle XIII)*, des annexes appropriées dans le volume évoqué en commençant. Il ne peut s'agir ici de reprendre ce que nous avons développé longuement ailleurs.

Mais nous pouvons dire, ici, quels ont été les motifs de notre recherche. Dans la *Règle VIII*, Descartes conclut son exposé sur l'anaclastique en disant : « Encore que beaucoup l'aient en vain jusqu'à ce jour cherchée, je ne vois pourtant rien qui puisse empêcher celui qui userait parfaitement de notre méthode, de la connaître avec évidence. » Cette déclaration surprenante nous a paru cacher, derrière la confiance en la méthode, une difficulté dont l'auteur avait fait l'épreuve. Or le *Journal* de Beeckman nous apprend tout d'abord que le 8 octobre 1628, lors d'une visite de Descartes, celui-ci lui a appris d'une part comment, connaissant une réfraction, on a toutes les autres par une loi où l'on reconnaît la loi des sinus, et d'autre part que l'anaclastique est à son avis une hyperbole. Plus loin, à la date du 1er février 1629, tandis que Descartes est en France et que la communication se fait par courrier, Beeckman transcrit la démonstration qu'il a cherchée et trouvée, mais après avoir précisé que Descartes n'avait pas de démonstration et lui avait laissé le soin d'en chercher une. Il ajoute que Descartes, informé, s'est « réjoui » de sa découverte.

Dans la *Règle XIII*, Descartes évoque les questions qui lui ont été posées sur les lois des cordes vibrantes et, tout en déclarant que la méthode du dénombrement permettrait certainement de parvenir à une démonstration, il se montre embarrassé. Or le *Journal* de Beeckman apprend encore que le même 8 octobre 1628 Descartes a transmis lesdites lois comme résultats d'observations de Mersenne, mais qu'il ne savait rendre compte que d'une seule. Et le 28 février 1629 la situation n'était pas meilleure : Mersenne écrivait à Rivet que, pressé d'appliquer sa méthode d'analyse « aux tours et retours » d'une corde tendue, Descartes avouait qu' « il n'y a pas moyen de savoir ».

Dans les deux cas, on le voit, nous avions raison de sentir qu'une confiance en la méthode, trop bien affirmée, sonnait un peu faux et trahissait, chez l'auteur des *Regulae*, la rencontre de sérieuses difficultés.

Des difficultés qu'il importait de connaître : l'anaclastique constitue un exemple privilégié de détermination d'une courbe par une propriété de sa tangente, la relation du son d'une corde tendue avec sa grosseur et sa tension met en question le niveau d'analyse infinitésimale où il convient de situer l'action des forces dans des vibrations d'amplitudes très petites. Si Descartes est parvenu plus tard à satisfaire à divers problèmes du premier type — relevant de l'opération différentielle du premier ordre ou de son inverse —, il a toujours essayé, pour les problèmes du second type où la considération du deuxième ordre différentiel est inévitable, de les contourner et de se passer de leur solution. C'est-à-dire qu'en définitive, ce qui était, dans les passages des *Regulae* ci-dessus mentionnés, expression d'une confiance quelque peu outrecuidante s'est transformé en intrépidité. D'où bien d'autres questions qui sortent évidemment du cadre du présent propos.

Faut-il conclure ? Nous avons choisi quelques exemples et nous n'avons pas dit tout ce que nous aurions pu dire. Mais notre choix a porté sur des faits qui sont suffisamment significatifs. D'abord en ce qui concerne la datation du texte, ensuite pour l'information de Descartes, pour la nature, la forme et les limites de cette information, pour le comportement de ce philosophe qui reste un créateur dans le mouvement scientifique des années 1625-1629. Et nous avons la faiblesse de croire que tout propos philosophique approfondi sur Descartes savant, voire toute analyse structurale, ne peut s'instituer qu'après l'assimilation de l'ensemble de résultats de ce genre.

PROBLÈMES SCIENTIFIQUES DANS LES *REGULAE**

La solution par Descartes du problème des moyennes proportionnelles *(Règle VI)*

Descartes a certainement rencontré de bonne heure sur sa route le problème de l'insertion entre deux termes donnés d'un certain nombre de «moyennes proportionnelles» c'est-à-dire de termes en progression géométrique ou en «proportion continue». Dans sa célèbre lettre à Beeckman du 26 mars 1619, où il trace le plan de son ambitieuse entreprise mathématique, il fait état de sa découverte de la solution des équations du 3ème degré et de l'usage de nouveaux compas «aussi justes et aussi géométriques que le compas ordinaire avec lequel on trace les cercles» (AT. X 154–155). Or ces compas, décrits dans la *Géométrie* au *livre II* (AT. VI 391), réalisent la composition d'autant de proportions égales que l'on veut et apparaissent comme l'instrument apte à résoudre les problèmes, direct et inverse, posés dans la *Règle VI* (cf. n. 17).

Disons, pour ne pas en rester ici à une allusion pure et simple, que l'essentiel des compas consiste en deux branches AX et AY articulées en A, la branche AY étant munie d'une tige perpendiculaire BZ fixée en B. Tout le reste de l'appareillage consiste dans des équerres placées

* Annexes III, IV, V, dans *Règles utiles et claires pour la direction de l'esprit en la recherche de la vérité,* Traduction selon le lexique cartésien et annotation conceptuelle par Jean-Luc Marion, avec des notes mathématiques de Pierre Costabel. La Haye, Martinus Nijhoff, 1977, p. 309-322.

comme l'indique la figure ci-jointe, et qui peuvent glisser soit le long de AX, soit le long de AY quand on fait varier l'ouverture du compas.

$$\frac{AB}{AC} = \frac{AC}{AD} = \frac{AD}{AE} \text{etc...}$$ Cf. figure p.[312] 52.

On a exactement la même procédure dans le manuscrit des *Cogitationes Privatæ*, perdu depuis que Foucher de Careil en fit une copie dans les papiers de Leibniz à Hanovre, mais dont cette copie conserve le contenu (cf. AT. X, 234–238).

A quel moment Descartes a-t-il été amené à considérer que son compas ne le dispensait pas d'indiquer des solutions plus satisfaisantes pour les mathématiques? Les données concernant cette question sont assez embrouillées et il est utile d'essayer de les ordonner.

Le fait le plus précis est fourni par Beeckman dans les pages de son *Journal* datées du 1er février 1629 (voir AT. X, 341–342). A cette date Beeckman recopie mot à mot comme venant de Paris, une démonstration de la construction de deux moyennes proportionnelles au moyen d'une parabole et d'un cercle, et il rapporte explicitement à Descartes l'invention de la construction. Dans une lettre à Mersenne du 4 novembre 1630, Descartes rappelle qu'il a fait voir autrefois cette construction à Hardy et Mydorge, lequel l'a fort bien démontrée (cf. AT. I 175). On peut donc, avec beaucoup de vraisemblance, rapporter à Mydorge la démonstration transcrite par Beeckman dans son *Journal*, et penser que c'est par Descartes lui-même que Beeckman en a eu connaissance.

D'ailleurs dans une lettre à Mersenne plus tardive (juin 1632, AT. I, 256) Descartes donne des précisions supplémentaires. L'occasion lui est fournie par l'envoi que vient de lui faire Mersenne d'une nouvelle démonstration des deux moyennes proportionnelles – probablement celle de Roberval. Descartes répète que Mydorge fit la démonstration «dès lors que *vous m'en fîtes* faire la construction» et il ajoute qu'il eut été plus indiqué de la part de Mersenne de provoquer une démonstration de la construction de la trisection de l'angle, «laquelle je vous ai donnée en même temps que l'autre» et que Mr Mydorge «confessa» ne pouvoir démontrer. Ainsi il n'y a aucun doute: c'est encore à Mersenne et à sa pression que Descartes doit de s'être appliqué à résoudre en même temps le problème des moyennes proportionnelles et celui de la trisection de l'angle, mais l'inventeur s'est manifestement borné à transmettre l'énoncé des solutions qu'il proposait.

Dans *la Vérité des Sciences* (1625), p. 750, Mersenne avait lancé un appel aux «nouveaux Archimèdes» pour qu'«ils imposent un silence éternel à quantité d'ignorants qui veulent persuader par leurs sophismes et leurs paralogismes qu'ils ont trouvé la quadrature du cercle, la duplication du cube, la trisection de l'angle etc...», puis (859–861) il avait rassemblé les données de l'histoire concernant les deux moyennes proportionnelles et la duplication du cube (qui en est un cas particulier) et il avait signalé la mise au point de David Rivault à propos de la solution de Menechme par deux paraboles. En termes modernes et pour faire bref, disons que le «mésolabe» de Menechme consiste à traduire l'égalité des trois rapports $x/a = y/x = b/y$ par les deux équations $ay = x^2$, $bx = y^2$, d'où la solution par l'intersection de deux paraboles.

Or la solution de Descartes, telle qu'elle apparait dans le *Journal* de Beeckman à travers la démonstration qui en est donnée, consiste à remplacer l'une des deux équations paraboliques par leur somme $ay + bx = x^2 + y^2$, c'est-à-dire à prendre l'intersection d'une parabole et d'un cercle.

L'influence du texte de *La Vérité des Sciences* paraît donc être la source décisive, sans qu'on puisse pour autant fixer une date précise pour le moment où Descartes a élaboré sa solution et en a conféré avec Mydorge. L'automne 1628 a simplement la probabilité la plus forte en raison des séjours de Descartes en France, de sa visite à Beeckman le 8 octobre 1628 et du témoignage du *Journal* de ce dernier trois mois plus tard.

L'énoncé de Descartes figure en version latine dans les *Harmonicorum Libri* de Mersenne, 1636, *livre III* prop. *II*, p. 146–147 et il y est présenté comme l'oeuvre d'un «summus vir» dont on attend encore la démonstration. Le texte est repris en version française dans *L'Harmonie Universelle* 1637, tome *II* au livre *VI* des Orgues [3] 408–411. L'allusion à la paternité de Descartes est plus nette, la version française est déclarée postérieure à la version latine transcrite dans l'ouvrage précédent, et à la suite est publiée une démonstration due à Roberval.

Ainsi, au moment où Mersenne composait son grand ouvrage, Descartes ne l'avait pas encore éclairé sur les raisons de sa construction, et maintenait à l'égard de celui dont il avait reçu l'impulsion notée plus haut, la même réserve qu'à l'époque de la découverte.

Cette attitude mérite l'attention. Descartes était-il mécontent de lui-même, ou voulait-il conserver le sujet en réserve pour un autre usage?

Pour essayer de comprendre, il faut regarder de plus près l'affaire des compas.

Les relations écrites plus haut:

$$\frac{AB}{AC} = \frac{AC}{AD} = \frac{AD}{AE} \text{etc...}$$

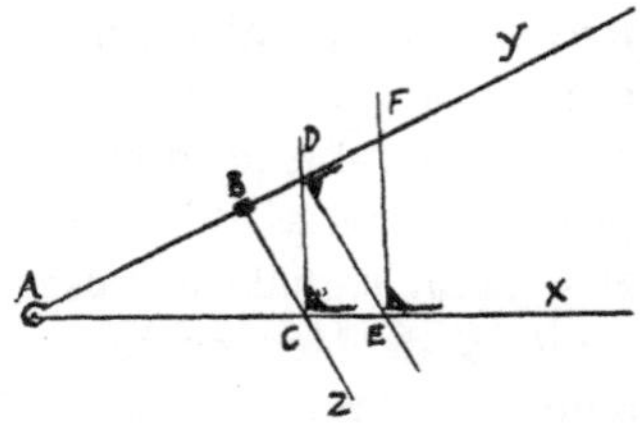

montrent que AC et AD sont deux moyennes proportionnelles entre AB et AE, mais si AB et AE sont données, l'ouverture du compas nécessaire pour que l'équerre DCE vienne s'appuyer exactement en C sur la tige BZ ne peut s'obtenir que mécaniquement ou par tâtonnement.

Bien entendu, il y a moyen de présenter les choses autrement. Dans la *Géométrie* au début du *Livre III*, Descartes dira que AB étant donné, le lieu du point D lorsque AB tourne autour de A est une courbe «géométrique» et qu'il faut donc prendre l'intersection de cette courbe avec le demi-cercle de diamètre AE. Mais il reconnaîtra aussitôt que ladite courbe est du 2ème genre (c'est-à-dire du 4ème degré) et que par conséquent la solution n'est pas simple. Moins simple assurément que celle proposée autrefois par lui-même avec une parabole et un cercle. Et il ajoutera qu'il ne faut pas «se travailler inutilement» à simplifier ce qui par «nature» relève d'une catégorie inaccessible à la règle et au compas (AT. VI, 444, 5–10).

Cette expression savoureuse donne à notre avis la clef. Descartes s'est certainement «travaillé» longtemps et n'a reconnu que tardivement, au bénéfice de l'algèbre, l'inutilité de la recherche de simplifications impossibles. On notera qu'en ajoutant un peu plus loin dans le *livre III* de la *Géométrie* les énoncés de ses solutions pour les moyennes proportionnelles et la trisection de l'angle (AT. VI, 470–471) Descartes ne prend pas la peine de fournir une explication. Ce qu'il énonce est «aisé à voir par le calcul» (AT. VI, 471, 10). Tout est là.

Pourtant Descartes avait tort, sans aucun doute, de croire que son algèbre suffisait à caractériser les genres et les natures des problèmes. En fait les problèmes auxquels il était affronté ne devaient trouver de véritable situation qu'avec le secours de la plus haute Analyse au XIX° siècle: voir Felix Klein [1] *Leçons sur certaines questions de Géométrie Elémentaire.*

L'Anaclastique et la loi des sinus pour la réfraction de la lumière *(Règle VIII)*

Le rôle de l'anaclastique et de sa détermination dans la genèse des conceptions de Descartes concernant la théorie de la lumière a été perçu depuis longtemps (cf. Gaston Milhaud, *Descartes savant*, 1921, [1] 103–123). Mais avec les informations dont on dispose aujourd'hui, la question prend une dimension plus grande.

La correspondance de Mersenne en 1625–26 permet de réunir des données historiques précieuses, à condition de ne pas toujours suivre les suggestions du savant éditeur Cornélis de Waard et de s'en tenir à l'explicite. Dans le cadre des réflexions proposées par Mersenne en 1625 dans *La Vérité des Sciences*, il est clair que le Minime a mobilisé autour de lui les bonnes volontés dans de multiples directions. En particulier pour la construction d'instruments aptes à concentrer la lumière.

L'effort a porté manifestement d'abord sur le miroir parabolique. Le 18 avril 1625 l'ingénieur rouennais Cornier assure Mersenne que, conformément à une déclaration de Kepler, la parabole n'est pas une courbe satisfaisante: l'ouverture du miroir parabolique, qui permet de capter la lumière incidente, ne s'accroît pas autant qu'on le souhaiterait avec la profondeur, et passé un certain degré d'agrandissement l'instrument devient «plus incommode sans être plus utile» ([5] *C.M.I*, 260–261). A la même date, Cornier renvoie Mersenne à Mydorge pour tout ce qui concerne les constructions des coniques, mais il évoque une découverte que viendrait de réaliser le professeur de mathématiques de Dieppe Le Vasseur, et dont il sait seulement qu'elle procède «par les *sinus*».

Le 16 janvier 1626, à propos de l'épreuve à faire pour savoir si la lumière de la lune est froide ou chaude, Cornier invite Mersenne à profiter «de la commodité» qu'il a d'avoir «tant de bons miroirs» (*C.M.* [5] *I* 331). Puis quelques jours plus tard, le 27 janvier, il précise que pour faire l'expérience particulière envisagée dans les meilleures conditions – c'est-à-dire avec la meilleure concentration des rayons – il faut se servir d'un «miroir de réfraction». Bien entendu, à défaut de précision sur le sens de cette expression, il est difficile de commenter. Il est permis cependant de penser qu'il ne s'agit pas là d'une simple lentille convergente quelconque. Il est sûr en tout cas qu'à cette époque

Cornier est informé de la disponibilité dans laquelle se trouve Mersenne de bons instruments pour concentrer la lumière, les meilleurs étant «à réfraction».

Le 16 mars 1626, Cornier s'informe des travaux de Mydorge: pour le poli et le tain des miroirs à réflexion, mais aussi pour une conception de la lumière que Mersenne a dit approuver. Et survient la mention d'un nouveau personnage, «excellent mathématicien» dont Mersenne lui a évidemment parlé sans dire son nom. «Je ne crois pas, dit Cornier, que quelqu'habile homme qu'il soit il puisse bien donner des *raisons des réfractions* jusqu'à ce qu'il ait enseigné à faire des lunettes de Hollande par raison et règlement en telle longueur qu'on voudra» (*C.M.* [5] *I*, 420). Six jours plus tard, Cornier sait qu'il s'agit de Descartes, que celui-ci le sollicite de livrer ses expériences en matière de mesure des réfractions, mais il se récuse. Ses expériences ne sont pas «certaines», et il ajoute: «si Mr Des Cartes veut prendre la peine de voir Kepler, il en trouvera bon nombre, aussi bien que dedans Vitellion» (*C.M.* [5], *I*, 429).

Ces témoignages sont très significatifs. Présent à Paris en février 1626, Descartes est en quelque sorte tombé au milieu du cercle de Mersenne pour prendre part aux recherches optiques en cours, et s'est affirmé comme désireux de fixer d'abord les «raisons des réfractions». S'il connaissait déjà plus ou moins les spéculations de Kepler, la manière dont il a formulé sa consultation de Cornier par l'intermédiaire de Mersenne a déterminé aussitot Cornier à le renvoyer à une lecture attentive. Quelle part Descartes a-t-il effectivement prise à des découvertes nouvelles? Rien ne permet de l'évaluer, mais il est certain que son intervention a impressionné Mersenne. Celui-ci a fait paraître en juin 1626 une *Synopsis mathematica* qui contenait une *Optica*, aujourd'hui introuvable, mais dont on sait par Beeckman qu'elle débutait sur un éloge de Descartes (cf. Mersenne *C.M.* [5], *II*, 218).

C'est encore le *Journal* de Beeckman qui fournit, à la date du 8 octobre 1628, le témoignage sûr faisant suite aux précédents. Au cours de la visite que Descartes fit ce jour-là à Beeckman, il fut question des réfractions et de l'anaclastique. Le compte-rendu consigné par Beeckman a l'allure d'un exposé bien charpenté:

(1) Descartes *explore* les réfractions à l'aide d'un triangle de verre dont la face présentée à la lumière incidente est couverte d'un écran percé d'un petit trou *O*. L'expérience définit le point p et on peut mesurer la réfraction concernant le passage du verre dans l'air du rayon incident Or.

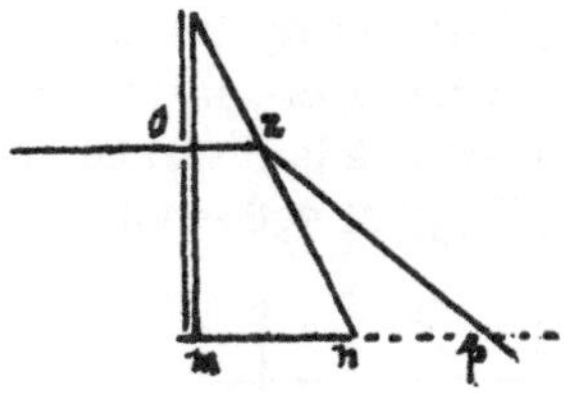

(2) Connaissant une réfraction, on a toutes les autres par une loi, où on reconnaît les *sinus*, mais qui est justifiée par des considérations de statique sur une balance.

(3) Pour un même point p, Descartes déclare pouvoir déterminer à l'aide de la loi (2) les différents points r correspondants et ces points appartiennent à une hyperbole. (cf. *Journal* de Beeckman, fol. 333 = AT. X, 336–337).

Beeckman note cependant plus loin, à la date du 1er février 1629, que Descartes a laissé le (3) sans démonstration, et qu'il lui a demandé d'en chercher une. Il note celle qu'il a trouvée et dont Descartes s'est montré satisfait (cf. *Journal* de Beeckman, fol. 339, AT. X, 341–342).

Il est donc vain de voiler les difficultés de l'histoire: en octobre 1628, plus de deux années après une première intervention qui avait suscité l'enthousiasme de Mersenne, Descartes n'était pas en possession d'une solution complète et satisfaisante. Les points sur lesquelles sa doctrine était faite méritent d'être bien mis en évidence:

(1) La réfraction dépend seulement de la nature des milieux en présence, une *seule* détermination expérimentale permet d'*explorer* le phénomène, ce qui correspond exactement à une prise de position contre Kepler. Il n'y a pas composition de deux causes (résistance directe + résistance due à l'obliquité).

(2) Quand l'incidence varie, la réfraction se détermine par une loi des *sinus*, mais Descartes n'en possède qu'une justification curieuse, basée sur une analogie mécanique empruntée à la statique.

(3) L'anaclastique peut se construire point par point, c'est une hyperbole, mais Descartes n'a pas de démonstration à proposer.

Nous pouvons maintenant joindre à l'enquête les indications fournies par des documents postérieurs. Le 11 décembre 1635, Descartes détaille à Constantin Huygens les expériences faites sous sa direction il y a 8 ou 9 ans, c'est-à-dire en 1626–27. Ses souvenirs ne sont pas précis quant à la date, mais il se rappelle avec précision qu'un dioptre hyperbolique fut construit grâce à l'habileté conjugée de Mydorge, le géomètre, et de Ferrier, l'artisan du travail du verre. Et l'instrument obtenu, qui devait avoir la forme ci-contre, donnait le résultat attendu, à savoir un point brûlant situé à la distance que l'on pouvait supputer à l'avance (cf. AT. I, 336–337 et 598–599).

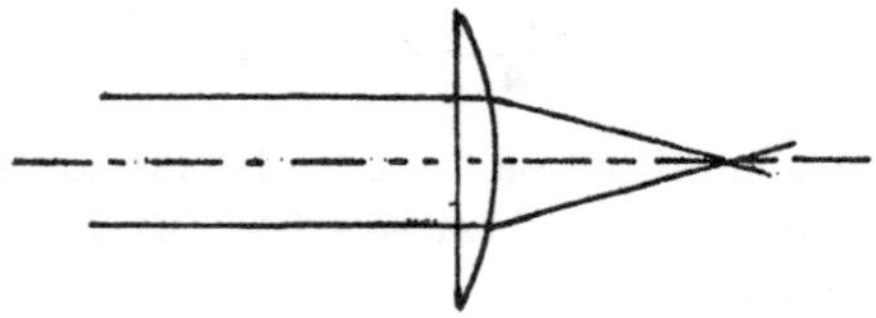

La correspondance de Descartes avec Ferrier, en octobre-novembre 1629, (AT. I, 38–69), montre que la réalisation pratique entraînait de nombreuses difficultés et qu'on continuait à Paris à y travailler en consultant Descartes établi à Amsterdam. Passons sur l'étonnante présence de Descartes aux problèmes techniques que cette correspondance révèle. Si nous n'y trouvons pas de lumières quant au propos théorique qui est le nôtre ici, nous en recevons cependant quelques indications significatives: il s'agit de pouvoir utiliser les tours de Ferrier aussi bien pour les dioptres concaves que convexes, et il ne faut pas s'attendre à aboutir vite. «N'espérez pas, dit Descartes à Ferrier, avec toutes ces machines de faire des merveilles du premier coup», mais avec de la persévérance et du temps, pour ajuster tout ce qui est nécessaire, Descartes ose espérer que l'on verra un jour, grâce au travail de Ferrier, «s'il y a des animaux dans la lune» (AT. I, 69), c'est-à-dire que le défi de Cornier – cité plus haut – sera relevé. Des lunettes de Hollande faites à «règlement» témoigneront de l'excellence de la «raison» des réfractions telle que Descartes la voit.

Dans le cadre de la présente annexe, il faut se limiter. Nous avons suffisamment donné de détails pour aller vers les conclusions que nous devons au lecteur, et nous allons essayer d'être bref.

(1°) La première partie de l'exposé de la *Règle VIII* concernant l'anaclastique correspond exactement à la situation historique que Descartes trouve dans le cercle de Mersenne en février 1626. Dans ce cercle on travaille beaucoup sur les données de Kepler, on conjugue réflexions théoriques et expériences, mais concernant la réfraction on en est *encore* à la composition képlérienne. Et le mathématicien Mydorge est mis à contribution pour sa connaissance des coniques, afin de savoir si la suggestion de Kepler relative à l'hyperbole pour l'anaclastique est bonne (*Paralipomena*).

(2°) La seconde partie de l'exposé de la *Règle VIII* marque l'intervention de Descartes. Elle consiste essentiellement à refuser la composition keplérienne. Et à prendre en compte une loi de la réfraction qui recevra plus tard le nom de loi des *sinus*, et qui est probablement en route depuis les suggestions d'un humble professeur de mathématiques, Le Vasseur (personnage que Descartes avouera plus tard avoir bien connu – AT. III, 188). Loi qui paraît sans doute à Mydorge lui-même comme «la plus certaine de toutes», mais dont l'énoncé très clair dépend de la prise de position théorique que Descartes est seul à formuler. D'où une paternité cartésienne sur laquelle Mersenne, ni aucun autre membre de son cercle, n'élèvera plus tard le moindre doute.

Le plan de recherche que Descartes expose dans cette seconde partie de la *Règle VIII* suppose cependant dépassé le stade où la justification de la loi des *sinus* est placé dans une analogie statique, comme c'était encore le cas le 8 octobre 1628. Il est probable que la joie de Descartes devant le fait que Beeckman fournit la démonstration de l'hyperbole anaclastique, marque le début d'une confiance en l'exactitude de la loi des *sinus*; il s'agissait dès lors d'en donner une preuve satisfaisante, et Descartes pouvait espérer qu'à partir de la mise en oeuvre de conceptions nouvelles (ce furent celles qui le conduisirent dans la *Dioptrique* à l'analogie dynamique) le problème mathématique de l'anaclastique serait résolu. Pourtant appliquer *en toute perfection* l'analogie qui conduit à la loi des *sinus* pour la réfraction est une chose et autre chose est la solution de l'anaclastique. Celle-ci, on le sait bien, consiste en fait à déterminer une courbe par une condition définissant sa tangente, c'est-à-dire à résoudre un problème «inverse de tangente», ou une équation différentielle du 1er ordre.

En écrivant à la fin de la seconde partie de son exposé de la *Règle VIII* qu'il ne voit pas «ce qui peut empêcher» d'aboutir, Descartes révèle qu'il écrit à un moment où il n'a pas encore mesuré la nature mathématique de la difficulté. Il croit que la démonstration de Beeckman, laquelle consiste à montrer qu'une hyperbole répond à la question, se transformera bientôt en démonstration plus générale et plus directe de ce que seules les sections coniques réalisent ce que l'on demande. Cela situe encore une fois, nous semble-t-il, à la fin de l'hiver 1628–1629 ou peu après.

Documents complémentaires concernant l'anaclastique

KEPLER, *Paralipomena ad Vitellionem*, 1604, [3] 105, 108, 198. L'anaclastique est-elle parabole, ellipse ou hyperbole? Kepler penche pour l'hyperbole.

Dioptrice, 1611, Prop. LIX, [4] 21. Le dioptre convergent est «hyperbolicæ affinis».

MERSENNE, *Quæstiones in Genesim* (1623) [1] col. 762, 820, 1837. Opinions de Vitellion, Kepler, Maurolic sur les réfractions.

- col. 1344. Les praticiens de la catoptrique ne savent pas construire une parabole de foyer donné, et ne peuvent pas construire de miroir brûlant soit par réflexion, soit par réfraction.
- col. 764. L'anaclastique (le mot est prononcé) réalise par réfraction la même chose que la parabole par réflexion.

La Vérité des Sciences (1625) Liv. IV, [2] 1005: *De speculo comburente.* Excellence de la parabole, mais reconnue après Archimède, grâce à Apollonius.

L'Harmonie Universelle (1637), *Livre Premier de la Nature du Son* (achevé en 1629), [3] 65 (Prop. 29). «L'un des plus excellents esprits de ce siècle a trouvé la vraie proportion des réfractions aux inclinations» (= loi des sinus). «Tous les savants le prient d'en donner *la raison et la science*».

Nouvelles Observations, ajoutées en 1638, [6] 28. «Celui dont j'ai parlé à la Prop. 29 a donné son Discours de la Dioptrique. Il a démontré la nature des réfractions ... et semblablement donné les figures elliptiques et hyperboliques des diaphanes propres pour faire les lunettes de longue et de courte vue les meilleures de toutes les possibles. A quoi si Mr Mydorge ajoute ses très excellentes spéculations ... il ne faut plus rien désirer sur ce sujet.»

MYDORGE, B.N. Ms Fds Fr. n.a. 5176, f° 15–19 et 21 (Cf. *C.M.*, [5], t. 1, 404–414). Copie par Mersenne d'un texte de Mydorge postérieur à la rédaction de son ouvrage sur les Coniques (1631). (1) Affirmation de la loi des sinus. (2) L'ellipse et l'hyperbole satisfont à la loi des sinus quand on considère en chaque point de ces courbes la parallèle au grand axe et le rayon joignant à l'un des foyers.

Aucun motif de placer la rédaction de ce texte en 1626 comme le fait l'éditeur Cornelis de Waard.

Les lois des cordes vibrantes (*Règle XIII*, ou Comment rendre parfaites les questions qui ne le sont pas)

La progression des connaissances de Mersenne relativement au monocorde, c'est-à-dire à l'étude du son rendu par une corde unique en considérant sa longueur, sa grosseur et le poids qui assure sa tension, est assez facile à caractériser.

Dans les *Quæstiones in Genesim* [1] (1623) est d'abord simplement affirmé (col. 1559–1561) que le son est, pour une corde de section donnée, tendue par un même poids, inversement proportionnel à la longueur. C'est ce que nous appellerons la 1ère Loi.

Elle est complétée dans la *Vérité des Sciences* [2] (1625). A propos de la tradition commune concernant l'interprétation des «expériences» de Pythagore, Mersenne approuve la critique de Vincent Galilée, (*Dialogo della musica antica e moderna*, Florence, 1602) et affirme que pour monter à l'octave il faut quadrupler le poids tenseur ([2] 617). La proportionnalité du son à la racine du poids est ensuite constamment présente dans le *Traité de l'Harmonie Universelle* que Mersenne publie en 1627 ([3] 147, 397, 435–36, 446–47), en même temps qu'apparaît la préoccupation du facteur section. Mersenne y énonce ([3], t. 2, 436) que pour une même longueur de corde, on monte à l'octave avec une section moitié et un poids tenseur double, ainsi qu'avec une section d'un quart et un même poids. Mais il se trompe en passant au cas d'une corde de section double.

Cornelis de Waard, le savant éditeur des premiers tomes de la *Correspondance de Mersenne*, estime que c'est au cours de l'hiver 1626 que Mersenne a probablement effectué plus complètement les expériences qui l'ont conduit à entrer en possession de cette dernière partie de ces lois ([5] t. 5, 331, 95–97), mais bien que l'ensemble de la correspondance du Minime soit à cette époque remplie de questions relatives à l'acoustique, il est difficile de démêler ce qui se rapporte très exactement au sujet que nous considérons. La préoccupation principale de Mersenne est l'étude des consonances et ce n'est que d'une manière indirecte, semble-t-il, qu'il est amené à réfléchir sur les vibrations d'une corde séparée. Il ne paraît pas, d'ailleurs, être en possession d'une conception claire de l'octave ni du son en général par rapport aux nombres de vibrations.

L'*Harmonie Universelle* de 1637 (Livre III: *Du Traité de la nature des sons et des mouvements*, proposition XIII–XIV, [3] 184–193) marque un net progrès des connaissances d'ensemble, et contient l'énoncé complet des lois: nombre de vibrations d'une corde inversement proportionnel à la longueur de la corde, à la racine de sa section, et directement proportionnel à la racine du poids tenseur. Les extraits du privilège et de l'*Imprimatur* indiquent que les divers censeurs avaient sous les yeux la totalité du *Traité de la nature des sons* en octobre 1629, de sorte qu'il faut admettre que ce sont les autres traités, joints par Mersenne pour composer l'*Harmonie*, qui ont fait retarder l'édition jusqu'en 1636–1637. Et, à s'en tenir aux sources imprimées, on doit considérer que Mersenne a achevé sa prise de possession des lois des cordes vibrantes en 1627–1628.

Il est par ailleurs notable que fin novembre 1627 Mersenne avait en main le *Sylva Sylvarum* de Francis Bacon et s'occupait de le faire traduire avec la collaboration d'un anglais (voir les lettres de Cornier, [5], t. 1, 593 et 611). Or c'est dans cet ouvrage posthume publié en 1627, que Bacon signalait que le rapport du poids tenseur à la surface de section de la corde est élément caractéristique et on ne saurait exclure que Mersenne ait trouvé dans cette lecture un éclaircissement, et tout à la fois une confirmation, de ses propres démarches.

Quoiqu'il en soit de cette influence possible, un fait s'impose. Parmi les informations que Beeckman a reçues de Descartes lors de la visite que celui-ci lui fit le 8 octobre 1628, on lit dans son *Journal* (fol. 334 recto 1. 1–10 = AT. X, 337) «Idem dicit Monachum quem sibi motum Parisiis *observasse* chordam a requirere 1 pondus, cujus chorda duplo crassior b 2 et cujus c chorda duplo longior ejusdem vero cum prima crassitiei requiret 4: ut eundem omnes reddant sonum». On ne saurait demander mieux: l'énoncé contenu dans le passage de la *Règle XIII*, que nous considérons, a été présenté par Descartes à Beeckman le 8 octobre 1628, comme émanant de Mersenne à la suite d'observations, observations dont on conçoit bien la possibilité tant qu'il s'agit de juger à l'audition de l'unisson ou de l'accord d'octave.

Faut-il s'en tenir à cette constatation? Certainement pas si l'on veut profiter de ce cas privilégié pour préciser, autant que faire se peut la datation des *Regulæ*.

On sait par ailleurs – et nous renvoyons aux excellentes notes de C. de Waard ([5] t. 2, 117, 163, 178) – que Descartes était en France en juillet-août 1628, et s'y trouvait de nouveau fin novembre, qu'il ne gagna la Hollande pour s'y fixer que début mars 1629. Le témoignage du *Journal* de Beeckman, pour le 8 octobre 1628, se situe dans le cadre d'un voyage de Descartes en Hollande: Beeckman tenait Descartes pour «peregrinandi cupidus» (*Première lettre de Beeckman à Mersenne*, mars 1629, [5], t. 2, 218 l. 9–10) et Descartes vantait un peu plus tard à Ferrier les facilités du voyage (*Lettre à Ferrier*, 18 juin 1629, AT. 1, 14, 15–22). Tel étant le contexte, il est évidemment fort possible que Descartes ait fait part à Beeckman de ce qu'il n'avait appris que récemment à Paris, dans une rencontre directe avec Mersenne.

La correspondance de ce dernier avec Rivet fournit, pour notre propos, des renseignements précieux. Le 30 octobre 1628, Mersenne manifeste le désir de rentrer en relation avec Beeckman, mais ne sait pas grand chose à son sujet puisqu'il déclare ignorer à quelles parties des mathématiques Beeckman se plaît particulièrement et s'il s'est adonné «à la théorie de l'Harmonie . . .». Ce qui n'empêche pas l'envoi d'une feuille de questions qui a été transmise et qui, de ce fait, est malheureusement perdue (Voir [5], t. 2, 108, 72–76; 111–112, 137–142). La lettre de Mersenne à Rivet du 28 février 1629 indique clairement ce qui s'est passé [cf. *C.M.* I, [5], t. 2, 205): Beeckman a renvoyé Mersenne, par l'intermédiaire de Rivet, à un «gentilhomme» de sa connaissance et Mersenne ne se méprend pas: qui serait ce gentilhomme si ce n'est «Mr des Cartes qui est le plus excellent esprit que j'ai jamais abordé»? Malheureusement tout ce que Mersenne a pu obtenir de ce gentilhomme, au sujet des tours et retours d'une corde tendue, est qu'«il n'y a pas moyen de savoir».

Ainsi il est hors de doute que Mersenne a essayé de mettre Descartes à contribution au sujet des cordes vibrantes, et par consultation directe, au cours de l'hiver 1628–29 et que le résultat a été négatif. Le fait est à rapprocher de ce que Beeckman a noté encore dans son *Journal* à la suite du passage que nous avons cité plus haut. «Nec mirum, inquit – continue Beeckman en parlant de Descartes, à propos des lois de Mersenne – quia b dupla crassitie eodem modo se habet ut b duæ simplices separatæ», c'est-à-dire que le seul commentaire de Descartes le 8 octobre 1628 visait le cas de la corde b, de section double, et qu'il comprenait pourquoi le son reste le même lorsque le poids tenseur augmente dans le même rapport que la section de corde. Mais il n'avait rien à dire – et Beeckman pas davantage – pour rendre raison du cas de la corde c et de l'intervention de la racine du poids.

Nous ne pouvons pas suivre davantage ici le détail de l'histoire. Disons simplement qu'à travers les correspondances entretenues par Mersenne au cours de l'année 1629 apparaît très clairement ceci: c'est de lui-même que Mersenne a été amené à considérer le nombre de vibrations par unité de temps comme caractéristique du son de la corde et qu'il a été gêné par l'observation de l'amortissement qui finit par ramener au repos en éteignant le son. Et ce n'est pas Beeckman, mais c'est Descartes qui a approuvé Mersenne en lui assurant le 13 novembre 1629 (*Troisième Lettre de Descartes à Mersenne*; AT. I, 74) que *in vacuo* l'amortissement doit suivre une loi géométrique, d'où résulte l'isochronisme des «allées et venues». Autrement dit l'embryon d'une théorie des cordes vibrantes et l'explication des lois observées n'ont commencé à prendre forme chez Mersenne qu'au milieu de l'année 1629, et c'est à la suite que Descartes a fourni à ce propos sa première, et semble-t-il unique, contribution rationnelle.

Au terme de cette longue enquête, nous pouvons conclure. Dans la mesure même où le passage de la *Règle XIII* ici considéré explicite de la part de Descartes une fin de non-recevoir quant à l'explication des lois de Mersenne, la rédaction de ce passage s'insère entre un *terminus a quo* qui se situe en juillet-août 1628, et un *terminus ad quem* qu'il est difficile de rejeter après l'établissement de Descartes en Hollande en mars 1629.

LA RÉFRACTION DE LA LUMIÈRE ET LA *DIOPTRIQUE* DE DESCARTES*

C'est en juin 1632 que Descartes, écrivant à Mersenne à un mois de son installation dans une nouvelle résidence hollandaise, à Deventer, déclara avec une grande netteté : «Pour la façon de mesurer les réfractions de la lumière *instituo comparationem inter sinus angulorum incidentiae et angulorum refractorum,* mais je serais bien aise que cela ne fût point encore divulgué pour ce que la première partie de ma Dioptrique ne contiendra autre chose que cela seul» (AT I, p.255, l. 25-30). Il est donc bien clair qu'à cette époque l'auteur de la *Dioptrique* avait conscience d'une originalité certaine dans la formulation d'une loi des sinus en même temps que dans la manière de la justifier. Et si c'est cette manière qui a suscité les critiques, dès l'année 1638 qui suivit la publication et jusqu'à nos jours, il paraît nécessaire d'admettre qu'un examen objectif de la question, susceptible d'éclairer le débat, doit distinguer sans disjoindre – conformément à la pensée de cet auteur – entre possession de la loi et justification.

Quant à la possession de la loi, aucune contestation à l'égard de Descartes ne s'est manifestée publiquement de son vivant. C'est la publication à Amsterdam en 1662 d'un *De lucis natura et proprietate* composé par Isaac Vossius qui a fait naître un doute, en livrant une forme équivalente à la loi des sinus qui se trouvait dans un manuscrit de Willebrord Snellius, savant de Leyde. Ce manuscrit, dont on s'accorde à situer la rédaction en 1621, est aujourd'hui perdu, et après le témoignage de Vossius, qui l'avait consulté par l'intermédiaire du fils de Snellius, nous n'avons sur son contenu que l'avis de Christian Huygens, qui le consulta aussi et, vraisemblablement, par la même voie. Étant donné l'importance de ce dernier témoin il y a lieu de consacrer un instant à ses dires.

*Inédit élaboré d'après les notes d'enseignement à l'École Pratique des Hautes Études, VIe Section en 1965 et 1966.

Huygens a parlé à deux reprises du manuscrit de Snellius. Dans les corrections qu'il a apportées aux premières pages de sa propre *Dioptrique,* après 1663, il mentionne sa lecture du manuscrit et ajoute: «Nous *avons appris* que Descartes l'a vu également... C'est *peut-être* de ce livre que Descartes a tiré la loi des sinus» (cf. *Œuvres de H.,* XIII, p. 6-8). Mais dans les remarques critiques qu'il envoya le 26 février 1693 à Bayle à propos de la *Vie de Mr Descartes* de Baillet, Huygens écrit: «Il est vrai que les lois de la réfraction ne sont pas de l'invention de Mr Descartes selon toutes les apparences, car *il est certain* qu'il a vu le livre manuscrit de Snellius que j'ai vu aussi» (*Œuvres de H.,* X, p. 405-405). Il y a donc une grande difficulté qui provient de ce que la tonalité du témoignage n'est pas la même sans que l'on puisse ordonner avec certitude absolue les textes dans le temps, ni savoir sur quoi fonder la différence. Il reste que c'est le premier de ces textes, marqué par la prudence de l'expression, qui fut seul livré à la publication dans l'édition posthume de la *Dioptrique* de Huygens, en 1703, et il est notable qu'il ait fallu attendre la fin du XIXe siècle pour voir s'instaurer la recherche de documents nouveaux au profit de l'héritage de Snellius contre Descartes.

Il nous paraît inutile d'entrer dans la discussion de ces travaux. La bibliographie correspondante est aujourd'hui aisément accessible dans l'article «Snell» de l'important *Dictionary of Scientific Biography* (New York 1975, t. XII, p. 499-501) et l'auteur de cet article, Dirk J. Struick, conclut en parfaite connaissance de cause que s'il n'est pas impossible que Descartes ait eu communication du manuscrit de Snellius, au cours d'un passage à Leyde, avant ou après la mort de son auteur (1626), il n'y a cependant aucune évidence du fait. C'est là la position la plus sage dans l'état actuel de la documentation disponible.

S'il s'agit de démontrer que Descartes n'a pas travaillé sur la réfraction de la lumière en solitaire et qu'il a puisé à diverses sources, point n'est besoin, d'ailleurs, de s'acharner sur l'hypothèse d'une influence venant de Snellius. Nous avons montré dans une autre étude que la fréquentation du cercle de Mersenne, en France et entre 1626 et 1628, suffit amplement à préciser les suggestions dont Descartes n'a pas manqué et qu'il a manifestement mises à profit. Cette étude, élaborée dans le cadre du commentaire de la Règle VIII des *Regulae,* a classé méthodiquement les documents qui permettent d'affirmer le rôle joué par les recherches de divers correspondants de Mersenne concernant l'anaclastique, c'est-à-dire le profil du dioptre parfait transformant un faisceau lumineux cylindrique en un faisceau conique. Nous n'avons pas à y revenir, mais seulement à approfondir quelques points de cet exposé.

Deux personnages y ont été cités plusieurs fois, en effet, sans que leur importance soit suffisamment détaillée: Claude Mydorge, le géomètre distingué, spécialiste de l'étude des coniques à partir de l'œuvre d'Apollonius, et Jean Ferrier, technicien de la taille des verres. Comme nous l'avons souligné dans l'exposé en question, Descartes les a mentionnés tous les deux le 11 décembre 1635 dans une lettre à Constantin Huygens, le père, en précisant qu'ils avaient «il y a 8 ou 9 ans» réussi à fabriquer un verre brûlant en usant d'un tour pour tailler le profil convexe hyperbolique (cf. AT nouvelle édition, I, p. 598-600). Descartes se présente dans ce texte autographe comme le maître d'œuvre qui a commencé à tester les réfractions de trois verres à l'aide de trois petits «triangles» (selon la méthode dont le *Journal* de Beeckman a conservé la trace à la date du 8 octobre 1628), puis qui a confié à Mydorge le soin de «tracer l'hyperbole se rapportant à la réfraction du cristalin», réfraction intermédiaire entre les trois mesurées, et enfin à Ferrier le travail de taille à réaliser sur le tour. Il est notable que la distance à laquelle le verre devait «brûler» était choisie égale à 8 pouces, c'est-à-dire définie en fonction des unités usuelles et assez grande pour que le géomètre (que Descartes déclare tenir «pour le plus exact à bien tracer une figure de mathématique qu'on puisse trouver») dispose de la meilleure aisance pour son épure. Il faut évidemment tenir le plus grand compte de ces détails que les souvenirs de Descartes, au moment où il écrivait à Constantin Huygens, situaient en 1627.

Il faut en tout cas les avoir présents à l'esprit quand il s'agit d'interpréter un texte dont Mydorge est incontestablement l'auteur et qui est connu par la copie que Mersenne a laissée dans ses papiers (BN Fds Fr. n.a. 5176, fol. 15-19 et 21). L'éditeur des premiers tomes de la correspondance de Mersenne a publié ce texte au tome I, p. 404-414, en le situant en 1626, tout en reconnaissant diverses raisons positives de le considérer comme plus tardif, notamment le fait que dans ce texte «l'ordre de la démonstration, à partir de la loi de la réfraction, est inverse de l'ordre historique». On comprend mal pourquoi l'éminent Cornélis de Waard, mettant ainsi l'accent sur un élément de critique interne qui méritait d'être approfondi, a finalement décidé *a contrario* de placer le texte dans son édition à un endroit susceptible d'égarer les commentateurs.

Il n'est cependant pas trop difficile de voir pourquoi «l'ordre historique» peut être considéré comme inversé. La Proposition qui porte le numéro III (CM I, p. 408) énonce que «dans toute hyperbole» si d'un point quelconque de la courbe on mène les droites suivantes: la parallèle à l'axe, la droite qui joint au foyer extérieur, la perpendiculaire à la tangente, on définit deux angles dont le rapport des sinus est bien déterminé (celui de l'axe «traversant» à la distance entre les foyers). C'est là une proposition purement géométrique qui permet à Mydorge de faire usage de sa virtuosité en matière de connaissance des coniques, et qu'il est aisé de replacer dans le contexte de 1626 où l'on s'interroge autour de Mersenne sur la question suivante: que faut-il admettre pour la réfraction si l'affirmation de Kepler selon laquelle l'hyperbole peut être anaclastique est soumise à justification? Or c'est visiblement de la réponse fournie par la Proposition III qu'est tirée la Proposition I concernant la construction de divers rayons réfractés, lors du passage d'un milieu dans un autre en un même point d'incidence, lorsqu'on connaît l'un de ces rayons. L'ordre de l'exposition a donc bien toute chance de ne pas être celui de la découverte.

Il y a lieu, néanmoins, d'y regarder de plus près. La construction de la Proposition I utilise bien le résultat de III, mais à travers une transformation du rapport des sinus indiqué dans ce résultat, transformation qui a pour conséquence d'apparenter la solution proposée à celle de Snellius et d'éliminer dans l'énoncé toute mention de sinus. Le corps de la proposition permet de comprendre pourquoi : Mydorge reste fidèle à la dénomination ancienne et traditionnelle qui désigne comme «angle de réfraction» la déviation du rayon incident, et avec ce vocabulaire il n'y a pas d'expression directe et simple pour traduire le rapport des sinus découvert en III.

Or ceci caractérise une situation dont les traces sont très nettes entre 1629 et 1631 et qui nous ramène à Descartes.

Celui-ci a écrit en effet à Mersenne le 25 novembre 1630 (AT I, p. 179-180) que si la rédaction de sa *Dioptrique* avance lentement, il ne craint pas d'être devancé car personne ne peut se rencontrer avec lui à moins de savoir tirer profit des lettres qu'il a écrites à Ferrier. Et l'éventualité correspondante a dû finir par se produire puisque Descartes écrit deux ans plus tard à Mersenne (novembre 1632 - AT I, p. 261) : «Je ne doute pas que si M. Ferrier a fait voir les lettres à quelqu'un qui entende le moins du monde les mathématiques qu'il n'ait très facilement compris comment je mesure l'*angle de réfraction*.»

Pour interpréter correctement cette affirmation, il faut évidemment se reporter à la lettre de Descartes à Ferrier du 13 novembre 1629. Pour aider le technicien dans ses opérations de taille des verres selon un profil hyperbolique, Descartes commence par présenter le triangle de verre permettant d'étudier *une* réfraction (exactement comme Beeckman l'a noté dans son *Journal* lors de la visite que lui fit Descartes le 8 octobre 1628), puis il effectue sur la figure une construction sur le détail de laquelle nous ne pouvons pas entrer immédiatement (cf. AT I, p. 63), mais qui lui permet d'affirmer : «la proportion viendra toujours la même, quelque triangle que vous preniez pourvu qu'ils soient tous d'un même diaphane». Bien entendu Descartes ne donne pas de démonstration, mais la proposition en question — que nous écririons aujourdui $\frac{n+1}{n-1}$, n étant l'indice de réfraction — ne se déduit aisément de la construction géométrique proposée que si l'on utilise pour la loi de la réfraction la loi des sinus, en mesurant incidence et réfraction par rapport à la normale à la surface de séparation des milieux. Il faut donc être versé en mathématiques pour saisir le secret de Descartes, mais il n'y a aucun doute que ce secret, qu'il considérait comme suffisamment à l'abri dans ses lettres à Ferrier, concerne bien la loi des sinus.

Ce n'est pas là tout ce que nous apprend la lettre à Ferrier. Après l'affirmation de la proportion constante évoquée ci-dessus, Descartes la met à profit pour indiquer à Ferrier une construction géométrique très simple et élégante, point par point, de l'hyperbole anaclastique brûlant à telle distance que l'on veut. «Je *crois,* ajoute-t-il, que c'est là toute la façon dont se sert M. Mydorge.» Or il y a effectivement parenté entre le schéma géométrique sur lequel raisonne Descartes et la Proposition II, suivie de son corollaire, du texte de Mydorge précédemment cité. Avec, toutefois, une différence de grande importance.

Mydorge, géomètre, prenant lui aussi un triangle de verre et *un* couple rayon incident-rayon réfracté (cf. fig. 1), se préoccupe de savoir si l'hyperbole tangente en I au bord du verre IC et ayant pour foyer E est bien déterminée, et comment? C'est ainsi qu'il est amené à considérer la droite IM, symétrique de IE par rapport à IC, qui définit M comme second foyer, puis qu'il trouve la position du sommet P de l'hyperbole comme milieu du segment MO, O étant défini par EO = IE – IM (différence des rayons vecteurs de I par rapport aux foyers, qui n'est autre que l'axe «traversant» de l'hyperbole). Tout ceci n'est qu'affaire de géométrie hyperbolique.

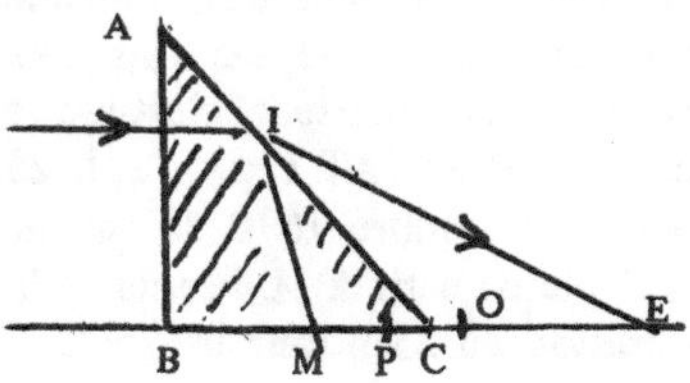

Fig. 1.

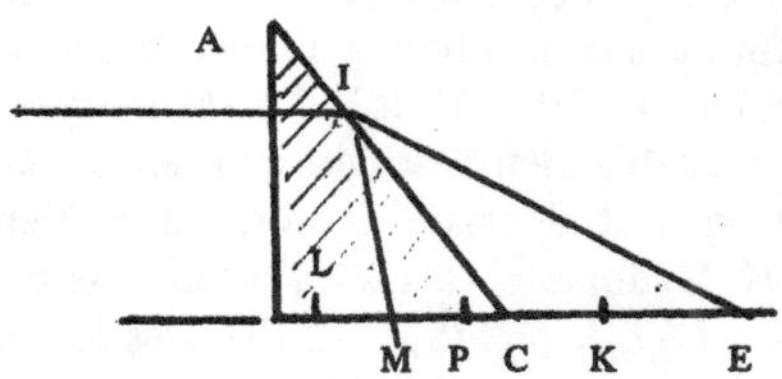

Fig. 2.

Comparons avec le schéma proposé par Descartes à Ferrier, en conservant ici pour plus de clarté la majeure partie des notations de Mydorge. Nous retrouvons (AT I, p. 63) les deux droites symétriques IM et IE par rapport à IC, mais au lieu de M et de O nous avons les points que Descartes appelle K et L tels que MK = MI et EL = EI (c'est-à-dire OL = IM) (fig. 2). Le milieu de KL, que Descartes appelle B, n'est autre que le milieu P de MO chez Mydorge et la proportion constante dont Descartes parle à Ferrier est celle de BE à BM, ou chez Mydorge de PE à PM, c'est-à-dire que Descartes sait qu'en prenant un triangle de même verre mais de forme différente, et n'importe quel rayon incident, le schéma géométrique aboutit sur l'axe horizontal à une disposition de points parfaitement réglée. De telle sorte que, comme il le dit à Ferrier, cette disposition réglée étant connue «on n'a que faire de tout le reste». Si l'on se fixe la distance PE, PM est déterminé, donc le point M, et l'on peut ensuite à volonté prendre K et L de part et d'autre de P à égale distance, puis tracer les cercles de centre M et E de rayons MK et EL et leur intersection en I donne un point de l'anaclastique de point brûlant E. Pour le technicien Ferrier l'épure à réaliser est ainsi réduite aux opérations les plus simples. Pour Descartes, la géométrie analytique permet de démontrer que l'anaclastique est seulement une conique.

Que conclure de cette longue comparaison des textes? Certainement que Descartes, au moment où il écrivait à Ferrier le 13 novembre 1629, savait quelque chose des recherches récentes de Mydorge et de son schéma géométrique. Schéma dont Beeckman lui avait d'ailleurs fourni une version le 1er février 1629 (cf. AT X, p. 341). Mais s'impose également la double certitude que Descartes avait su exploiter le schéma de manière remarquable et indépendante et pensait possible que Mydorge ait progressé de même. La remarque faite à Ferrier, que nous avons relevée plus haut, témoigne de ce dernier point, et constituait sans doute un appel discret à en savoir davantage. Il faut en effet tenir compte de ce que, malgré les lacunes évidentes et nombreuses que comporte la correspondance de Descartes que nous possédons, les signes ne manquent pas quant à la tournure prise au début de1630 par une rivalité entre Descartes et Mydorge sur d'autres questions. «Si M. Mydorge témoigne qu'il ne doute point que je ne puisse soudre ses problèmes, je vous prie de ne lui point montrer ce que j'en ai écrit» (à Mersenne, 4 mars 1630, AT I, p. 125, l. 19-22). Et le 18 mars Descartes récuse la demande de Ferrier de le rejoindre en Hollande afin de «venir à bout» d'une exécution de verres poursuivie «depuis trois ans» (AT I, p. 130, l. 11-14); il préfère payer de ses deniers des «cartes», c'est-à-dire des profils bien dessinés, qu'il envoie en France à Ferrier (AT I, p. 172, l. 25 et sq.), et il essaie de convaincre Mersenne le 4 novembre 1630 de ce que «M. Mydorge a tort s'il s'offense de ce que j'ai plutôt écrit à M. Ferrier qu'à lui» (AT I, p. 175, l. 12-15). Dès lors la déclaration du 25 novembre suivant, que nous avons déjà relevée plus haut, prend davantage de sens: Descartes sait à la fois que Ferrier n'a pas tiré grand profit de ses envois et que Mydorge a été tenu à l'écart, il peut donc être assuré qu'il a du temps devant lui avant que son secret soit percé à jour.

Avant d'aller plus loin, il est nécessaire de revenir aux lettres à Ferrier et particulièrement à celle du 13 novembre 1629. Le mot de «secret» y est prononcé deux fois (AT I, p. 66), et certes à propos de questions annexes, mais il est significatif du climat de la correspondance. Et si nous avons procédé par affirmation au sujet du secret qui nous paraît essentiel, afin de ne pas ouvrir une trop longue parenthèse préjudiciable à l'exposé, il faut maintenant justifier nos dires.

Reprenons donc la figure que Descartes adresse à Ferrier, figure que nous avons déjà comparée à celle de Mydorge et dont nous avons aussi noté en passant la ressemblance avec celle que Beeckman mettait sous les yeux de Descartes le 1er février 1629. K et L étant sur l'horizontale les points tels que MK = MI et EL = EI, Descartes déclare à Ferrier que le milieu P de KL divise le segment ME dans un rapport qui ne dépend que de la nature du verre du triangle ABC, et c'est cette propriété qu'il s'agit de comprendre.

Remarquons que sur la figure envoyée à Ferrier est absente la normale en I à la surface du verre AC, alors que cette normale se trouve sur la figure de

Mydorge – où elle ne sert à rien – et qu'elle se trouve sur la figure de Beeckman – où elle joue le rôle principal, puisque Beeckman met en œuvre ce qu'il a appris de Descartes le 8 octobre précédent, à savoir que la réfraction est réglée par le rapport des sinus des angles avec la normale. Rétablissons cette normale ID que Descartes n'a pas tracée dans sa lettre, et pour la commodité du lecteur marquons les angles i et r avec cette normale selon la notation qui nous est familière (fig. 3). Il est immédiat que les distances de M et de E à ID s'expriment de deux manières et que l'on a simultanément :

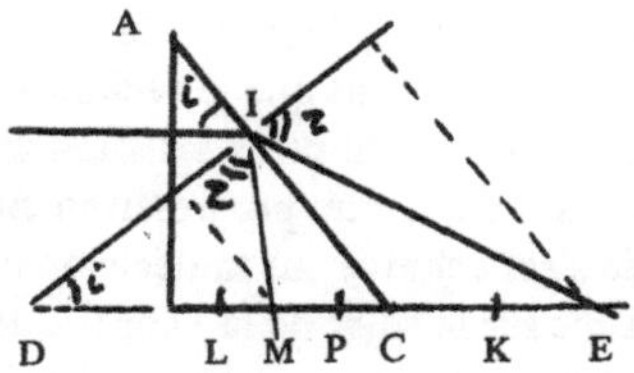

Fig. 3.

$$\text{DM} \sin i = \text{MI} \sin r \quad \text{et} \quad \text{DE} \sin i = \text{EI} \sin r.$$

$$\text{Ainsi} \quad \frac{\sin i}{\sin r} = \frac{\text{MI}}{\text{DM}} = \frac{\text{EI}}{\text{DE}} = \frac{\text{EI} - \text{MI}}{\text{EM}}$$

Mais de par le rabattement de EI et MI sur l'horizontale, en EL et MK, la différence EI – MI est aussi celle EL et MK, et celle-ci est égale à EP – MP du fait que P est le milieu de KL. En restituant au lieu des sinus ce que nous appelons aujourd'hui l'indice de réfraction du verre, n, on a donc $\text{EP} - \text{MP} = \frac{1}{n}\,\text{EM}$, tandis que EP + MP = EM. Il en résulte aussitôt que le rapport de EP à PM est bien celui de (n + 1) à (n – 1), comme nous l'avons dit. On voit que l'ensemble de ces considérations est d'une simplicité telle qu'il n'est pas possible un seul instant d'avoir un doute : c'est bien par là qu'est passé Descartes, et s'il n'a pas tracé la normale ID sur la figure envoyée à Ferrier, ce n'est probablement pas sans raison. Cette normale mettait trop facilement sur la voie le lecteur curieux.

De l'ensemble des textes que nous venons de regrouper et de soumettre à analyse, que convient-il en définitive de retenir ? Descartes ne trompait certainement pas Constantin Huygens en lui déclarant en décembre 1635 le rôle joué en 1627 par la recherche sur l'hyperbole anaclastique et le succès de l'expérimentation correspondante sur un cas particulier favorable à l'exécution. Mais c'est à Beeckman seul qu'il s'était ouvert le 8 octobre 1628 de sa conviction concernant la loi des sinus et lorsque celui-ci lui montra le 1er février 1629 comment il en déduisait l'assurance que l'hyperbole est bien un profil d'anaclastique, Descartes s'en réjouit (« gavisus est ac genuinam esse [demonstrationem] judicavit », Beeckman, AT X, p. 341, « laetatus sum... » Descartes à Beeckman, 17 octobre 1630, AT I, p. 163, l. 18). Il s'en réjouit parce que, pris par d'autres sujets, il avait quelque peu oublié « certaine propriété des rayons rompus » (« quandam proprietatem ad radios inflectendos... memoriâ exciderat »), et remis sur la bonne voie il démontra à Beeckman que l'ellipse peut être aussi un profil d'anaclastique, car la chose résulte de *théorèmes si faciles* que personne ne peut y échapper avec un minimum d'attention («theoremata ex quibus tam facile poterat deduci, ut neminem qui tantillum attenderet posset effugere») (cf. AT I, p. 163, l. 7-14). Ce sont ces théorèmes faciles dont il gardait le secret qui ont guidé Descartes dans ses avis à Ferrier à la fin de l'année 1629, mais ces avis n'ont pas eu de succès, en ce sens que le technicien de la taille des verres n'est pas parvenu à fabriquer des dioptres satisfaisants pour n'importe quelle distance focale. Descartes en a été progressivement informé au cours de l'année 1630 et cette année s'est achevée sur sa décision de surseoir à tout échange avec Mersenne et ses amis sur le sujet de la Dioptrique. L'échange n'a repris que dix-huit mois plus tard, avec la déclaration significative que nous avons citée au début du présent exposé: à cette date (juin 1632) Descartes lève le voile, parle ouvertement à Mersenne de la loi des sinus et du fait que cette loi est la pièce maîtresse de la première partie de sa *Dioptrique.*

Or, cette première partie, Descartes en avait envoyé le manuscrit original à Golius, en janvier 1632 (cf. AT I, p. 235), et ceci sur la sollicitation d'un professeur de mathématiques ancien disciple de Snellius, Hortensius. Il n'y a donc aucun doute sur le fait que Descartes n'a pas craint de réclamer le jugement de personnages qui avaient une information directe sur Snellius. D'après la seconde lettre écrite par Descartes à Golius le 2 février, il est clair que sur la question des réfractions la réponse à la première lettre a marqué une réserve: Golius a exprimé le désir de prendre la peine d'expérimenter. D'où la proposition par Descartes d'un dispositif très détaillé avec deux figures, dont la seconde met en évidence les sinus – sans que pour autant le mot soit prononcé – (AT I, p. 237-240). La comparaison entre l'autographe de la lettre (telle qu'elle fut envoyée à Golius), et la minute, que Clerselier eut en main et publia dans son tome II, révèle cependant quelque chose de fort intéressant. La fin de la lettre envoyée, avec la figure indiquée ci-dessus (mettant en évidence les sinus), n'était pas sur la minute. Celle-ci comportait à la place l'aveu de Descartes de ne s'être servi d'aucun instrument et de n'avoir jamais fait d'autre expérience que celle dont il rendit compte à Constantin Huygens en décembre 1635. Il n'y a donc aucun doute sur le fait que la rencontre des Hollandais informés des travaux de Snellius incitait Descartes à la fois à affirmer sa «manière» et à paraître s'intéresser à la vérification expérimentale, mais que sur ce point il n'avait rien à apporter de nouveau. C'est-à-dire que la première partie de la *Dioptrique* avait été achevée sans aucune tentative de pallier les échecs de Ferrier.

Il ne faut pas d'ailleurs isoler indûment la première partie de la *Dioptrique* du reste. Si Descartes lève le voile à l'usage de Mersenne en juin 1632, c'est que le 5 avril précédent il avait piqué la curiosité du Minime et que celui-ci n'a pas manqué, certainement, de poser des questions. Or, ce 5 avril, Descartes annonçait que ses promesses antérieures étaient en bonne voie de réalisation, la

Dioptrique étant *presque toute faite*. Le retard, précisait Descartes, n'était dû qu'à *l'espérance* où il avait été *d'ajouter quelque chose de plus*, et il lui fallait encore quelques mois pour *mettre tout au net* et *faire tracer les figures*. Enfin resterait à joindre *l'expérience à la ratiocination* (cf. AT I, p. 242, l. 5 - p. 243, l. 18).

Ainsi, c'est l'ensemble du traité que Descartes mettait au net au printemps 1632, dans la conscience d'une «ratiocination» n'ayant pas encore d'appui expérimental suffisant, et nous n'avons aucun document permettant de penser que cette mise au net a été substantiellement corrigée pour l'édition survenue en 1637. Nous savons seulement que la décision d'éditer a été prise à l'automne 1635 (AT I, p. 322 et 325), six mois après que Descartes eut reçu les offres de service de Golius et de Constantin Huygens pour la reprise du programme que Ferrier n'avait pu mener à bien (16 avril 1635, AT I, p. 315, l. 7-10). Il y a un lien évident entre les deux faits et l'édition de l'ouvrage s'est réalisée en 1636, tandis que la collaboration active de C. Huygens pour la taille des verres se poursuivait avec quelques résultats positifs (cf. AT I, nouvelle édition, p. 588 et sq).

Quel que soit l'intérêt que présente ce dernier aspect des choses, nous n'entrerons pas dans son développement. Pour l'étude que nous avions en vue il nous suffit d'avoir pu préciser nettement la situation dans le temps de l'élaboration cartésienne et les caractéristiques de cette élaboration.

A savoir que fin 1629-fin 1630 Descartes a éprouvé combien la loi des sinus est véritablement *opérationnelle* dans le problème de l'anaclastique et que, durant l'année 1631 jusqu'au printemps 1632, il a fixé au sujet de cette loi les traits d'une «ratiocination», ratiocination dont on n'a aucune raison de douter qu'elle était différente de celle qui apparut dans l'ouvrage mis en composition fin 1635 et publié en 1637.

Cette justification rationnelle à laquelle il est temps d'accorder un examen attentif, offre en fait beaucoup moins de difficulté que les problèmes ci-dessus traités. Et ceci contrairement à l'opinion généralement reçue.

Nous l'avons déjà souligné ailleurs, mais nous devons le rappeler ici : lorsque Beeckman reçut le 8 octobre 1628 la visite de Descartes, il nota que la relation des sinus était rattachée par son visiteur à une analogie statique. Ce que Beeckman consigna dans son *Journal* n'est pas suffisant pour avoir de cette analogie une idée précise, sinon que Descartes voyait l'équilibre d'une balance à bras égaux inclinés, et dont l'un plonge dans l'eau, nécessiter le relèvement de ce dernier bras du fait que la poussée du liquide le rend plus léger. Très probablement Descartes utilisait, pour l'équilibre de ce qui était en définitive une balance coudée, l'assurance que le rapport des distances à la verticale du point d'appui est déterminant (c'est-à-dire au fond la relation des moments), mais il était déjà affronté à une difficulté qu'il devait rencontrer plus tard. A savoir que le modèle mécanique rend compte d'un coude (et d'un rapport des sinus) mais en sens inverse de ce qui se produit dans la réfraction de la lumière puisque le rayon réfracté dans l'eau se rapproche de la normale au lieu de s'en écarter. L'analogie proposée ne pouvait conduire à la solution qu'en supposant paradoxalement le rayon réfracté alourdi par la rentrée dans l'eau avant d'être allégé par la poussée d'Archimède.

Quoi qu'il en soit de ce que Descartes pensait effectivement de son modèle et de ce qu'il en a dit exactement à Beeckman, il est certain qu'il a d'abord essayé une explication calquée sur la *comparaison* proposée par Kepler dans les *Paralipomena ad Vitellionem* (1604, Cap. I, Prop. XX), comparaison qui invitait à considérer le transit de la lumière dans un milieu dense comme le mouvement d'un corps auquel ce milieu est obligé de « céder » tout en résistant.

Mais il est non moins certain que, rédigeant peu après les *Regulae*, Descartes s'est défini à lui-même la règle d'une explication plus sérieuse. Car le texte de la Règle VIII est à cet égard très explicite (AT X, p. 394, l. 19-395, l. 16; cf. texte reproduit *infra*, p. 76).

Il s'agit de l'homme qui n'a pas seulement étudié les mathématiques (Descartes lui-même par opposition à Mydorge) et qui veut trouver une raison physique de la loi des sinus. Le texte décrit comment cet homme doit remonter une chaîne par degrés pour redescendre ensuite dans l'élucidation des raisons.

Suivons ce double processus, en limitant la paraphrase au minimum nécessaire pour expliciter ce qui est manifestement sous-entendu.

Le point de départ est que la loi à justifier ne fait dépendre la réfraction que des milieux diaphanes en présence; la réflexion conduit alors à considérer que l'unique paramètre que constitue la distinction des milieux postule une différence dans la manière dont la lumière « pénètre » dans chaque milieu à partir de n'importe quel point (car sans une telle différence, optique, la surface de séparation ne serait que géométrique et il n'y aurait aucune raison de changement à sa traversée pour le phénomène lumineux); ainsi il faut remonter à la question de la pénétration de la lumière dans un milieu diaphane à partir de n'importe quel point *(per totum diaphanum)*, ce qui conduit à s'interroger sur l'action de la lumière en tant que « puissance naturelle » et l'on est alors au sommet de l'échelle, là où on rencontre « le plus absolu », c'est-à-dire le plus général, ce qui est commun à tous les phénomènes physiques et où ils prennent leur source. Sur cette cime « le regard de l'esprit » peut clairement percevoir, et une fois reconnu le « principe » général qu'il convient de prendre, il s'agit alors de reprendre « à rebours » la démarche, de descendre les degrés, dans l'ordre, et en revenant au phénomène particulier de la lumière. Il y a lieu de s'attendre, dans cette perspective, à une difficulté dès le premier degré de descente, car « la nature de l'action de la lumière » n'est pas objet de perception rationnelle immédiate et il faut déjà, à ce niveau, user de « comparaison ». C'est-à-dire passer en revue ce que l'on sait d'autres puissances naturelles et voir ce qui peut servir, « par imitation », pour comprendre l'action de la lumière.

Mais on peut raisonnablement par là descendre le degré suivant et saisir comment la lumière «pénètre» tout diaphane, pour aboutir enfin à la solution cherchée.

On le voit bien, l'auteur des *Regulae* structurait remarquablement le projet d'élaboration rationnelle à réaliser, et, sans nous attarder sur les délais de sa réalisation, allons examiner si les Discours I et II de sa *Dioptrique* rendent témoignage de la structure. Nous devons seulement supposer que le lecteur a ces textes sous les yeux (AT VI, p. 80-104).

Le Discours II institue la comparaison avec une balle lancée par une raquette mais dans un cadre trop souvent négligé par les commentateurs. Cette balle, une fois lancée, est dépouillée de sa pesanteur, de sa grosseur, de sa figure..., c'est-à-dire que le mouvement uniforme qu'elle prend et qui lui est explicitement reconnu n'est autre que le mouvement du point matériel isolé, le mouvement inertial. Il est donc aisé de situer le principe général d'où est parti Descartes, à savoir que si une «puissance naturelle» a un effet, cet effet reste toujours le même à moins qu'il n'y ait obstacle ou intervention d'autre chose. Et cela se traduit, dans le domaine des phénomènes mécaniques, par la loi d'inertie. Le principe général étant valable pour la lumière, il s'agit de savoir si, au premier degré qui suit, l'imitation de la loi d'inertie fournit quelque modèle pour l'action de la lumière.

Il faut pour cela remonter au Discours I dans lequel Descartes parle successivement pour la lumière de la comparaison d'«un certain mouvement ou action fort prompte et fort vive», mais action «sans déplacement de matière», qui s'apparente à l'«inclination à mouvoir». Il n'est donc pas déplacé de dire que l'exclusion du mouvement de matière dans le cas de l'effet lumineux a conduit Descartes à chercher l'analogie avec l'effet mécanique au niveau différentiel. Dans cette perspective l'homologue de la loi d'inertie est pour la lumière, dans un diaphane donné, l'uniformité de l'«inclination à mouvoir».

Ceci dit, il faut descendre un autre degré de l'échelle et se demander comment, d'un milieu à l'autre, il peut y avoir différence de pénétration. Ici, il faut reconnaître que les explications de Descartes dans le Discours II sont embarrassées. Concernant le modèle mécanique, il commence par imaginer le choc de la balle sur «une toile si faible et si déliée que cette balle ait la force de la rompre et de passer tout au travers, en perdant seulement une partie de sa vitesse», puis passant au cas où il y a effectivement un autre milieu, de l'eau, il déclare que cette eau s'ouvre aisément pour laisser liberté entière au mouvement de la balle sans pesanteur ni dimensions, de telle sorte que c'est la superficie de l'eau qui joue le même rôle que la toile pour diminuer la vitesse. Autrement dit, le modèle mécanique a présenté quelques difficultés pour s'accommoder avec le mouvement inertial et rendre compte de la modification qu'il faut admettre dans le passage d'un milieu à un autre. Or rien de semblable n'a eu lieu pour la lumière, car celle-ci passe sans chasser aucune particule de matière de sa place et il suffit d'imaginer que l'inclination à mouvoir s'exerce sur la matière subtile qui remplit les pores des corps pour comprendre que dans l'eau, milieu plus dense que l'air, la matière subtile est plus serrée, plus fermement tenue, et apte de ce fait à augmenter l'effet de l'inclination à mouvoir (ou de la pression) qu'elle reçoit.

Ainsi l'homologie introduite au degré précédent se révèle singulièrement commode puisque, aux lieu et place de la vitesse dans le modèle mécanique, on a une inclination au mouvement dont on voit immédiatement pourquoi elle est plus grande dans l'eau que dans l'air, en raison de la nature de ces milieux.

Il faut cependant en arriver au dernier degré, c'est-à-dire à l'explication de la réfraction. On le sait – et il nous suffit de le rappeler – Descartes procède pour le modèle mécanique par décomposition du mouvement en deux composantes, l'une tangentielle et l'autre normale à la surface de séparation des milieux, cette dernière étant seule affectée par le choc sur ladite surface. Ce mode de raisonnement qui centre l'attention sur les angles avec la normale et traduit immédiatement la réfraction en terme de sinus a pu soulever pour les contemporains des difficultés en raison même de la décomposition proposée, mais ce n'est pas lui qui gêne un lecteur moderne. C'est plutôt l'application qui en est faite ensuite au cas de l'action de la lumière. On ne relève dans le Discours II qu'une allusion fugitive : « l'action de la lumière suit les mêmes lois que le mouvement » et Descartes sera obligé, plus tard, devant les objections de Morin et de Fermat, de préciser davantage. A savoir que lorsqu'il parle d'action de la lumière c'est bien de « l'inclination à mouvoir » qu'il s'agit, que c'est cette inclination qui suit les mêmes lois que le mouvement et qu'en bonne philosophie rien ne saurait être dans l'acte qui n'ait été dans la puissance (AT II, p.451).

Il n'y a donc aucun doute sur le fait que la possibilité de décomposer un mouvement doit, pour Descartes, s'appliquer aussi à l'« inclination » – que l'on considère cette inclination comme un mouvement infiniment petit en puissance ou comme une pression. Et la seule difficulté qui demeure est à vrai dire tout entière dans cette similitude. Si on l'admet et si on conçoit que la différence d'action de la lumière dans l'air et dans l'eau se mesure seulement en définitive sur des composantes normales, alors l'application du modèle mécanique s'ensuit sans peine, et de ce que « la facilité de pénétration » de la lumière est plus grande dans l'eau que dans l'air, on rend compte aisément à la fois du rapport des sinus et de l'inversion qui fait que le rayon lumineux réfracté se rapproche de la normale tandis que la trajectoire de la balle s'en écarte.

Que conclure au terme de cette étude ? Incontestablement, d'abord, que la manière dont Descartes a conduit son exposé dans les Discours I et II de sa *Dioptrique* est responsable des erreurs d'interprétation qui continuent jusqu'aujourd'hui de provoquer l'irritation ou l'ironie du lecteur pressé, non informé du programme de la Règle VIII des *Regulae*. Mais il est non moins incontestable qu'il ne faut qu'un peu de patience pour constater que Descartes a correctement rempli ce programme. L'isomorphisme qu'il a essayé de mettre en œuvre entre lumière et mouvement suppose une différence de niveau d'analyse (ici le fini, là l'infiniment petit) et il est parfaitement ridicule de l'accuser d'avoir contradictoirement tenu pour la quasi instantanéité de la lumière et pour un modèle de la réfraction fondé sur des vitesses finies. Le moins que l'on puisse dire en définitive est que l'élaboration cartésienne à propos de la réfraction de la lumière mérite le qualificatif de savante et ne peut être objet de dérision.

Une dernière remarque s'impose cependant. La solution à laquelle aboutit Descartes évalue le rapport constant caractéristique du phénomène comme rapport de vitesses dans le modèle mécanique et comme rapport de «facilités de pénétration» dans l'application à la lumière, c'est-à-dire qu'est retrouvé à la fin le rapport de distances (ou d'hypoténuses) que considérait Snellius (fig. 4). L'équivalence mathématique dont parlait Christiaan Huygens est ainsi présente dans le texte cartésien lui-même. Mais celui-ci invite par le fait même à réfléchir : les formes mathématiquement équivalentes sont une chose et autre chose les manières dont le physicien peut en user successivement.

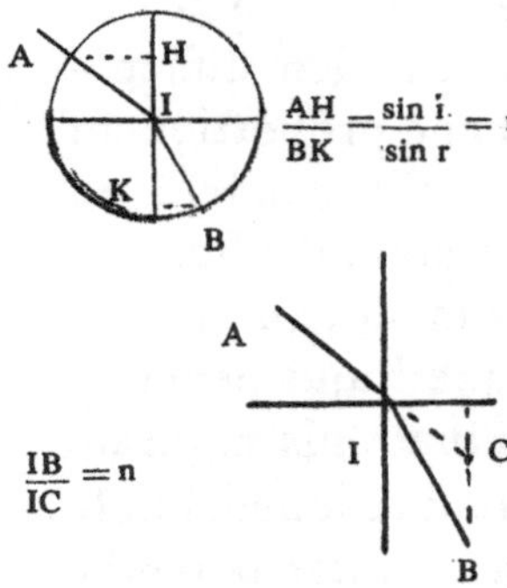

Fig. 4.

Autant que l'on puisse en juger par les indications de Vossius et de Huygens, la proportion introduite par Snellius avait relation avec le problème de l'image que l'œil d'un observateur perçoit du fond d'un vase rempli d'eau, et pour ce problème cette proportion était dotée d'efficacité. Sans pour autant déboucher sur une possibilité réelle d'expérimentation. La proportion des sinus était au contraire, pour Descartes, à la fois efficace et opérationnelle pour la solution générale de l'anaclastique et susceptible de relever par là d'une vérification expérimentale complète. Cette différence, inscrite dans l'histoire, impose la prudence dans le jugement à partir d'équivalences mathématiques.

Reste enfin la question de savoir si la reconnaissance du caractère savant de l'élaboration cartésienne doit entraîner l'adhésion. Le mieux est alors de donner la parole à Descartes lui-même pour les nuances nécessaires.

«Vous me demandez, écrivait-il à Mersenne le 27 mai 1638 (AT II, p. 141), si je tiens que ce que j'ai écrit de la réfraction soit démonstration, et je crois que oui, au moins autant qu'il est possible d'en donner en cette matière... et autant qu'aucune autre question de Mécanique, d'Optique ou d'Astronomie... ait jamais été démontrée. Mais exiger de moi des démonstrations géométriques en une matière qui dépend de la Physique, c'est vouloir que je fasse des choses impossibles.»

Nous pensons que tout physicien moderne, conscient de la différence entre la nature des axiomes mathématiques et celle des principes physiques, ne peut manquer de souscrire à cette déclaration de Descartes.

Texte joint

(*Regulae ad directionem ingenii*... AT X, p. 394, l. 19 - p. 395, l. 16.)

. . . .

Si verò aliquis, non ſolius Mathematicæ ſtudioſus, ſed qui, juxta regulam primam, de omnibus quæ occurrunt veritatem quærere cupiat, in eamdem difficultatem inciderit, vlteriùs inveniet, hanc proportionem inter angulos incidentiæ & refractionis pendere ab eorumdem mutatione propter varietatem mediorum; rurſùm hanc mutationem pendere à modo, quo radius penetrat per totum diaphanum, atque hujus penetrationis cognitionem ſupponere illuminationis naturam etiam eſſe cognitam; denique ad illuminationem intelligendam ſciendum eſſe, quid ſit generaliter potentia naturalis, quod vltimum eſt in totâ hac ſerie maximè abſolutum. Hoc igitur poſtquam per intuitum mentis clarè perſpexerit, redibit per eoſdem gradus, juxta regulam quintam; atque ſi ſtatim in ſecundo gradu illuminationis naturam non poſſit agnoſcere, enumerabit, per regulam ſeptimam, alias omnes potentias naturales, vt ex alicujus alterius cognitione ſaltem per imitationem, de quâ poſtea, hanc etiam intelligat; quo facto quæret, quâ ratione penetret radius per totum diaphanum; & ita ordine cætera perſequetur, donec ad ipſam anaclaſticam pervenerit. Quæ etiamſi à multis fruſtra hactenus fuerit quæſita, nihil tamen video quod aliquem, noſtrâ methodo perfectè vtentem, ab illius evidenti cognitione poſſit impedire.

. . . .

Roemer et la vitesse de la lumière
(Paris, Vrin, 1978, p. 83-91)

LA PROPAGATION DE LA LUMIÈRE SANS TRANSPORT DE MATIÈRE DE DESCARTES A HUYGENS

Évoquer Descartes dans un colloque sur la vitesse de la lumière ne relève-t-il pas de la provocation pure et simple ? On peut légitimement le craindre, tant est encore répandue l'idée que le philosophe des idées claires et distinctes a simultanément tenu que la vitesse de la lumière est infinie et que, cependant, dans le passage d'un milieu diaphane à un autre plus dense, cette vitesse augmente. C'est donc, à coup sûr, une tâche difficile que d'essayer, en peu de temps, de faire entendre une leçon des faits moins déconcertante et moins paradoxale.

Les contemporains de Descartes, aussi sensibles que peuvent l'être les nôtres à la contradiction logique et à l'invraisemblance, n'auraient-ils finalement retenu de la théorie cartésienne de la lumière que le résultat d'une pseudo-démonstration, cette loi des sinus pour la réfraction qu'un Snellius possédait par ailleurs dans le même temps ? C'est encore là ce que certains considèrent comme la conclusion vers laquelle l'histoire incline irrésistiblement. Et c'est la raison pour laquelle il importait que le titre de cette communication fasse référence à Huygens.

Car dans son Introduction au *Traité de la Lumière* (1690), Christiaan Huygens, après avoir commenté un texte de Descartes sur lequel nous aurons à revenir plus loin, déclare qu'il n'a eu aucune difficulté à admettre "l'étrange vitesse, cent mille fois plus grande que celle du son" qu'il y a lieu de supposer pour la lumière "parce qu'il ne s'agit pas du transport d'un corps avec tant de vitesse, mais d'un mouvement successif qui passe des uns aux autres"[1]. Il y a donc eu au moins un cadet de Descartes pour le créditer d'autre chose que de la loi des sinus, pour estimer utile son modèle du phénomène lumineux et y trouver la compréhension de l'extrême vitesse de la lumière. Et qui l'a fait en mettant l'accent sur l'essentiel : le modèle cartésien exclut le transport de matière.

Si notre titre comporte bien le rappel de ce caractère fondamental, nous devons avouer cependant qu'il contient un terme étranger au vocabulaire de Descartes, celui de propagation. Les résultats de notre indexation automatique du corpus cartésien sont formels sur cette absence, qui constitue, en elle-même, un thème de réflexion utile. Un passage de la lettre adressée par Beeckman à Mersenne le 1er octobre 1629 - à une époque où les rapports directs de l'expéditeur avec Descartes sont importants - déclare que la "propagation des espèces visuelles" est à mettre au nombre des "fables de vieilles femmes" dont se "gargarisent" les philosophes[2]. Or c'est dans ce même temps que Descartes, établi en Hollande pour de longues années, s'initie auprès de divers physiologistes à la dissection de l'oeil et prend lui aussi, en raison de la position non axiale de la tache jaune, la décision d'exclure les fameuses "espèces" d'une théorie correcte de la vision[3]. Il y a donc présomption sérieuse pour que cette exclusion ait entraîné celle du terme de propagation, contaminé par l'usage que stigmatisait Beeckman. Mais cette situation historique est depuis longtemps liquidée. En employant aujourd'hui, à propos de la recherche de Descartes, le terme de propagation nous n'avons pas à craindre de lui faire injure et de laisser entendre quelque compromis que ce soit avec une conception corpusculaire de la lumière.

Cette modernisation du vocabulaire qui nous paraît licite oblige d'ailleurs à une réflexion bénéfique. Lorsque Descartes écrivait ses *Cogitationes privatae*, vers 1619-1620, c'est avec l'unique terme de *lux* qu'il notait ses remarques sur la lumière, suivant apparemment en cela l'exemple de Kepler. Mais, tandis que ce dernier explicitait son indifférence pour la distinction des termes *lux* et *lumen*, et ne se faisait pas scrupule de doter la *lux* d'une faculté d'*egressio*, Descartes usait d'un langage plus respectueux du concept de *lux* comme cause. Il décrivait le phénomène lumineux sous la forme d'un engendrement à distance d'une puissance active, engendrement nécessitant la présence d'une matière et d'autant plus facile que la densité de matière est plus grande. "Lux quia non nisi in materia potest generari, ubi plus est materia, ibi facilius generatur, caeteris paribus" (A-T X, p. 242). Et il ajoutait : "Ergo *facilius penetrat* per medium densius quam per rarius". C'est-à-dire que la propriété à laquelle il restera fidèle et dont nous rappelions en commençant qu'elle lui est imputée à contradiction - à savoir que la densité de matière favorise la transmission de la lumière -, Descartes la voyait, à l'origine de ses recherches, comme une conséquence de la génération de la lux à une distance quelconque de la source. Mais - et c'est important au point de vue qui nous occupe ici - Descartes n'a pas maintenu cette position de principe et dès les *Regulae*, lorsqu'il rédige les passages des Règles VIII et IX où il parle de dioptre anaclastique et des lois de l'optique, il accepte de distinguer dans son vocabulaire la cause et l'effet. Et c'est à propos de l'effet qu'il parle de vitesse : *celeritas illuminationis*[4]. De telle sorte que l'expression qu'il forge est garantie de tout risque de confusion avec la "propagation des espèces" ; la vitesse de la lumière qu'il considère est la rapidité avec laquelle l'effet lumineux se manifeste en un point si éloigné soit-il de la source.

S'instruire dans la lecture des manuscrits cartésiens qui nous sont accessibles aujourd'hui alors qu'ils ne l'étaient pas pour les contemporains, n'est pas illégitime. A condition que la clarté qui en résulte pour la lecture des textes imprimés postérieurs, livrés au public, ne nous conduise pas à faire dire à ces textes davantage et mieux qu'ils n'exprimaient.

Or la *Dioptrique* publiée en 1637 est très explicite sur les points suivants : "il n'est pas besoin de supposer que quelque chose de matériel passe depuis les objets jusques à nos yeux" ; l'effet lumineux (*lumen*) peut être "pris" pour une "action ou inclination à se mouvoir" des petites particules de la matière subtile ; quand on va d'un point à un autre à l'intérieur d'un corps transparent "qui est partout égal à lui-même", le *lumen* au point d'arrivée est un phénomène lié, et coordonné, au chemin droit à partir du point de départ ; il y a rayon lumineux rectiligne ; mais quand on passe d'un milieu diaphane à un autre, il y a analogie avec le choc des corps "car il est bien aisé à croire que l'action ou inclination à se mouvoir que j'ai dit devoir être prise pour la lumière doit suivre en ceci les mêmes lois que le mouvement"[5].

Ainsi les contemporains, lecteurs de la *Dioptrique* , possédaient au sujet du modèle proposé par Descartes pour le phénomène lumineux, une définition dont les articulations étaient bien marquées : pas de transport de matière, mais un support matériel (la matière subtile) - une analogie dynamique au second degré, à savoir que le support matériel immobile est seulement *traversé* par une tendance au mouvement. Celle-ci suit les "mêmes lois" que le mouvement en ce sens qu'elle doit rester identique à elle-même lorsque l'état du support matériel est le même partout, mais qu'elle doit changer quand l'état du support matériel change.

Il faut pourtant reconnaître que cette lecture, bien que quasi littérale, devait présenter des difficultés pour le lecteur direct et qu'elle ne livre vraiment ce qu'exprime le texte que pour nous qui connaissons aujourd'hui ses antécédents. En particulier le choix d'une analogie dynamique était sous-jacent dès le début chez Descartes avec l'emploi du terme *lux* et il n'est pas surprenant qu'après une tentative du côté de l'analogie statique - mais pour résoudre seulement le problème de la réfraction (cf. Journal de Beeckman A-T X, p. 335-336) - il soit revenu à la première. Dans une perspective nouvelle, certes, et sur laquelle nous ne pouvons pas nous étendre ici, puisque aussi bien il ne peut être question de traiter complètement de la théorie cartésienne de la lumière. Remarquons seulement, parce que c'est important pour notre propos, que le vocabulaire d'origine qui associait à la *lux* les verbes engendrer et pénétrer, a cédé la place à un autre : le *lumen*, effet lumineux, "passe" d'un point à un autre. Et sur cette expression suggestive, au moins, personne ne pouvait avoir de doute en lisant la *Dioptrique*, autrefois comme aujourd'hui. Comme personne n'aurait dû avoir de doute sur la manière dont Descartes rendait compte de l'accroissement dont il avait besoin pour justifier, d'un milieu moins dense à un milieu plus dense, l'explication de la réfraction : "D'autant que les petites parties d'un corps transparent sont plus dures et plus fermes, d'autant laissent-elles *passer plus aisément* la lumière"[6], autrement dit, le resserrement de la structure interne que suppose une plus grande densité favorise la fermeté du support matériel nécessaire à la transmission du *lumen*, et son passage , par voie de conséquence. Rien en l'occurrence qui puisse s'interpréter immédiatement en terme de vitesse.

Quant au rapport du "passage" de la lumière avec le temps, Descartes n'était pas muet dans la *Dioptrique* puisque, à plusieurs reprises, en relation avec la célèbre analogie du bâton de l'aveugle, il disait que le passage se fait "en un instant". Mais c'est dans l'article 63 de la 3e partie des *Principia*, en 1644, qu'il a précisé : "per minimum temporis punctum quod instans vocant" et qu'il a ainsi laissé entendre une transmission de la lumière quasi immédiate, ne laissant aucune trace dans le temps. Sans doute eût-il été mieux inspiré de reprendre à son compte les expressions de Mersenne qui déclarait dans l'*Harmonie Universelle* (sortie de presse en 1637) : "La lumière s'étend dans toute la sphère de son activité en un instant, ou si elle a besoin de quelque temps, il est si court que nous ne pouvons pas le remarquer" (Livre I, Prop. VIII). Si Descartes n'a pas suivi la même prudence d'expression - et conjuré par avance les interprétations abusives qui ont été faites par la suite de ses textes imprimés - c'est probablement en raison de l'assurance tranquille dans laquelle il se sentait d'avoir résolu un certain nombre de problèmes physiques en éliminant provisoirement la considération du temps.

Alexandre Koyré a attiré l'attention, il y a déjà bien des années, sur cette attitude de Descartes à propos de la chute des graves et de la loi d'inertie, et nous avons eu depuis, en lisant les textes cartésiens, d'autres occasions d'en rencontrer l'illustration[7]. Il n'y a aucun doute sur le fait que Descartes considérait le problème du temps comme redoutable et qu'il souhaitait retarder autant que possible le moment où sa physique aurait à en tenir compte dans l'analyse.

Mais nous ne nous étendrons pas davantage sur cette face cachée des démarches cartésiennes. A défaut de déclarations publiques susceptibles d'éclairer sur ses intentions véritables n'importe lequel de ses lecteurs attentifs, Descartes, d'ailleurs, a communiqué par lettres, sur le sujet précis qui nous occupe, des propositions parfaitement nettes qu'il convient maintenant de relever. Deux documents méritent tout spécialement d'être cités à cet égard : la lettre du 22 août 1634 dont le destinataire, non mentionné , semble être Beeckman, et la lettre du 11 octobre 1638 à Mersenne[8]. Toutes deux publiées dans le tome II de Clerselier en 1667 avec les numéros 17 et 91. Il ne s'agit pas de les analyser en détail, mais d'en exprimer le message qui est sans ambiguïté.

La première de ces lettres vise un correspondant qui cherchait à instituer une expérience pour mettre en évidence la durée de trajet de la lumière. Il pourrait s'agir de Beeckman qui, à la date du 19 mars 1629, notait dans son *Journal* (fol. 340) : "Il me paraît vraisemblable que la vitesse de la lumière (lucis celeritas) n'est pas si grande" que l'on ne puisse en juger par le mouvement d'une horloge située à côté d'une bombarde[9]. Passons sur le dispositif expérimental amélioré - préfiguration de celui de l'expérience de Michelson-Morley - que Descartes, d'après ses déclarations, trouve devant lui. Peu importe, répond-il en substance, que l'on double le trajet en utilisant l'aller et le retour à l'aide d'un miroir. Les distances ainsi mises en oeuvre sur Terre sont trop petites. Même à l'échelle des distances astronomiques on n'observe pas de "retard" dans la transmission : l'argument est tiré des éclipses de Lune et porte sur la distance double de la Terre à la Lune[10].

Il est repris par Descartes dans la seconde des lettres citées ci-dessus. A propos de la page 43 des *Discorsi*, Descartes déclare à Mersenne : "Son expérience (de Galilée) pour savoir si la lumière se transmet en un instant est inutile, car les éclipses de la Lune se rapportant *assez exactement* au calcul qu'on en fait, le prouvent incomparablement mieux que tout ce qu'on saurait éprouver sur Terre"[11]. La référence aux prévisions des éclipses de Lune par un calcul excluant une correction d'observation en fonction de la durée de trajet de la lumière est d'autant plus intéressante qu'elle s'accompagne de l'expression "assez exactement". Il y a là une attention à la notion d'approximation à laquelle Descartes n'est d'ordinaire et, en apparence, guère sensible. Mais qu'il est impossible de ne pas remarquer ici. Rien n'empêchait Mersenne de conclure que Descartes laissait la question ouverte jusqu'à ce que l'on possède de meilleurs instruments de mesure du temps et que l'on puisse user de distances astronomiques supérieures à celle de la Terre à la Lune. C'est bien en tout cas ce que Huygens, lecteur tardif à travers la publication des *Lettres* de Descartes par Clerselier, a parfaitement compris. Nous y reviendrons.

Mais quel que soit l'intérêt immédiat, pour notre propos, des leçons que nous venons de noter dans deux lettres de Descartes, d'autres passages de sa correspondance méritent encore d'être mentionnés ici. Tout d'abord ceux où en 1637-1638 l'auteur de la *Dioptrique* présente sa défense, par l'intermédiaire de Mersenne, contre les objections de Fermat, et où il insiste sur le fait que le passage de la lumière d'un point à un autre de l'espace est bien pour lui successif, mais en ce sens que d'un point à l'autre il y a succession dans l'espace et qu'il faut passer par tous les points intermédiaires, l'un après l'autre[12]. Ensuite - et il importe de grouper la citation avec les précédentes - Descartes réfute le 16 octobre 1639 auprès de Mersenne une expression éminemment fâcheuse de Mydorge : "Je puis seulement dire *qu'il implique contradiction qu'il y ait une vitesse infinie dans la nature*, si ce n'est qu'à imitation des pensées de Mr Desargues touchant les coniques on dise que la ligne AB sans mouvement est la même chose qu'un point mû d'une vitesse infinie d'A jusques à B, car si la vitesse est infinie, *ce point se trouvera au même instant en toute la ligne et* ainsi la composera"[13]. On sait que Pascal reprendra plus tard dans une de ses Pensées le même paradoxe - probablement inspiré lui aussi par Desargues. Sans aucun doute est-ce à propos d'un mouvement de point matériel que Mydorge s'est attiré cette critique de Descartes, mais la critique vaut évidemment, avec autant de force, contre quiconque interpréterait les énoncés cartésiens concernant la transmission du *lumen* comme significatifs d'une vitesse infinie. La vitesse infinie efface toute distinction du point et de la ligne ; or le *lumen* doit obéir à la *succession* spatiale, donc à la distinction susdite ; donc il serait contradictoire de parler de vitesse infinie du lumen. Tel est en définitive le syllogisme que révèle la correspondance de Descartes.

Tout eût été plus clair, pour les correspondants et les lecteurs futurs, si Descartes avait consenti, dans le même contexte où il valorisait la succession spatiale, à dire ce qu'il disait ailleurs - comme nous l'avons relevé plus haut - à savoir que la succession dans le temps, pour le *lumen*, est insensible, mais pas nulle. Dans l'affaire de la théorie de la lumière, Descartes a, nous semble-t-il, affirmé plus radicalement que dans d'autres domaines son intrépidité à *procéder par ordre* quoi qu'il en coûte. Persuadé d'avoir trouvé une explication de la réfraction qui faisait l'économie d'une considération du temps et de la vitesse[14], il a tellement voulu marquer l'avantage de la procédure qui consiste à tirer le maximum d'un premier principe avant d'envisager l'intervention de notions plus complexes, qu'il a préparé lui-même les conditions d'une mauvaise appréciation de ses démarches.

On peut lui objecter que succession spatiale et succession temporelle ne se distinguent et ne se séparent pas au point de permettre de traiter de l'une en renvoyant l'autre à des questions ultérieures, plus spécifiques, où elle deviendrait indispensable. On peut dénoncer le caractère illusoire de son classement hiérarchisé des problèmes de l'optique, mais on ne peut pas lui refuser le souci d'une cohérence logique, ni le sens de la non-contradiction nécessaire à toute théorie physique. Nous pourrions en rester là, avec le sentiment d'avoir rempli notre tâche. Mais il nous paraît utile de revenir, pour terminer, sur le témoignage de Huygens.

En félicitant Roemer le 16 septembre 1677 pour sa découverte touchant la vitesse de la lumière, Huygens précisait à la fois les conditions dans lesquelles il venait d'être informé, dans sa résidencce en Hollande, et le fait qu'il avait déjà lui-même postulé 10 sec. pour la durée de trajet Terre-Lune en méditant sur les arguments de Descartes. Or, dans sa réponse du ler novembre 1677, Roemer s'étonnait : n'avant jamais rien lu de Descartes qui approche de cette question, il se croyait autorisé à penser que Huygens couvrait d'un nom d'emprunt des spéculations entièrement originales de sa part. Alors, le 18 novembre suivant, Huygens avoue la vérité : il doit bien à Descartes une inspiration, tirée de la lettre n° 17 du tome II de Clerselier, mais il a effectivement mis du sien[15].

Du point de vue de la critique historique, les choses sont claires. Huygens n'avait pas lu ou pas remarqué le passage de la lettre à Mersenne du 27 mai 1638 que nous avons souligné plus haut - la lettre en question étant située dans le tome III de Clerselier 1667. Huygens ne savait pas que Descartes avait avoué un jour que les éclipses de Lune correspondent seulement "assez exactement" au calcul qu'on en fait. Mais il lui avait suffi de lire le document du 22 août 1634 pour comprendre que Descartes renvoyait la détection de la vitesse de la lumière à des observations plus précises sur les distances considérables qui règlent la disposition des astres dans le Ciel[16]. Dans le cadre de la commémoration de Roemer, il n'était donc pas déplacé d'évoquer Descartes et de restituer l'hommage que Huygens tient à lui rendre en défendant, auprès de l'"inventeur", ses propres droits à une évaluation antécédente de l'ordre de grandeur de la vitesse de la lumière.

N O T E S

1. Cf. *Oeuvres de Ch. Huygens,* t. XIX, p. 465.

2. Cf. *Correspondance du P. Marin Mersenne,* t. II, p. 283 :
"Quod enim philosophi garriunt de...specierum visibilium in aere propagatione...etc. aniles mihi videntur fabulae".

3. Cf. la communication de M. Gérard Simon sur "La perception visuelle chez Kepler et Descartes" in *Actes du XIIIe Congrès International d'Histoire des Sciences (1971)*, Moscou 1971, Section VI, p. 237-245, dont les arguments, et l'érudition, sont également convaincants.

4. Cf. René DESCARTES, *Règles utiles et claires pour la direction de l'esprit en la recherche de la vérité.* Traduction selon le lexique cartésien et annotation conceptuelle par Jean-Luc Marion - avec des notes mathématiques de Pierre Costabel. La Haye, M. Nijhoff 1976, p. 27-34 et 195-213.

5. Cf. *Dioptrique,* A-T VI, p. 85, 88. Il faut noter à ce propos que dans sa discussion avec J.B. MORIN (13 juillet 1638), Descartes précise bien qu'à ce point de vue - action ou inclination à mouvoir - il ne sépare pas *lux* et *lumen* (cf. A-T II p. 204-205).

6. Cf. *Dioptrique,* A-T VI, p. 103.

7. Cf. Descartes à Mersenne, 12 septembre 1638, A-T II, p. 355 :
"Il est impossible de rien dire de bon et de solide touchant la vitesse sans avoir expliqué au vrai ce que c'est que la pesanteur et ensemble tout le système du monde".
Descartes à De Beaune, 30 avril 1639, A-T II, p. 544 :
"D'où vous pouvez voir qu'il y a beaucoup de choses à considérer avant qu'on puisse rien déterminer touchant la vitesse, et c'est ce qui m'en a toujours détourné..."
Il s'agit sans doute dans ces textes de la vitesse des corps en chute libre, mais les considérations que Descartes y développe sur la nécessité de séparer les variables espace et temps en rendent l'application générale.

8. Cf. A-T I, p. 307-312 - une traduction française fut donnée par le P. Pardiès avec une discussion et ajoutée aux éditions du *Mouvement local* (1670) de cet auteur, mais à une date difficile à déterminer -, et A-T, p. 384.

9. *Journal de Beeckman,* fol. 340 :
"Verisimile mihi videtur non tantam esse lucis celeritatem, quin illi deprehensuri sint, plures dentes transiisse in horologis ejus qui bombardo exploso adstiterat".
Le projet d'expérience correspondant est évidemment celui dont la lettre de Descartes du 22 août 1634 fait mention.

10. Cet argument consiste à dire que si la lumière mettait une durée sensible pour aller de la Terre à la Lune, lorsqu'il y a éclipse de la Lune par la Terre l'observateur terrestre ne devrait pas constater l'alignement Soleil-Terre-Lune. Une inclinaison de la visée d'observation de la Lune éclipsée sur la visée Terre-Soleil devrait apparaître.

Descartes croyait concéder beaucoup à son correspondant en admettant une heure pour la durée de trajet de la lumière sur la double distance Terre-Lune. Car il partait de l'évaluation de 500 rayons terrestres pour cette distance et d'un vingt-quatrième de battement d'artère pour la durée de trajet de la lumière sur la distance d'une demi-lieue utilisée dans l'expérience par le correspondant. Cette double évaluation fautive conduisait Descartes à assigner un écart angulaire notable en conséquence de l'argument précédent, et à conclure *a contrario* que le non-observation d'un écart angulaire rendait vaine la concession faite.

11. Allusion très claire à la discussion dont nous avons indiqué ci-dessus les éléments.

12. Cf. Descartes à Mersenne pour Fermat, A-T, p. 451 :

"Car il (Fermat) ne peut mettre cette disconvenance...en ce que l'un (le mouvement de la balle) est successif et l'autre (celui du *lumen*) non, car je pense avoir assez fait entendre...que bien que l'inclination à se mouvoir se communique d'un lieu à l'autre en un instant, elle ne laisse pas de suivre le même chemin par où le mouvement successif doit se faire, qui est tout ce dont il est ici question".

Descartes à Mersenne, 27 mai 1638, A-T II, p. 143 :

"Et pour la difficulté que vous trouvez en ce que la lumière se communique en un instant, il y a de l'équivoque au mot d'instant, car il semble que vous le considérez comme s'il niait toute sorte de priorité...il n'exclut que la priorité du temps et n'empêche pas que chacune des parties inférieures d'un rayon dépendent de toutes les supérieures..."

13. Cf. A-T II, p. 592-593.

14. Il est impossible de justifier en quelques mots cette explication "économique". Nous l'avons fait autrefois dans une communication intitulée "Matière et Lumière au XVIIe siècle" et publiée en 1967 dans les *Acta Historiae scientiarum* de l'Institut d'Histoire des Sciences de Prague, Special Issue n° 3. Nous espérons pouvoir présenter un jour une synthèse plus complète sur ce sujet capital.

15. Cf. *Oeuvres de Ch. Huygens*, t. VIII, p. 30 et sq.

16. Il faut noter les précisions suivantes. Au sujet de la contribution de Pardiès à la discussion de la lettre de Descartes, Huygens signale à Roemer qu'il n'a pas eu en main l'édition du *Traité du Mouvement local* de Pardiès où on lui a dit qu'était publiée la contribution susdite. Il conclut à une addition postérieure - en quoi il a certainement raison - et il fournit en même temps la preuve que sa propre position relève d'une lecture directe du document cartésien.

N.B. Par A.T. nous désignons les références à la grande édition des *Oeuvres de Descartes* par Ch. Adam et P. Tannery (ancienne et nouvelle édition, cette dernière ayant respecté la pagination de l'ancienne).

La démonstration cartésienne relative au centre d'équilibre de la balance*

Il s'agit d'une démonstration fort remarquable contenue dans une lettre de Descartes au P. Mersenne du 13 juillet 1638 (1) et insérée dans un exposé général sur la pesanteur et son action. Descartes se propose de montrer « en quel sens on peut dire qu'un corps pèse plus étant proche du centre de la terre qu'en étant éloigné » et par voie de conséquence que la notion de centre de gravité, au sens d'Archimède et de Pappus (à savoir « point bien déterminé dans chaque corps tel que le corps suspendu par un tel point reste en équilibre indifférent ») est une notion sans objet si l'on tient compte de la convergence des verticales.

Ce résultat avait été annoncé par Descartes dans une lettre à Constantin Huygens le 5 octobre 1637 (2), en conclusion d'un long développement constituant un véritable petit traité de Statique et intitulé « Explication des engins par l'aide desquels on peut avec une petite force lever un fardeau fort pesant » et pour comprendre le cheminement de la pensée cartésienne à une période particulièrement importante, c'est de cet écrit qu'il convient de partir.

« L'invention de tous ces engins, dit Descartes le 5 octobre 1637, n'est fondée que sur un seul principe qui est que la même force qui peut lever un poids, par exemple de 100 livres à la hauteur de 2 pieds en peut aussi lever un de 200 livres à la hauteur d'un pied... et ce principe ne peut manquer d'être reçu si on considère que l'effet doit toujours être proportionné à l'action qui

(1) *Correspondance de Descartes*. Edition Adam-Tannery, II, p. 242 et sq. Autographe : Mss BN fds fr. n. a. 5160, fol. 4-9.
(2) Edit. Adam-Tannery, I, p. 435 et sq.

* *Archives Internationales d'Histoire des Sciences*, no.35, avril-juin 1956, p. 133-146.

est nécessaire pour le produire... C'est le même que de lever 100 livres à la hauteur d'un pied et *derechef* encore 100 livres à la hauteur d'un pied que d'en lever 200 à la hauteur d'un pied et le même aussi que d'en lever 100 à la hauteur de 2 pieds. »

Nous sommes en présence, par ce texte, d'une axiomatique de quantité très consciente d'elle-même. Encore n'est-il pas inutile sans doute de figurer par un schéma les étapes de la pensée. Le renouvellement de l'action qui permet de lever 100 livres à la hauteur d'un pied peut consister à agir sur un autre poids de 100 livres situé au départ au même niveau que le premier, ou bien à continuer à agir sur le premier poids.

La pensée abstraite qui conçoit l'action de lever 100 livres à la hauteur d'un pied comme une quantité de valeur absolue et universelle n'a pas de peine à poser l'équivalence entre la succession et la juxtaposition de deux actions identiques (fig. 1). Que Descartes ait vu dans ce principe une originalité dont il pouvait être fier, on ne saurait en douter. Le 12 septembre 1638 (3), il écrit en effet à Mersenne : « Il faut surtout considérer que j'ai parlé de la force qui sert à lever un poids à quelque hauteur, laquelle force a toujours deux dimensions, et non de celle qui sert en chaque point pour le soutenir, laquelle n'a jamais qu'une dimension. » Cette première dimension que Descartes considère comme indépendante du temps (« la même force que doit avoir un clou pour soutenir un poids de 100 livres en un moment de temps lui suffit aussi pour le soutenir un an durant... ») est ce que nous appellerions simplement force à l'heure actuelle. La deuxième dimension ajoutée par Descartes et qui consiste dans l'espace parcouru définit dans notre terminologie moderne la force cartésienne à deux dimensions comme un « travail ». Et il importe de souligner le soin avec lequel Descartes insiste sur l'élimination du temps dans la considération de la deuxième dimension. « La

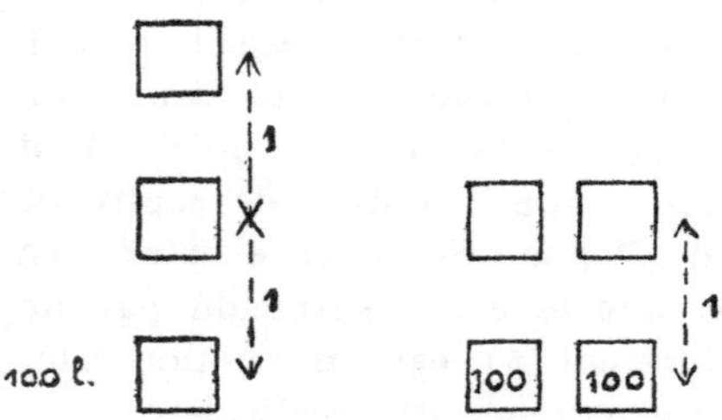

Fig. 1

(3) Edit. Adam-Tannery, II, p. 354.

première chose dont on peut être préoccupé, continue-t-il dans la même lettre du 12 septembre 1638, est que plusieurs ont coutume de confondre la considération de l'espace avec celle du temps ou de la vitesse... Que si j'avais voulu joindre la considération de la vitesse avec celle de l'espace, il m'eût été nécessaire d'attribuer trois dimensions à la force, au lieu que je lui en ai attribué seulement deux, afin de *l'exclure* (le temps). *Et si j'ai témoigné tant soit peu d'adresse en quelque partie de ce petit écrit de Statique, je veux bien que l'on sache que c'est plus en cela qu'en tout le reste, car il est impossible de rien dire de bon et de solide touchant la vitesse sans avoir expliqué au vrai ce que c'est que la pesanteur et ensemble tout le système du monde.* »

Ainsi il ne saurait y avoir de doute. Fidèle à sa détermination de procéder par ordre dans l'analyse des notions claires et distinctes, Descartes croit pouvoir rejeter le temps au dernier chapitre d'une mécanique élaborée, et il pense que la Statique, science des équilibres ou des engins aptes à déplacer des corps à la limite de l'équilibre, n'a nul besoin de cette troisième dimension fort gênante. L'axiomatique de quantité que nous avons relevée plus haut et qui associe la force à une dimension avec les déplacements, lui suffit amplement.

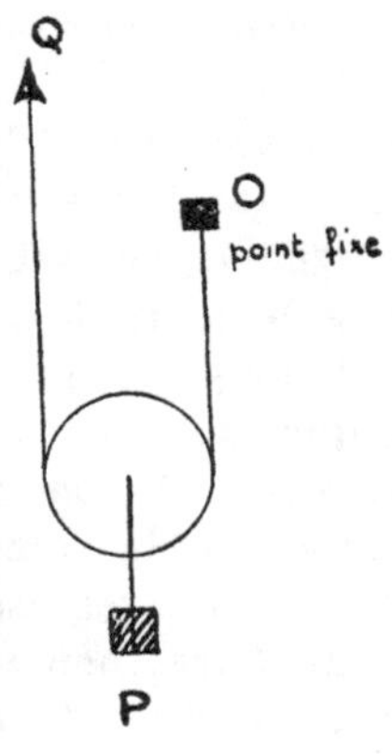

Fig. 2

La première application faite par Descartes dans l'écrit du 5 octobre 1637 concerne l'engin constitué par une poulie mobile à l'axe de laquelle est suspendu le poids à soulever (cf. fig. 2). On ne saurait s'en étonner : les déplacements obtenus par traction sur le brin libre de la corde sont verticaux aussi bien pour le poids soulevé que pour la puissance tractrice. Le principe d'équivalence posé permet une application immédiate et le déplacement de la puissance étant double de celui du poids, celle-ci ne doit être que la moitié du poids.

On nous permettra, avant de poursuivre les applications, de noter les remarques très curieuses que Descartes ajoute à ce premier essai. « Il y a toutefois, dit-il, une chose qui empêche que ce calcul ne soit exact, à savoir la pesanteur de la poulie et la difficulté qu'on peut avoir à faire couler la corde et à la porter. Mais cela est fort peu à comparaison de ce qu'on lève et ne peut être estimé qu'à peu près. » Témoignage nouveau, s'il en était besoin, de cette double vérité relative au grand philosophe : d'une part sens très aigu du concret, des raisons qui motivent un écart par rapport à une solution théorique, et d'un ordre d'approximation — d'autre part conscience de la nécessité d'écarter ce qui est petit et « ne peut être estimé qu'à peu près » pour atteindre des raisons suffisantes, logiques, susceptibles de fonder une connaissance rationnelle des choses. « On doit aussi remarquer, dit encore Descartes, qu'il faut toujours *un peu plus de force pour lever* un poids que *pour le soutenir,* ce qui est cause que j'ai parlé ici séparément de l'un et de l'autre. » L'axiomatique qui permet l'étude des engins propres à soulever des poids porte donc sur des forces à une dimension *sui generis,* distinctes des forces de soutien pur et simple, légèrement supérieures, mais les calculs auxquels on est conduit donnent des rapports simples et il suffit de savoir la différence légère des deux natures de forces pour ne pas se méprendre. En parlant *séparément* des unes et des autres, on peut appliquer sans crainte le principe posé.

On ne peut qu'admirer ces précautions d'un esprit épris de la rigueur, elles permettent de mieux juger la progression observée dans les applications.

Après la poulie, c'est le plan incliné qui retient l'attention de Descartes. « Si n'ayant qu'assez de force pour *lever* 100 livres (et nous comprenons maintenant la précision soulignée), on veut néanmoins lever le corps F qui en pèse 200 à la hauteur de la ligne BA, il ne faut que le tirer ou rouler le long du plan incliné CA que je suppose deux fois aussi long que la ligne AB, car par ce moyen, pour le faire parvenir au point A, on y emploiera la force qui est requise pour faire monter 100 livres deux fois aussi haut » (fig. 3). Le texte ne paraît pas très clair à la première lecture. Aucun doute n'est possible cependant.

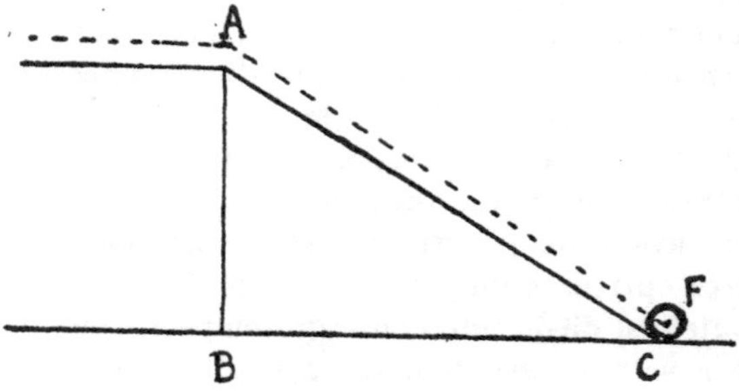

Fig. 3

La force susceptible de « lever » 100 livres à telle hauteur étant imaginée appliquée de manière « à tirer ou à rouler » le corps de 200 livres le long du plan incliné effectue des déplacements doubles des déplacements verticaux, étant donné le choix du rapport $\frac{CA}{BA}$, elle est donc parfaitement apte à hisser le poids F au point A. Il faut seulement que l'action totale soit celle qui hisserait 100 livres à une hauteur double de AB, et le résultat est obtenu par l'application constante de la traction tout le long de AC double de AB.

On sait, et on l'a souvent fait remarquer, que le défaut majeur de la mécanique de Descartes est l'absence de la direction dans la notion de force motrice. Le texte que nous venons d'examiner pourrait être considéré comme une preuve du contraire si l'on ne prêtait pas une attention suffisante aux avertissements de l'auteur lui-même relatés plus haut. La force nécessaire pour lever 100 livres est une quantité à « une dimension », c'est-à-dire qu'elle est une quantité pure et simple. Multipliée par le déplacement CA double de BA, elle acquiert une deuxième dimension et se trouve double de l'action nécessaire pour agir directement sur un poids de 100 livres suivant le déplacement BA; donc elle est apte à lever le poids de 200 livres de la hauteur BA. On aurait parfaitement tort de croire que Descartes, à l'instar d'un moderne, voit la force appliquée au corps F dirigée suivant CA et évalue son travail comme l'habitude nous conduit à le faire. Cette importante mise au point étant faite, il est certain que la théorie du plan incliné présentée ici est recevable et qu'elle constitue avec les principes et la mentalité de base un ensemble cohérent.

Elle permet d'aborder enfin le levier. « J'ai différé à parler du levier jusques à la fin, dit Descartes, à cause que c'est l'engin pour lever des fardeaux le plus difficile de tous à expliquer. » La raison de cette déclaration surprenante est que Descartes conçoit l'action de la puissance appliquée en C comme associée au déplacement du point, c'est-à-dire à la longueur de la demi-circonférence ACE, alors que pour le poids soulevé c'est le diamètre FK qui caractérise l'effort à fournir (cf. fig. 4). « Et pour mesurer exactement, poursuit-il, quelle est la force en chaque point de la ligne courbe ABCDE, il faut savoir qu'elle agit tout de même que si elle traîne le poids sur un plan circulairement incliné et que l'inclinaison en chacun des points de ce plan circulaire se doit mesurer par celle de la ligne droite qui touche le cercle en ce point. » Cette précision éclaire l'interprétation. Si le levier est l'engin le plus difficile de tous à expliquer, c'est que le déplacement de la puissance n'est plus rectiligne et en rapport simple avec l'effet à produire, à savoir le soulèvement du poids. Mais une analogie reste possible avec le plan incliné. De même que tout à l'heure la puissance traînait le poids le long du plan incliné, de même ici on peut imaginer qu'elle effectue la même opération le long d'un plan « circulairement incliné » et c'est la raison pour laquelle il faut considérer comme déplacement total la demi-circonférence ACE tandis que le soulèvement du poids est FK. Seulement l'inclinaison du plan « circulairement incliné » varie et par suite la puissance à appliquer. Il faut donc la mesurer en chaque point du parcours et il n'y a pas de règle valable à tirer de la comparaison des déplacements complets ACE et FK. Nous ne nous arrêterons pas au détail du calcul qui donne en chaque point la valeur de la puissance, grâce à l'intervention du plan incliné dont la ligne de plus grande pente est la tangente au cercle. Ce calcul est correct et son résultat exact. Nous noterons seulement combien il serait ici encore facile d'attribuer à Descartes la pensée d'une coordination de la notion de force avec celle de direction.

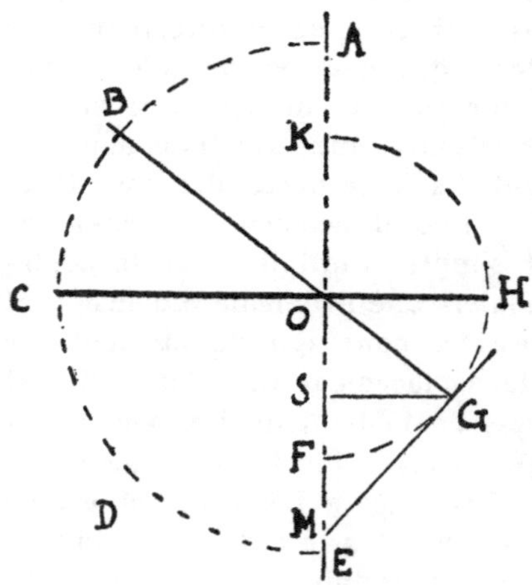

Fig. 4

Cette puissance appliquée en C qui en chaque point du demicercle agit comme s'il y avait un plan incliné suivant la tangente, il est tentant en effet d'imaginer que Descartes la voit, comme nous pouvons la voir, sous la forme d'un vecteur perpendiculaire au rayon OC, qu'il voit la pesanteur sous forme d'un vecteur vertical et qu'il évalue les travaux, pour de petits déplacements, d'une manière très voisine de la nôtre, par projection des déplacements sur les directions des forces. En réalité les directions suivant lesquelles s'effectuent les actions des forces sont bien présentes dans la pensée de Descartes (traction le long du plan incliné, soulèvement vertical du poids) et les déplacements qui doivent entrer en ligne de compte pour la « deuxième dimension » et l'évaluation des « forces » sont bien mesurés par rapport à ces directions (donc par projection), mais à aucun moment n'apparaît une coordination de ces directions avec la « première dimension ». Celle-ci reste une quantité et la différence entre la pesanteur et la puissance équilibrante est qu'on peut imaginer la ligne d'action de cette dernière alors qu'elle est imposée pour la première. En définitive, dans la perspective cartésienne qui place à la base de la Statique un principe d'équivalence d'action par l'intermédiaire de la notion de force à deux dimensions, la direction de l'action est coordonnée à la deuxième dimension et non à la première. Et l'on commettrait une erreur grave en traduisant le texte dans le langage de la mécanique élémentaire qui nous est familier.

C'est à la fin de ce texte du 5 octobre 1637 que Descartes ajoute sans autre justification que si l'on tient compte de la convergence des verticales, lorsque la balance est penchée, le bras le plus bas est aussi le plus pesant. « En sorte que le centre de gravité n'est pas fixe et immobile en aucun corps ainsi que l'avaient supposé les Anciens. Ce que personne encore, que je sache, n'a remarqué. »

A vrai dire, la question se trouvait posée depuis l'année précédente par les travaux de Fermat à la suite de la publication de la Géostatique de Beaugrand. Mais nous n'entrerons pas ici dans une querelle dont nous avons traité ailleurs (4). Et nous aborderons directement notre sujet, avec le bénéfice de l'examen de l'état antérieur de la pensée cartésienne.

La lettre de Descartes à Mersenne du 13 juillet 1638 est écrite pour la réfutation des opinions de Beaugrand et de Fermat, selon lesquels un corps pèse moins lorsqu'il se rapproche du centre de la Terre. Descartes déclare qu'il faut distinguer deux sortes de pesanteurs, l'une absolue ou vraie, l'autre apparente ou relative. La pesanteur absolue est une constante, car il faut supposer que « chaque partie d'un même corps pesant retient toujours en soi une même force ou inclination à descendre, nonobstant qu'on l'éloigne ou qu'on l'approche du centre de la Terre », et le fonde-

(4) « Centre de Gravité et Equivalence dynamique », P. Costabel. Conférence au Palais de la Découverte, 4 décembre 1954, Série D, n° 34.

ment général de toute la Statique est ce seul principe « à savoir qu'il ne faut ni plus ni moins de force pour lever un corps pesant à une certaine hauteur que pour en lever un autre moins pesant à une hauteur d'autant plus grande qu'il est moins pesant ». Ceci posé « *la pesanteur relative de chaque corps, ou ce qui est le même, la force qu'il faut employer pour le soutenir ou empêcher qu'il ne descende lorsqu'il est dans une certaine position se doit mesurer par le commencement du mouvement que devrait faire la puissance qui le soutient tant pour le hausser que pour le suivre s'il s'abaisse.* En sorte que la proportion qui est entre la ligne droite que décrirait ce mouvement et celle qui marquerait de combien ce corps s'approcherait du centre de la terre est la même qui est entre sa pesanteur absolue et la relative. »

On ne saurait exiger plus de clarté. La pesanteur relative est à considérer pour les corps pesants soumis à une liaison et dont les déplacements ne sont pas libres, et c'est très exactement la force *directement opposée* à celle qu'il faut développer, dans le sens du déplacement possible en tenant compte de la liaison, pour empêcher la chute. On notera que dans la traduction que nous venons de faire en langage plus moderne, il n'y a rien qui trahisse le texte cartésien sauf l'expression « directement opposée » et que la préoccupation du sens d'action des forces est manifestement si absente de la pensée de Descartes qu'il n'éprouve aucune gêne à confondre la pesanteur relative et son opposée. Nouveau témoignage du caractère purement quantitatif des forces de « première dimension ». On notera aussi que ce n'est pas ce que nous serions tentés d'appeler la force de liaison qui intéresse Descartes, et que son attention se porte sur le *déplacement infinitésimal compatible avec la liaison.* Sur ce point, il n'y a aucune trahison possible de sa pensée. Ce déplacement, deuxième dimension, Descartes le voit suivi par l'action de la force dont il cherche la comparaison avec la pesanteur absolue, d'où le résultat. Le produit de la pesanteur absolue par le déplacement infinitésimal vertical doit être égal au produit de la pesanteur relative par le déplacement infinitésimal compatible avec la liaison, ces deux produits exprimant une même « force » à deux dimensions.

Nous retrouvons la même atmosphère que dans le texte de 1637, avec un progrès dans la conception générale puisqu'il n'est plus nécessaire de passer par l'intermédiaire d'exemples particuliers (plan incliné, levier) pour traiter de déplacements non verticaux, puisque également les déplacements sont des déplacements très petits. Sur ce point particulier, on ne peut reprocher à Descartes de ne pas avoir insisté puisqu'il dit à Mersenne : « Notez que je dis : lorsque le corps commence à descendre, et non lorsqu'il descend... ». Mais Mersenne ne comprit pas l'importance de cette remarque sur laquelle nous aurons à revenir plus loin.

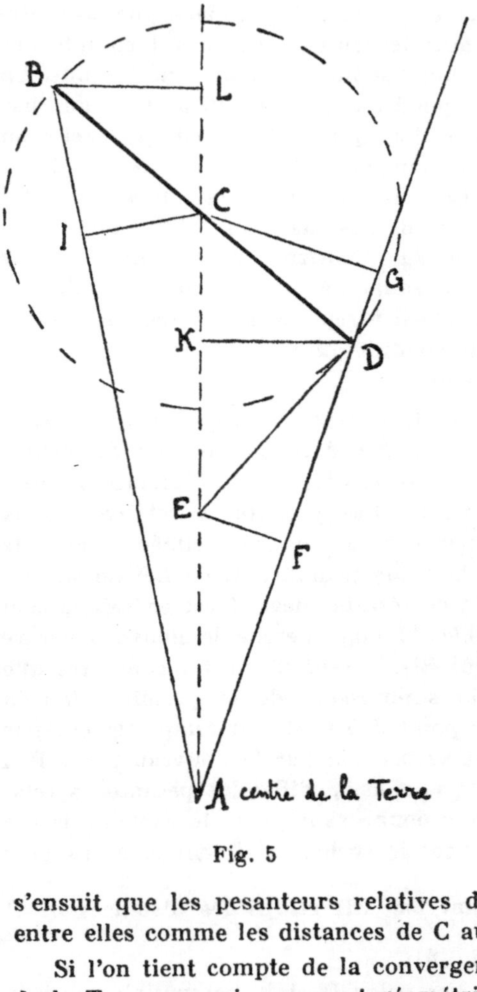

Fig. 5

Nous avons maintenant en main les éléments pour comprendre la démonstration relative au centre d'équilibre de la balance. Celle-ci est constituée par deux poids égaux « parfaitement » B et D fixés aux extrémités de deux bras égaux CB et CD dans le prolongement l'un de l'autre, C étant un point fixe (cf. fig. 5). Conformément à la règle précédemment énoncée, la pesanteur relative du poids D est à sa pesanteur absolue comme DF est à DE et DF est à DE comme CG est à CD, c'est-à-dire comme la distance de C à la verticale de D est à la longueur du bras de la balance. Il en est de même pour la pesanteur relative à B, *mutatis mutandis*. Et il s'ensuit que les pesanteurs relatives des deux poids B et D sont entre elles comme les distances de C aux verticales de B et D.

Si l'on tient compte de la convergence des verticales au centre de la Terre, un raisonnement géométrique simple basé sur le fait que les triangles BCA et DCA ont même surface montre que le rapport des distances de C aux verticales AB et AD est égal au rapport des distances AD et AB. De telle sorte que si l'on considère le point R où la bissectrice intérieure de l'angle BAD coupe BD « on sait assez en géométrie que la ligne BR est à RD comme AB est à DA » et les poids B et D « doivent être soutenus par le point R pour demeurer en équilibre en l'endroit où ils sont ».

L'ensemble du raisonnement paraît à première vue parfaitement correct et n'appeler aucune critique, en tenant compte des principes sur lesquels nous nous sommes longuement étendus. La démonstration cartésienne répond au titre qui lui a été donné par l'auteur : « Autre démonstration qui explique *en quel sens* on peut dire qu'un corps pèse plus étant proche du centre de la terre qu'en étant éloigné ». Ce sens est celui de la comparaison des pesanteurs relatives de deux poids absolus égaux placés aux extrémités d'une balance inclinée sur l'horizon, donc soumis à une même liaison qui les situe cependant à des distances inégales du centre de la terre. Et il n'y a rien à reprendre à la logique interne à la pensée cartésienne qui conduit au résultat de cette comparaison des pesanteurs relatives.

Mais de ce résultat, Descartes passe très rapidement, et sans expliciter de raisonnement, à l'énoncé de la position du centre d'équilibre R de la balance inclinée. C'est ici, il faut bien le dire, qu'il se présente une difficulté. Les pesanteurs relatives, dans l'état de la liaison constituée par la balance inclinée, ayant été reconnues inégales, il est clair que le milieu C de BD ne saurait être centre d'équilibre, mais ce résultat négatif est en fait le seul qui soit logiquement possible. Si l'on cherche le nouveau centre d'équilibre R sur le segment BD, il faut d'abord reconnaître que cette recherche implique la suppression de la première liaison qui était suspension par le point fixe C et son remplacement par une nouvelle liaison qui est suspension par le nouveau point R à déterminer. Or, ceci ne va pas sans modifier les pesanteurs relatives. La méthode cartésienne donne sans peine le rapport de ces pesanteurs comme chacun peut le vérifier aisément et ce rapport est $\frac{RH}{RK} \cdot \frac{RB}{RD}$ en désignant par RH et RK les distances de R aux verticales DA et BA (fig. 6).

Les petits déplacements des poids D et B, compatibles avec la nouvelle liaison, c'est-à-dire dus à une petite rotation autour de R, sont proportionnels à RD et RB. Ainsi la position du centre d'équilibre R cherché et qui est défini par une égalité de force à deux dimensions (produit de la pesanteur relative par le déplacement très petit correspondant) s'obtient en égalant à l'unité le rapport $\frac{RH}{RK}$, ou encore en prenant pour R le pied de la bissectrice intérieure de l'angle BAD sur le côté BD. Il se trouve que le rapport des pesanteurs relatives, soit $\frac{RB}{RD}$, est encore égal au rapport $\frac{BA}{DA}$ comme dans la première liaison de centre C, ce qui légitime parfaitement les résultats cartésiens. Mais on voit suffisamment la question qui se pose : Descartes a-t-il conscience de la nécessité du raisonnement que nous venons de faire?

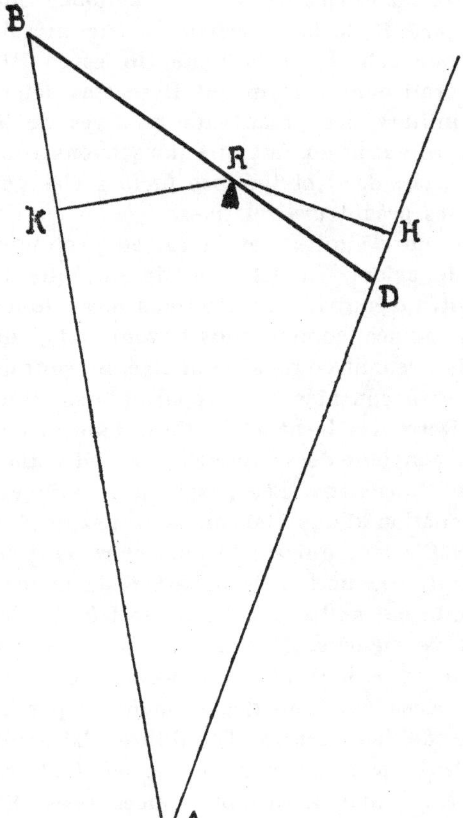

Fig. 6

Voilà, sans aucun doute, une question à laquelle il n'est pas aisé de fournir une réponse. Remarquons cependant que dans le raisonnement correct que nous venons de développer en nous plaçant dans la logique des principes cartésiens, le rapport des pesanteurs relatives n'apparaît comme inverse du rapport des distances au centre de la Terre qu'une fois déterminé le centre d'équilibre cherché R, et ce qui détermine R, c'est une expression du rapport des mêmes pesanteurs relatives dans laquelle n'interviennent nullement les distances BA et DA au centre de la Terre. Or, dans son exposé, Descartes, après avoir démontré que le rapport des pesanteurs relatives dans la première liaison de centre C est le rapport inverse des distances au centre de la terre, annonce que le centre d'équilibre est le pied R de la bissectrice « car on sait assez en géométrie, dit-il, que cela étant la ligne BR est à RD comme AB est à BA ». Il paraît donc certain que Descartes détermine R comme centre d'équilibre des pesanteurs relatives de la première liaison, sans prendre garde au fait que nous avons souligné : à savoir que la recherche de R oblige *ipso facto* à changer la liaison et donc, à priori, les pesanteurs relatives.

Le résultat est le même, en définitive, et la raison profonde, au-delà des concordances de calcul, en est dans le fait que le centre d'équilibre est un centre d'équivalence d'actions mécaniques et qu'une liaison virtuelle, imaginée, comme nous l'avons fait pour les besoins de la cause, en le prenant comme point fixe, ne saurait modifier l'état réel des forces à considérer. Il apparaît bien difficile de pouvoir accorder à Descartes le bénéfice d'une telle vision des choses. Et c'est ici qu'il convient de se rappeler sa distinction des forces à une et à deux dimensions. Les pesanteurs relatives, bien que déterminées en fonction d'une liaison, sont néanmoins des forces à une dimension. C'est ce qui est le plus clair dans la conscience cartésienne alors que la notion de liaison reste malgré tout assez floue, sans explicitation suffisante. Et il est très facile, même à un esprit désireux de rigueur, d'oublier *l'origine* de ces forces pour ne plus regarder que leur *état :* à savoir celui de puissances à une dimension associées à un déplacement perpendiculaire à BD. Le problème de leur centre d'équilibre s'abstrait tout naturellement du contexte pour revenir au cas général du levier droit soumis à ses extrémités à des puissances liées. Et celui-ci se traite aisément puisque les forces à deux dimensions qu'il faut considérer et égaler entre elles sont les produits des puissances par des déplacements proportionnels aux distances au centre de rotation.

L'examen critique de la démonstration cartésienne au sujet de la balance inclinée nous ramène donc au problème qui hante l'esprit des mécaniciens depuis les origines, celui du levier. Vieux problème, problème nouveau. Peu à peu la pesanteur a perdu la place privilégiée qu'elle occupait à titre de force concrète, peu à peu on s'est habitué à côté du levier, engin apte à lever des fardeaux, à considérer le levier, barre d'appui de deux puissances abstraites. Descartes témoigne lui-même, à travers les textes que nous venons d'étudier, de la coexistence de ces deux points de vue. Et pour mettre le couronnement qu'il convient à notre voyage dans la pensée cartésienne, nous ne pouvons mieux faire que de terminer sur un texte fort riche, précisément inspiré par le problème du levier.

« La raison pour laquelle je reprends ceux qui se servent de la vitesse pour expliquer la force du levier et autres semblables, écrit Descartes au P. Mersenne le 2 février 1643, n'est pas que je nie que la même proportion de vitesse ne s'y rencontre toujours, mais pour ce que cette vitesse ne comprend pas la raison pour laquelle la force augmente ou diminue comme fait la quantité de l'espace et qu'il y a plusieurs choses à considérer touchant la vitesse qui ne sont pas aisées à expliquer. Comme pour ce que vous dites qu'une force qui pourra élever un poids de A en F en un moment le pourra aussi élever en un moment de A en G ($AG = 2\ AF$) si elle est doublée, je n'en vois nullement la raison. Et je crois que vous pourrez aisément expérimenter le contraire.... » (5).

On aimerait savoir le genre d'expérimentation auquel pensait Descartes mais on voit bien la difficulté qu'il aperçoit et qui lui donne raison contre Mersenne. Si l'on tient compte du temps et par suite de la manière dont la « force » appliquée réalise dans le temps le déplacement qu'on lui demande, il est à priori impossible d'établir une proportion simple entre force et déplacement, à durée constante. On ne peut engager, au stade de l'élaboration logique où l'on se place, une structure du mouvement que l'on ne connaît pas encore. On ne peut donner des définitions simples (force à deux dimensions) et poser des proportions simples (avec les déplacements) qu'à l'échelon infinitésimal où l'on « saisit » le mouvement dans une durée très courte, une ébauche, où le mouvement n'a pas le temps de changer si l'on peut dire. Mais autant, alors, se contenter de considérer les petits déplacements, sans parler du temps ni des vitesses, puisqu'aussi bien ce sont ces petits déplacements qui donnent « raison » des forces à considérer. En

(5) Edit. Adam-Tannery, III, p. 614.

particulier dans le cas du levier abstrait dont on obtient ainsi la loi dans une perspective logique satisfaisante.

Sans doute les explicitations que nous venons de faire dépassent l'expression même donnée par Descartes à sa pensée, mais elles y sont manifestement sous-jacentes. Comment comprendre autrement son insistance à éliminer le temps et à ne considérer que les mouvements ébauchés, ce que Mersenne ne pouvait se résoudre à prendre à la lettre.

La mécanique cartésienne a ses faiblesses et ses obscurités, mais il nous a paru utile de saisir une occasion nouvelle de montrer à quel point elle est sous-tendue par une méditation positive profonde et une méthodologie dont la valeur mérite d'être mieux connue.

CENTRE DE GRAVITÉ ET ÉQUIVALENCE DYNAMIQUE*
Contribution de Descartes

. . . .

L'histoire que nous poursuivons doit faire une place de choix à une controverse célèbre où le nom de Fermat reste associé. Il s'agit de la querelle de *La Géostatique* (titre de l'ouvrage publié en 1636 par un personnage secondaire, Jean de Beaugrand). Ayant fait savoir au monde savant l'année précédente (1635) qu'il était en possession de la loi de variation du poids en fonction de la distance au centre de la Terre, Beaugrand essayait par sa publication de la justifier. Il nous suffira de relever à cet égard le jugement de Descartes dans une lettre à Mersenne: «Je puis dire en conclusion que tout ce que contient ce livre de Géostatique est si impertinent, si ridicule et si méprisable, que je m'étonne qu'aucun honnête homme ait jamais pris la peine de le lire.»

La loi proposée par Beaugrand est que le poids est proportionnel à la distance au centre de la Terre. Fermat l'adopte curieusement, à l'inverse de Descartes, et dès le mois de mai 1636 cherche à la démontrer de manière satisfaisante. Pour ce faire, il n'hésite pas à appliquer les raisonnements d'Archimède à un levier droit dont le point de suspension serait le centre de la Terre. On ne saurait mieux caractériser la confusion qui règne dans les esprits à la suite de la tradition du XVIe siècle.

Il faut reconnaître à Descartes le mérite de l'avoir compris. Écrivant à Mersenne le 29 juin 1638 au sujet de Beaugrand, il dit en effet d'une manière fort nette: «Je ne saurais deviner autre chose qui lui ait donné occasion d'imaginer ce qu'il propose, sinon qu'il s'est *équivoqué sur le mot de centre* et qu'ayant ouï nommer le centre d'une balance aussi bien que le centre de la Terre, il s'est figuré que ce qui était vrai au regard de l'un devait l'être aussi au regard de l'autre.»

* Université de Paris, *Les Conférences du Palais de la Découverte*, Série D, no.34, p. 11-16 (4décembre 1954).

On a pu parler à propos de la loi de la chute des graves d'une véritable comédie des erreurs. Il faudrait en dire autant de la notion de centre de gravité entre 1635 et 1640.

Le 24 juin 1636, Fermat déclare en effet à Mersenne que toutes les définitions du centre de gravité données par les Anciens gisent à terre, parce que si «l'on excepte la sphère, il n'est aucun corps où l'on puisse trouver un point déterminé tel que ce grave, suspendu par ce point *en dehors du centre de la Terre,* demeure en équilibre indifférent».

Ainsi Fermat reste fidèle à la définition d'Albert de Saxe et conclut à l'impossibilité du centre de gravité au sens de Pappus – sauf pour le plus régulier des corps, la sphère – alors que l'application de la loi de Beaugrand quant à la variation de la pesanteur proportionnellement à la distance au centre de la Terre eût dû le conduire – comme plus tard le P. Saccheri (1708) – à une conclusion contraire.

Le 13 juillet 1638, Descartes, dans une lettre à Mersenne restée célèbre, réfute à la fois Beaugrand et Fermat. Il expose longuement sa conception de la pesanteur, distingue entre pesanteur absolue, qu'il estime pratiquement constante dans un domaine restreint à la surface de la Terre, et pesanteur relative d'un corps soumis à une liaison mécanique et il montre, à travers un raisonnement difficile pour un non-initié mais parfaitement logique, que si l'on incline sur l'horizon les bras d'une balance et si l'on tient compte de la convergence des verticales, les pesanteurs relatives des poids égaux (nous dirions aujourd'hui les réactions des poids sur les plateaux de la balance) sont inégales, inversement proportionnelles aux distances au centre de la Terre, ce qui déplace le centre d'équilibre en fonction de l'inclinaison de la balance. «D'où il suit, ajoute Descartes, que hors de la balance, entre les parties égales d'un même corps, les parties les plus hautes pèsent d'autant moins que les plus basses qu'elles sont plus éloignées du centre de la Terre, de façon que le centre de gravité ne peut être immobile en aucun corps, encore même qu'il soit sphérique.»

Le cas d'exception que Fermat avait cru pouvoir faire pour la sphère est donc contredit par Descartes d'une manière qualitative qui reste recevable. Mais on ne saurait en dire autant des indications relatives à la détermination précise du centre de gravité de la sphère que Descartes prétend ajouter. Après avoir déclaré qu'il effectue une décomposition de la sphère en tranches centrales et symétriques par rapport au centre, après avoir pris beaucoup de soin pour préciser qu'il considère le centre de gravité de l'ensemble de deux tranches symétriques et dans la position où elles se trouvent, il tourne court quant à l'utilisation de cette décomposition pour aboutir au résultat qu'il énonce pour la position du centre de gravité de toute la sphère. «Ce que je ne m'arrête pas à expliquer, dit-il, à cause que ceux qui savent comment on trouve les centres de gravité des figures géométriques le pourront assez entendre d'eux-mêmes.»

Magnifique dérobade, puisque ceux qui savent ce que dit Descartes font des opérations dont la validité se trouve ruinée irrémédiablement par sa découverte. Ces opérations géométriques auxquelles Descartes se réfère sans cesse, elles présupposent en effet que du point de vue de la pesanteur on peut décomposer un corps en parties ou ensemble de parties dont chacune est représentable par un point et ce remplacement par *équivalence* implique l'équilibre indifférent pour la partie ou l'ensemble de parties suspendu par ce point. Or, si Descartes parle encore de centre d'équilibre, il se rencontre avec Fermat pour affirmer que ce centre est toujours fonction d'une position et que la notion d'équilibre indifférent est impossible.

S'aperçut-il de la difficulté? Le 15 novembre 1638, il écrivait à Mersenne pour le prier d'effacer les quelques lignes qu'il avait données sur le centre de gravité de la sphère et il ajoutait: «En effet, je n'avais jamais considéré que le centre de gravité de la sphère fût différent de celui de sa figure et je crois que je commençais à m'endormir lorsque j'écrivis ces lignes.» On aimerait plus de détails sur les motifs d'une rétractation qui aligne en définitive Descartes sur l'avis de Fermat contre lequel il avait pourtant pris la plume. Peut-être ces motifs sont-ils à chercher dans la nécessité d'éliminer le mouvement perpétuel qui ne manquerait pas d'animer une sphère suspendue par son centre, si l'on déniait à ce centre la qualité de centre d'équilibre et d'équilibre indifférent[1]. Mais il est certain que la réflexion de Descartes n'a pas dépassé le stade du cas particulier de la sphère pour remonter à la source du paradoxe qu'il constitue face à son premier résultat relatif à la balance.

Ce résultat est en définitive le seul élément positif qui demeure à l'actif du grand philosophe. Il n'est pas inutile d'en redire ici le contenu. Deux poids égaux étant posés sur les plateaux d'une balance, le centre d'équilibre des deux poids se déplace si l'on incline la balance et si l'on tient compte de la convergence des verticales, et la loi donnée par Descartes pour la détermination de ce centre d'équilibre est exacte. Est-ce suffisant pour affirmer, comme le fait Duhem, que l'exposé de Descartes résume et juge le débat, que la conclusion est désormais claire et certaine et que l'idée d'un centre de gravité invariablement lié à chaque solide est reconnue désormais n'avoir de sens qu'autant que les verticales sont traitées comme parallèles entre elles? Nous ne pensons pas qu'une telle affirmation soit légitime.

1. Il faut remarquer cependant qu'avec le résultat annoncé par Descartes dans sa lettre du 13 juillet 1638 au sujet du centre de gravité de la sphère, le centre géométrique de la sphère ne cesse pas d'être un centre d'équilibre indifférent. Si la sphère est en effet supposée suspendue par son centre, le centre de gravité mobile est toujours situé sur la verticale du point de suspension et au-dessous. Ainsi, l'exemple de la sphère aurait pu enseigner à Descartes, qu'un point peut être centre d'équilibre indifférent sans être pour autant centre de gravité. Mais c'est précisément une telle disjonction qu'il est incapable de faire puisqu'il dit explicitement à Mersenne: «Je n'avais jamais considéré que le centre de gravité de la sphère fût *différent* de celui de sa figure.»

Il y aurait beaucoup à dire sur la manière dont Descartes parvient à son résultat et notamment sur le fait qu'à aucun moment n'émerge dans sa démonstration l'idée de la verticale comme ligne d'action de la pesanteur. Il n'y a pas lieu de s'en étonner puisque le défaut essentiel de la mécanique cartésienne a toujours été un point de vue étroitement quantitatif de la notion de force. Mais on peut juger par là combien il est dangereux d'apprécier les conclusions exactes de ce grand esprit en fonction des conceptions qui nous sont familières. Le langage n'est pas le même, malgré quelques apparences trompeuses. La convergence des verticales vient modifier pour Descartes une construction géométrique, nécessaire pour évaluer ce qu'il appelle la force et qui est ce que nous appelons le travail, elle modifie pour nous le problème de la résultante d'un système de forces vectorielles. Le centre de gravité dont parle Descartes n'est, faute de mieux, qu'un centre d'équilibre particulier et instable, il est pour nous le point d'application d'une équivalence. Et la meilleure preuve que nous aurions tort de projeter sur ce passé d'il y a trois siècles notre pensée d'aujourd'hui, c'est que Descartes se résout à ne pas tenir les deux bouts de la chaîne. Comme s'il était très embarrassé de sa découverte sur la balance inclinée, il souscrit au cas d'exception de la sphère proclamé par Fermat et qui ne cadre pas, cependant, avec cette découverte. En vérité, la conclusion n'est pas claire et certaine comme le voudrait Duhem.

Est-ce à dire que cette histoire laborieuse et difficile ne nous apprend rien ou qu'elle n'a pas un rôle éminent dans l'évolution même du sujet qui nous occupe? Qui ne voit, au contraire, l'importance considérable de ce moment où émerge à la conscience du monde savant le problème d'une existence? Jusque-là on a usé d'une notion confuse, puis on a défini le point nommé centre de gravité et voici qu'on se pose la question de savoir si cette définition n'est pas vide de sens, voici que la pensée s'affronte avec des paradoxes. Jusque-là – et le traité *De Centro baryca* du P. jésuite Guldin, publié en 1635, en apporte confirmation – on n'a pas douté de la détermination unique et précise pour un corps donné du point appelé centre de gravité, on n'a pas éprouvé le besoin d'établir cette unicité, on l'a prise pour postulat de base implicite pour développer ces méthodes géométriques auxquelles Descartes fait allusion et qui sont reçues dans la pratique courante et voici qu'on est amené à douter. Jusque-là on a usé, sans trop savoir pourquoi, de la notion d'équilibre indifférent et voici qu'on s'aperçoit de ce qu'elle suppose, au moins dans le cas particulier d'une balance. Un pas en avant est donc réalisé, et davantage par les questions posées que par les résultats acquis. Ce qui sera plus tard une conclusion claire et certaine ne l'est pas encore; mais une émergence se produit dans sa direction et cela compte.

La preuve en est un écrit du grand géomètre Desargues, daté de 1639, resté inédit jusqu'à la thèse de M. René Taton, et qui a trouvé, sans aucun doute, sa motivation dans la controverse Beaugrand-Fermat-Descartes. L'existence de ce texte était connue par une citation de Beaugrand extraite du dernier paragraphe et relative au centre de gravité de la sphère et par les allusions de Descartes au même sujet. Mais on ignorait complètement le contenu du texte complet jusqu'à la découverte récente. Or, il est très remarquable que le résultat avancé pour la détermination du centre de gravité de la sphère n'est donné par Desargues, sans démonstration d'ailleurs, que pour illustrer une méthode véritablement nouvelle. Le titre : *Atteinte aux événements des contrariétés d'entre les puissances ou forces*, est *a priori* fort ésotérique et la langue dans laquelle est rédigé le développement ne l'est pas moins. Mais avec un peu de patience, le lecteur moderne découvre de quoi il s'agit. Contrairement aux textes antérieurs ou de la même époque sur des sujets analogues, il est fait dès le début abstraction du problème de la pesanteur et la notion de force est présentée dans l'abstrait comme une action caractérisée par une grandeur, une direction et un sens. L'objet principal de l'étude est le système de trois forces parallèles, appliquées à une même tige rigide, tel que l'une des forces «contrarie» les deux autres. Application est faite ensuite au cas où le support de cette dernière force passe par un point fixe, absorbant par sa fixité toute action dirigée contre lui. L'équilibre de tout levier, coudé ou droit, est ainsi traité d'une manière entièrement nouvelle. Il faudrait peu de chose, simplement la considération de la force directement opposée à la force «contrariante», pour déboucher sur le point de vue de l'équivalence et l'on sent bien que Desargues possède la notion de résultante de deux forces parallèles, équivalente à leur ensemble, mais qu'il est encore prisonnier de la pensée de l'équilibre et que son langage reste insuffisant. Très honnêtement, il conclut : «La nature du point qu'on nomme centre de gravité n'est pas si nettement évidente ou expliquée pour en faire une partie de science qu'il ne la faille bien mieux et connaître et expliquer.» Conclusion qui recueille l'approbation de Descartes : «Vous mettez à la fin de vos corrections un mot qui montre que vous voyez ce qu'il en est» (19 juin 1639, Lettre à Desargues).

Ainsi la controverse de *La Géostatique* se termine sur l'aveu d'une difficulté essentielle, mais grâce aux réflexions provoquées par Descartes chez un esprit aussi neuf et puissant que Desargues la voie est ouverte sans aucun doute pour l'élaboration d'une solution. L'obstacle réside encore dans un vocabulaire étroitement lié à la pensée de l'équilibre.

Faudrait-il reconnaître à Descartes lui-même le mérite d'avoir franchi cet obstacle ? Peut-être, si l'on en croit des textes de mars 1646. Écrivant à Cavendish au sujet du centre d'oscillation des corps pesants, Descartes propose une méthode que nous avons longuement étudiée dans un article consacré à cette importante question, et se base dès le début sur une analogie dont le premier terme nous intéresse seul ici. Le plus naturellement du monde et comme si la chose ne souffrait aucune difficulté, Descartes parle du centre de gravité des corps pesants comme d'un point bien déterminé, qui se meut *comme s'il était seul* et que «toutes les autres parties du corps dont il est le centre fussent ôtées». On ne peut manquer d'être étonné, c'est le moins que l'on puisse dire, par une telle déclaration. Par quel cheminement et sous quelles influences Descartes est-il parvenu, dans l'espace de quelques années, à une position aussi avancée? Il n'est pas possible de l'établir, faute de documents. On ne peut que constater. En 1646, sept ans après la controverse de *La Géostatique,* Descartes conçoit dans sa conscience claire que le centre de gravité est un point support d'équivalence dynamique dans le champ de la pesanteur. D'un seul coup, deux étapes ont été ainsi franchies: en se libérant du point de vue étroit de l'équilibre, une équivalence a été signifiée comme valable pour toute question de mouvement ou de repos. On aimerait évidemment savoir si cette conception nouvelle, dont nous voyons bien, à notre point de vue, comment elle pouvait permettre une théorie satisfaisante du centre de gravité, a été effectivement mise en œuvre par Descartes dans ce sens. Mais là encore, les documents font défaut.

Les textes sont rares, d'ailleurs, sur la question qui nous occupe. Les comptes rendus inédits des premières réunions de l'Académie Royale des Sciences en fournissent quelques-uns qui valent la peine d'être notés. Le 27 avril 1667, Roberval présente à l'Académie un cahier qu'il dit avoir composé depuis longtemps «pour démontrer l'existence du centre de gravité qu'il appelle centre de vertu et que les auteurs supposent par forme de postulat». Le souci d'une démonstration d'existence est donc parvenu à ce moment à la conscience claire et si la démonstration de Roberval ne vaut pas grand-chose, il reste qu'elle est sous-tendue par l'idée de composition de forces et de substitution à plusieurs forces d'une force équivalente. Le nom de centre de «vertu» correspond à la même idée que celle de Descartes en 1646, mais avec un progrès certain puisqu'elle s'accompagne d'un essai de justification. Le 8 février 1668, Roberval examine devant ses collègues les 6e et 7e propositions du Traité *De Æquiponderantibus* d'Archimède. Il remarque d'abord qu'Archimède conclut *autrement* qu'il n'énonce; «il énonce de l'équilibre et il conclut du centre de gravité. Ce qui pourtant est équivalent». Cette dernière remarque est-elle de Roberval ou de l'auteur du compte rendu? On aimerait le savoir, car la distinction claire de la nature des deux questions de l'équilibre et du centre de gravité est au fond du débat, mais le compte rendu de séance comporte à la suite de notre citation une demi-page blanche. Roberval a-t-il été si difficile à saisir que le rédacteur a abandonné la partie? Heureusement la suite nous donne encore un élément positif: «[Roberval] a remarqué aussi qu'Archimède prend pour principe tacite que si une balance est chargée des deux côtés de tant de poids égaux qu'on voudra également distants l'un de l'autre... et si on assemble deux de ces poids en un même point qui soit le centre de gravité commun des deux, l'équilibre subsistera toujours. Ce que l'expérience confirme. Ainsi, il [Archimède] prend pour postulat une expérience constante, ce qui est rare en mécanique. M. de Roberval a donné une autre démonstration.» Roberval a donc reproché à Archimède d'avoir usé d'un principe *tacite* non logiquement établi, et qui consiste à admettre l'équivalence de deux poids égaux avec un poids double placé au milieu. Une fois de plus, constatons que la notion d'équivalence, essentielle à l'élaboration d'une théorie correcte du centre de gravité, est désormais explicitement reconnue. La crise de 1635-1640 a porté des fruits à moins de trente ans de distance.

. . . .

La roue d'Aristote et les critiques françaises à l'argument de Galilée *

Le paradoxe de la roue d'Aristote a déjà donné lieu à trop de savants débats pour qu'il soit opportun d'en faire en lui-même la substance d'une nouvelle étude. L'attention que Galilée a accordée à ce magnifique objet de controverse, dans la première journée des *Discorsi* (1), lui a permis de survivre jusqu'à nos jours. Mais tandis que les philosophes savent gré à Galilée d'avoir illustré par cet exemple remarquable le danger des notions intuitives et nourri leur méditation des fondements de la mathématique infinitiste, les scientifiques consentent rarement à prendre au sérieux un sujet si élémentaire à leurs yeux. Les uns et les autres, attentifs à l'essentiel, c'est-à-dire pressés de formuler un verdict, négligent l'histoire et l'étude patiente des textes. C'est sur ce terrain modeste et non envié que se situe notre propos.

Qu'il nous soit permis d'abord de rappeler de quoi il s'agit. Deux cercles concentriques de rayons différents, dont l'un entraîne

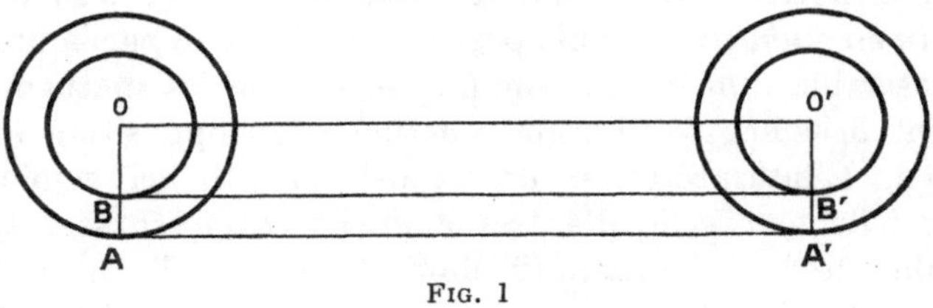

FIG. 1

l'autre en roulant sur une droite, parcourent, rapporté à cette droite, le même chemin. L'un et l'autre achèvent un tour complet en même temps (fig. 1). Le paradoxe consiste, de l'évidence de ce même chemin, à conclure à l'égalité des circonférences, c'est-à-dire à un résultat aussi choquant que les arguments de Zénon d'Élée, et non moins inadmissible pour le savant que pour l'homme de bon

(1) Discorsi e dimostrazioni mathematiche intorno a duo nuove scienze, Giornata prima, *Le Opere di Galileo Galilei*, ed. naz., vol. VIII, pp. 67 sq.

* *Revue d'histoire des sciences et de leurs applications*, t. XVII, 1964, p.385-396.

sens. On s'abuserait en oubliant cette vérité élémentaire. Tout paradoxe n'est que signe.

Mais de quoi ? Il n'est pas toujours facile de le déterminer. C'est sur la signification que les esprits se divisent et que leur division est instructive. Ainsi en a-t-il été, en 1636-38, pour les savants français devant l'expression de la pensée de Galilée et notre but est de tirer profit de cette contradiction.

Sans doute n'est-il pas inutile de commencer par se demander si la pensée galiléenne diffusée par la publication des *Discorsi* à Leyde en 1638 est parfaitement claire. La réponse est facilitée par la remarquable étude du regretté Paul-Henri Michel dans le volume II des *Mélanges Koyré* qui viennent de paraître (1). Cette étude a le mérite d'attirer l'attention sur la difficulté de traduction d'une expression fréquente sous la plume de Galilée : *in parti quante*, *in parti non quante*. Elle est toujours appliquée à la division imaginée dans une extension quelconque pour exprimer sa composition. Paul-Henri Michel suggère que le caractère quantitatif tombe sur l'ensemble des parties et non sur chacune d'elles dans le cas de la première division, et nous entendons bien avec lui qu'une composition *in parti quante* vise un nombre fini d'éléments composants, tandis que la négation signifie la contradictoire. Mais il en résulte pour l'auteur cité que Galilée admet, sans s'en apercevoir et sans le dire, la notion d'infini donné. Imaginer une extension divisée *in parti non quante* ne semble possible en effet que par la possession d'un ensemble numérique non fini — ce que les mathématiciens préfèrent désigner par l'infini « actuel », en opposition à l'infini potentiel. L'interprétation de Paul-Henri Michel rejoint ainsi substantiellement celle d'autres éminents commentateurs, et en particulier de J. E. Drabkin (2) dont C. de Waard a utilisé correctement l'intention dans un éclaircissement du récent tome VIII de la *Correspondance de Mersenne* (3), relativement à la controverse dont nous nous occupons ici.

Le passage d'une division *in parti quante* à une division *in parti non quante* fait en effet l'objet d'une utilisation suggestive de la part de Galilée à propos de la roue d'Aristote. Il considère deux

(1) P.-H. Michel, Les notions de continu et de discontinu dans les systèmes de Bruno et de Galilée, in *L'Aventure de l'esprit. Mélanges Koyré*, vol. II, pp. 346-359.

(2) J. E. Drabkin, Aristotle's wheel ; notes on the history of a paradox, in *Osiris*, *IX*, 1950, pp. 161-198.

(3) *Correspondance du P. Marin Mersenne, religieux minime*, t. VIII, 1963, p. 31.

polygones réguliers, de même nombre n de côtés, inscrits dans les deux cercles et dont les sommets se correspondent par alignement sur le centre commun. Si le grand polygone, par exemple, développe son périmètre sur une droite par rotations successives autour des sommets successivement rabattus, le petit polygone développe égalemenι son périmètre sur une droite parallèle, mais avec autant de sauts — et donc d'intervalles vides — qu'il y a de côtés.

La différence des deux développements complets est exactement égale à un de ces intervalles vides. Lorsque le nombre n augmente indéfiniment et que les polygones tendent à se confondre avec les cercles, les côtés des deux polygones décroissent indéfiniment

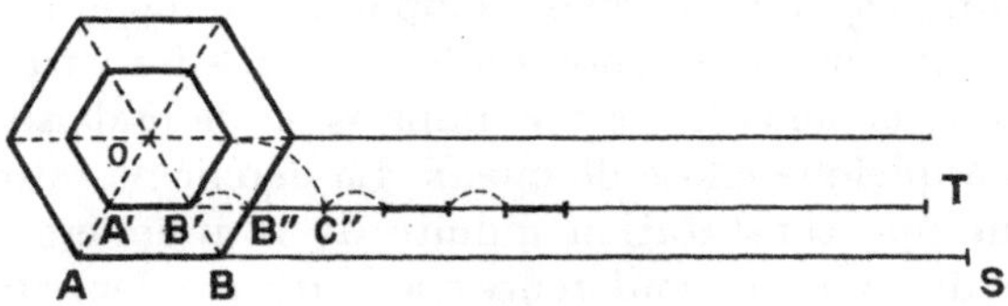

Fig. 2

ainsi que la dimension des sauts ci-dessus envisagés dans le déplacement du petit polygone, et la différence des deux développements tend vers zéro. Le seul moyen d'échapper à l'absurde conclusion que les périmètres des cercles sont égaux consiste à remarquer que le développement du petit cercle comporte une infinité de sauts eux-mêmes infiniment petits.

S'exprimant en un langage plus moderne et s'appuyant sur l'étude de J. E. Drabkin, C. de Waard dit que Galilée remarque que « l'ensemble des points contenus dans la tangente horizontale au cercle plus petit » lors du roulement « semble moins compact que dans la tangente au cercle plus grand », et il ajoute : « il examine alors si un nombre infini de vides peut exister dans une extension finie ».

Cette explication a pour elle d'être conforme à la déclaration même de Salviati, le porte-parole de Galilée, déclaration qui ouvre très précisément le débat sur le paradoxe de la roue d'Aristote (1). Et il semble *a priori* impossible de mettre en doute son bien-fondé. L'examen attentif des interventions de Salviati ne permet pas cependant de se reposer sur cet *a priori*.

Sagredo ayant en effet suggéré que « les points de la petite

(1) *Le Opere di Galileo Galilei*, ed. naz., vol. VIII, p. 68, l. 3.

circonférence vont en se traînant sur les parties de la droite tangente tirés qu'ils sont par le mouvement de la grande circonférence » (1), c'est l'occasion pour Salviati de donner les raisons qu'il a de rejeter pour la solution du paradoxe ce *deus ex machina* qu'est le glissement et que plus d'un moderne ne répudierait pas. Mais les raisons de Salviati sont bien inégales.

La première est qu'il n'est pas concevable que l'on puisse distinguer entre les contacts du petit cercle avec sa tangente horizontale sur laquelle il roule, comme si certains de ces contacts devaient donner lieu à une traînée et pas les autres. Or, si l'on doit les prendre tous également, les « traînées » devraient être ainsi en nombre infini, et, comme telles, composer une ligne infinie. Ce qui n'est pas. L'argument suppose, on le voit, que les « traînées » sont quantitatives, et nous laisse une impression de malaise. Il conduit cependant à quelque chose de mieux. La deuxième raison s'appuie en effet sur une constatation induite de la première. Les points de contact des deux circonférences se correspondent un à un à la fois par alignement sur le centre commun et sur une perpendiculaire commune aux deux tangentes. Il est non seulement impossible de distinguer deux catégories entre les points de contact de la petite circonférence avec la tangente sur laquelle elle roule, mais encore la correspondance parfaite qui vient d'être soulignée entre les points des deux circonférences montre qu'il y a à la fois autant de points sur ces deux circonférences que sur les deux segments égaux de tangentes parallèles. Le paradoxe est donc exprimé en des termes qui ne laissent aucune échappatoire. Il faut décider si le dénombrement *in parti non quante* fixe ou non une extension déterminée.

Que ce soit là la question fondamentale, Salviati le dit nettement. « E qui voglio che notiate, come risolvendo e dividendo una linea in parti quante, e per consequenza numerate, non è possibile disporle in una estensione maggiore di quella che occupavan mentre stavano continuate e congiunte senza l'interposizione d'altrettanti spazii vacui ; ma imaginandola risoluta in parti non quante, cioé né suoi infiniti indivisibili, la possiamo concepire distratta in immenso senza l'interposizione di spazii quanti vacui, ma si bene d'infiniti indivisibili vacui » (2).

(1) *Op. cit.*, VIII, p. 70 dern. alinéa.
(2) *Op. cit.*, VIII, pp. 71-72.

Il y a donc une différence essentielle entre la résolution *in parti quante* et la résolution *que l'on peut imaginer in parti non quante.* La première qui porte sur un dénombrement fini conduit à des éléments eux-mêmes finis et elle ne permet pas *d'étendre* la composition sans l'interposition d'autant de « vides » qu'il y a d'éléments. La seconde résolution, encore qu'*imaginative*, permet au contraire de concevoir l'extension à volonté, comme avec un caoutchouc. Jusque-là la traduction ne souffre aucune difficulté. Il n'en est plus ainsi, hélas, pour la fin de cette phrase cruciale. La possibilité de concevoir l'extension à volonté est en effet affirmée « senza l'interposizione di spazii quanti vacui, ma si bene d'infiniti indivisibili vacui ». On voudrait pouvoir traduire que la dite possibilité est ouverte sans aucune interposition de vides, de quelque espèce qu'ils soient, quantifiés ou non. Comme on serait incliné à le faire en suivant l'opposition amorcée entre les deux « résolutions ».

Malheureusement, dans le texte qui fait suite, les explications que donne Salviati pour généraliser ce qu'il vient de dire au cas des surfaces et des volumes ne favorisent nullement une telle interprétation. Le *ma si bene* n'est pas une simple apposition aux *spazii quanti vacui* et le contexte exige que l'absence de nécessité de l'interposition tombe seulement sur ces vides « quantifiés ». Elle n'affecte pas les *infiniti indivisibili vacui*, lesquels en définitive sont donc doués de l'élasticité qui semble refusée aux indivisibles qui composent la résolution *in parti non quante.* Et Salviati ne repousse pas le débat que Sagredo et Simplicio orientent sur le « vide » et sur les atomes de Démocrite.

Que conclure, sinon qu'il s'en est fallu de peu pour que Galilée adopte une explication très heureuse et ne manque pas un tournant fort important pour la notion d'infiniment petit sans dimensions, pour faire table rase des ambiguïtés de la notion d'indivisible. Nous avons assez relevé combien, dans son exposé, l'infini potentiel préside à la démarche pour ne pas être obligés de nous inscrire ici en faux contre les raisons couramment admises de son échec. L'obstacle qui a fait dévier Galilée, ce n'est pas l'infini actuel, c'est l'impossibilité de se dégager de l'imagination des « vides » et d'abandonner ces composants commodes pour la structure de l'étendue. On l'accordera aisément : il fallait, pour le lire, beaucoup de patience et d'attention.

Il est temps d'en venir à l'histoire et à l'accueil du milieu français. Galilée n'avait certainement pas attendu la publication des

Discorsi pour en faire connaître la substance. Mersenne était au courant de ses projets dès le 1er juillet 1635 (1) et Louis Elzévir, à destination de l'Italie, était passé par Paris fin juin (2). Diodati avait prévenu Galilée le 10 juillet de la visite de l'éditeur hollandais, destinée à préparer l'impression (3). Parti de Venise fin août 1636, ce même éditeur s'arrêtait encore à Paris avant de rentrer à Leyde au début de 1637 (4). Et dans une lettre à Doni — aujourd'hui perdue et dont le contenu ne nous est connu que par les lettres de Magiotti à Galilée du 25 avril et du 16 mai 1637 (5) — Mersenne se vantait d'avoir vu le manuscrit confié à Elzévir. Ce n'est évidemment pas cette circonstance qui a pu attirer l'attention du Minime sur le problème de la roue d'Aristote ; conjointement au problème de la cycloïde, il s'y intéressait depuis longtemps, et depuis 1628 il sollicitait Roberval à ce propos. Il avait publié en 1634, d'après un manuscrit italien (6), les *Méchaniques de Galilée*, dont tous les exemplaires connus comportent une « Préface au lecteur » où la roue d'Aristote tient une place de choix. *A priori* la seule question qui semble devoir se poser est de savoir si Mersenne a appris quelque chose de nouveau à ce sujet en lisant le manuscrit de Galilée à l'automne 1636.

Une telle question n'est simple qu'en apparence. D'une part, en effet, il est impossible de déterminer ce que Mersenne savait de Galilée sur ce point particulier, en 1634. D'autre part, lorsqu'il s'agit d'une publication de Mersenne, on sait avec quelle prudence il convient d'appliquer les dates imprimées sur les volumes à l'ensemble de leur contenu. Les imprimeurs n'étaient pas toujours à l'heure et ils avaient affaire à un auteur en mal de perpétuels remaniements. On ne peut pas sur la simple estampille de 1634 décider que la Préface au lecteur des *Méchaniques de Galilée* livre une pensée de Mersenne exempte de toute influence du contenu des *Discorsi*.

Une donnée précise permet cependant d'éclairer les incertitudes de l'érudition. Ce n'est que le 10 avril 1635 que Diodati, écrivant à Galilée de Paris, lui signale la « traduction » des *Mécha-*

(1) Lettre de Mersenne à Peiresc, Paris, 1er juillet 1635, *Correspondance*, V, p. 270.
(2) Lettre de Roberto Galilei à Galilée, Lyon, 25 juin 1635, G. Galilei, XVI, p. 285.
(3) *Ibid.*, XVI, p. 294.
(4) *Ibid.*, XVI, p. 514 ; XVII, p. 45.
(5) *Ibid.*, XVII, p. 63-64, p. 80-81. *Correspondance du P. Mersenne*, VI, p. 243, p. 255.
(6) Lettre de Diodati à Galilée, 10 avril 1635, *Correspondance du P. Mersenne*, V, p. 132.

niques par Mersenne et lui en adresse un exemplaire (1). Le 12 mars il ne faisait allusion qu'à la paraphrase des deux premiers dialogues de Galilée donnée par Mersenne dans ses *Questions théologiques, physiques*... On a donc de sérieuses raisons de penser que la sortie en librairie des *Méchaniques de Galilée* se situe à Paris fin mars 1635. Et l'on n'a pas de raison de douter que l'ouvrage comportait sa Préface au lecteur.

Ce que dit Mersenne, dans cette Préface, au sujet de la roue d'Aristote, concerne une explication mécanique par la contraction ou la dilatation que procure le glissement, sur la tangente, du cercle entraîné par le mouvement de l'autre. Il est difficile de ne pas voir, derrière cette explication sans référence, le profil de Roberval ; conformément au contenu de sa lettre du 6 janvier 1637 et aux données de sa lettre à Fermat de 1640 (2). D'après ce dernier document, c'est en effet en 1634-35 que Roberval trouva la construction et la véritable forme de la cycloïde en même temps que sa méthode mécanique pour la construction des tangentes, peu de temps après avoir été sollicité à nouveau par Mersenne de s'intéresser à la fameuse courbe (fin 1633-1634). Si Roberval attendit en fait le début de 1637 pour éclairer Mersenne sur ses solutions mécaniques, il est vraisemblable qu'il avait laissé entendre quelque chose de leur principe. De telle sorte que la critique faite par Mersenne dans sa Préface des *Méchaniques de Galilée* nous paraît viser davantage Roberval que Galilée lui-même. Cela ne signifie pas, bien entendu, qu'en parlant comme il le fait, Mersenne ne fasse pas allusion à une connaissance vague et générale qu'il aurait pu avoir par quelque voie des positions de Galilée ; mais il y a des degrés dans la conjecture et même si cette dernière ne peut être écartée, elle ne peut aller au-delà de ce que nous venons d'exprimer, elle se limite à l'hypothèse d'une information sans consistance par rapport à Galilée, tandis que l'information de Mersenne concernant Roberval n'a pas de raison d'être aussi minorée.

Quoi qu'il en soit de ce débat subtil, il est sûr que c'est Galilée qui a eu en main la publication de Mersenne, en mai 1635, tandis que ce dernier n'eut accès à la lecture du manuscrit des *Discorsi* qu'un an et demi plus tard. Et dans ces conditions il faut se demander s'il n'y avait pas dans la Préface au lecteur quelque

(1) Document cité à la note précédente.

(2) *Correspondance du P. Mersenne*, VI, pp. 167-177 ; *Œuvres de Fermat*, II, pp. 200-201.

élément susceptible d'influencer Galilée au moment où il s'apprêtait à traiter avec Elzévir de sa propre publication future. Or cet élément est évident. Critiquant l'explication mécanique, Mersenne insiste sur le fait que le cercle entraîné dans la composition de deux mouvements (translation et rotation) ne touche jamais la tangente horizontale, sur laquelle il roule, qu'en un seul point. Il suffit de rapprocher cela de la critique de Salviati à l'argument de Sagredo — dont nous avons détaillé plus haut les deux parties — pour se convaincre qu'il y a possibilité d'une influence d'un texte sur l'autre. Galilée a fait place, en d'autres occasions, aux arguments de son sincère — mais quelque peu pusillanime — défenseur français.

La lecture du manuscrit des *Discorsi* a-t-elle apporté du nouveau à Mersenne concernant le paradoxe de la roue d'Aristote ? C'est la question que nous posions et à laquelle nous pouvons revenir malgré les incertitudes qui demeurent sur les points ci-dessus soulevés. Ici encore il faut tenir fermement les données sûres. Le 10 août 1638 Fermat écrit à Mersenne : « En relisant une de vos lettres, j'ai trouvé que vous me demandiez ma pensée sur la Question 25 des *Méchaniques* d'Aristote. Si vous cherchez parmi vos papiers, vous trouverez que je vous l'ai envoyée, il y a longtemps, tout au long » (1). Or le 15 novembre de la même année, Descartes déclarait à Mersenne « ... je n'ai point ici d'Aristote pour y voir la question que M. Fermat dit que Galilée n'a point entendue » (2). Entre temps Mersenne avait donc retrouvé le papier de Fermat « envoyé il y a longtemps » et ce papier critiquait Galilée. Une autre donnée sûre, encore qu'elle ne mentionne pas le savant italien, est la lettre déjà mentionnée de Roberval à Mersenne du 6 janvier 1637. Pour que Roberval dévoile sa méthode, il fallait non seulement que le souci de sa candidature à la chaire de Ramus au Collège de France se trouve détendu, il fallait aussi un motif impérieux, et de la part de Mersenne une sollicitation plus pressante.

Il nous paraît donc évident que la lecture du manuscrit des *Discorsi* a relancé l'ardeur de Mersenne quant à la solution du paradoxe qui nous occupe et qu'il a aussitôt essayé d'avoir les avis de Roberval et de Fermat. Nous n'avons pas, hélas, sur ce dernier, d'autre donnée que le résumé laconique conservé grâce à la lettre de Descartes ci-dessus citée, nous ne savons pas non plus sur quel

(1) *Correspondance du P. Mersenne*, VIII, p. 30.
(2) *Ibid.*, VIII, p. 200.

document (transmis par Mersenne ou obtenu par une autre voie) Fermat a porté ce jugement sommaire. Nous n'avons pas les réactions personnelles de Mersenne durant cette période où il cherche à s'informer avant de prendre parti. Mais il est certain que le mot : « Galilée n'a pas entendu la question », résume une impression durable pour le milieu français.

Ce que nous avons appelé contradiction, en commençant cette étude, prend un contenu plus substantiel avec la correspondance de Mersenne de l'année 1638 lorsque la publication des *Discorsi* à Leyde est venue donner matière à un examen positif de la pensée galiléenne. Le document central qui retiendra ici notre attention est la lettre de Descartes à Mersenne du 11 octobre 1638. Le 29 juin, Descartes lui avait promis d'acheter le livre dès qu'il serait en vente et d'envoyer « son exemplaire apostillé, s'il en vaut la peine, ou du moins ses observations » (1). Ce sont ces dernières que contient la lettre du 11 octobre, méthodiquement présentées page par page, ce qui correspond à une lecture des plus sérieuses.

Il nous paraît nécessaire de citer l'essentiel de ce qui vient à notre propos. « P. 19 : Il examine (dit Descartes) la colle qu'il ajoute avec le vide pour la liaison des parties des corps et il l'attribue à d'autres petits vides qui ne sont nullement imaginables. Et ce qu'il dit pour prouver ces petits vides est un sophisme, car l'hexagone qu'il propose ne laisse rien de vide en l'espace par où il passe, mais chacune de ses parties se meut d'un mouvement continu, lequel décrivant des lignes courbes qui remplissent tout un espace on ne doit pas les considérer comme il fait, en une seule ligne droite. »

Les commentateurs ont généralement compris que Descartes proposait de fixer l'attention sur un côté déterminé du polygone en mouvement et de le suivre dans le déplacement continu au cours duquel il balaie une bande du plan. Selon cette interprétation, lorsqu'on passe du polygone au cercle, il faut considérer un point de la circonférence et sa trajectoire cycloïdale, et l'on n'hésite pas à faire appel à la rectification de cette trajectoire par le calcul intégral pour justifier ce que l'on croît devoir conserver de l'argument cartésien. Nous pensons que celui-ci est ainsi gravement méconnu.

Bien que le texte que nous venons de citer ne soit pas très clair, il est cependant manifeste, par la dernière phrase, que Descartes vise le dépôt successif des éléments composants du périmètre sur

(1) *Op. cit.*, VII, p. 314, l. 524-530.

la même horizontale — car c'est par ce dépôt successif que Galilée « considère » les éléments « en une seule ligne droite », laquelle est alors constituée par un trait discontinu, en pointillé. Il n'y a pas de tracé discontinu si l'on suit deux éléments contigus du périmètre dans le déplacement qui va seulement du dépôt du premier de ces éléments au dépôt du second. Et le développement complet du périmètre apparaît sous la forme d'une bande composée d'arceaux (fig. 3). Lorsque le côté du polygone devient de plus en plus petit, l'épaisseur de la bande fait de même et la bande se resserre sur le segment de droite, mais sans jamais se confondre avec lui. Les mathématiciens connaissent bien aujourd'hui ce genre de phénomène et s'il est difficile d'en accorder à Descartes la conscience

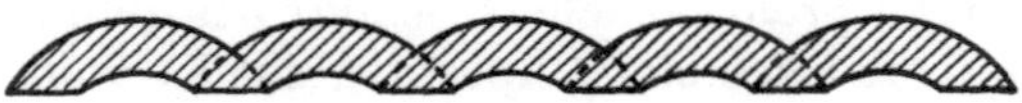

Fig. 3

claire, il nous paraît néanmoins impossible de ne pas admettre que l'expression que nous venons d'en donner est substantiellement homogène à sa pensée. Celle-ci est suffisamment explicite, dans ce passage même, en ce qui concerne la condamnation des « vides » imaginés par Galilée comme « colle entre les parties des corps » pour qu'il n'y ait pas de doute sur le but poursuivi : refuser au trait pointillé tracé sur l'horizontale le caractère de développement du périmètre en mouvement.

Mais si la remarque de Descartes est de ce fait particulièrement intéressante à l'égard des suggestions de Sagredo, relatives à l'explication par la « traînée », elle porte complètement à faux en ce qui concerne l'argument principal de Salviati. Nous ne craignons pas de répéter ici que l'essentiel de cet argument consiste dans la correspondance biunivoque (ou bijective) entre les points des deux cercles et les points des deux segments rectilignes parallèles et égaux, correspondance qui égalise la « quantification » des quatre ensembles. Voilà ce que Descartes n'a pas vu, pressé qu'il était de combattre contre le vide et de dénoncer un sophisme, en même temps qu'il oubliait de dire, d'ailleurs, si son argument avait une valeur au delà de la polémique, pour tirer une leçon du paradoxe.

Doit-on s'en tenir là ? Il ne nous le semble pas. Pour nous qui méditons sur ces textes à plus de trois siècles de distance, l'argument galiléen suggère un énoncé plus frappant. A savoir que si l'on conçoit les circonférences « résolues » en une infinité d'éléments composants *(in parti non quante)* — et comment pourrait-on faire autrement pour vaincre un très vieil obstacle et comparer le courbe avec le rectiligne — la notion de puissance d'un ensemble infini est insuffisante pour définir un procédé sûr de rectification et pour fonder une métrique. Cette insuffisance est radicale, elle subsiste même si l'on reconnaît que la puissance considérée n'est pas celle du dénombrable, mais celle du continu. A la lumière de cette explicitation moderne, il est impossible de ne pas accorder à Galilée et à Descartes quelque pressentiment confus de ce qui fait à nos yeux le fond du débat. Ce n'est pas tout à fait par hasard, en effet, que Galilée a tourné court, nous l'avons vu, devant l'extension indéterminée d'un segment, à la manière d'un caoutchouc. Et si le complément nécessaire de principes qu'il a demandé aux « vides » constitue le point faible de son système, Descartes n'a pas manqué de flair en l'attaquant précisément sur cette « colle imaginée pour la liaison des parties des corps ».

Dans la perspective où nous sommes ici engagés, il convient de dire quelques mots d'un autre paradoxe illustré par Salviati dans la suite des *Discorsi*. De l'équivalence constante entre un petit cercle et une couronne circulaire dont les épaisseurs s'évanouissent en même temps, ce paradoxe consiste à déduire qu'un point est *égal* à une circonférence (fig. 4). « P. 28 : C'est aussi un sophisme, dit Descartes, que son argument pour prouver qu'un point est égal à une ligne ou à une superficie. Car *in forma* on ne peut conclure, sinon que la ligne ou superficie n'est pas un plus grand corps solide que le point, et non qu'elle n'est pas plus grande absolument » (1). Ici encore Descartes a été généralement mal compris. Pour comprendre Descartes parlant de « l'absolu », il faut se reporter à la VIe des *Regulae ad directionem ingenii* : l'absolu des *mensurabilia*, c'est la longueur. Il y a donc bien sophisme à négliger les conditions implicitement imposées par les énoncés dans des affirmations qui ne sont correctes que si on respecte la forme. La forme juridique, qui exige pour le jugement l'homogénéité des requérants. Il est possible qu'*in forma*, dans l'exemple choisi, la ligne ou la superficie ne soient pas un plus grand corps solide que le point — le point considéré comme élément de ligne ou de surface — mais si l'on entend ensuite le « point » sans égard aux dimensions du domaine géométrique où l'on se place, on raisonne faussement.

(1) *Œuvres de Descartes*, éd. ADAM-TANNERY, X, p. 381, l. 22-25 ; p. 382, l. 25-30.

Il est temps de conclure. On pouvait *a-priori* penser que la rencontre de Descartes nous apprendrait beaucoup. Cette attente n'a pas été déçue. La contradiction du milieu français à la pensée galiléenne a mieux fait ressortir pour nous — à travers le mélange des incompréhensions et des justes remarques — de quoi le paradoxe de la roue d'Aristote parvenait à être le signe grâce à Galilée. Instruit par ses correspondants, Mersenne en apportait le témoignage dans la publication de ses *Nouvelles Pensées de Galilée* en 1639.

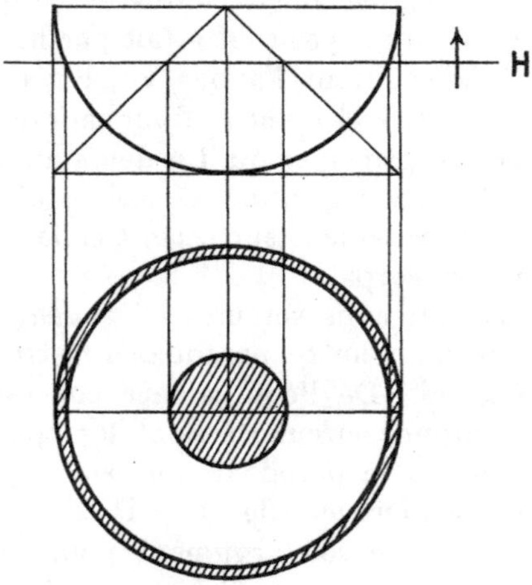

FIG. 4

« Tous, disait-il, sont contraints d'avouer que l'indivisible et l'infini engloutissent tellement l'esprit humain qu'il ne sait quasi plus à quoi se résoudre lorsqu'il les contemple ; car il s'ensuit de la spéculation de Galilée que la ligne est composée d'indivisibles ce qui le contraint de dire que nul nombre fini de points ne peut faire aucune ligne quantitative, mais qu'il en faut un nombre infini ; d'où il s'ensuit que toutes les lignes sont égales, ou plutôt qu'en les considérant toutes composées d'une infinité de points, il n'y a ni égal, ni plus ou moins grand dans l'infini » (1)... Ainsi, de la controverse, quelque peu brumeuse, jaillissait bien déjà une lumière. Une lumière que nous avons essayé d'affermir et dont le lecteur aura senti lui-même combien les risques de la perdre ont été grands.

(1) *Les Nouvelles Pensées de Galilée*, Paris, 1639, pp. 22-23.

Descartes et la racine cubique des nombres binômes*

Propos sur un document retrouvé concernant le dernier acte de la controverse Stampioen-Waessenaer

La Bibliothèque municipale de Toulouse a récemment acquis un registre manuscrit en provenance d'Italie, dont l'importance justifie l'analyse et l'inventaire que nous donnons par ailleurs (1), et dans lequel figure, à côté d'une copie de la lettre de Descartes à Mersenne du 5 octobre 1637, un texte intitulé : « Invention de la racine cubique des nombres binômes. »

Lors de l'examen rapide qui nous avait été demandé avant l'acquisition du registre, nous avions été frappé à la fois par la différence évidente entre le début et la fin de ce texte, et par la facture cartésienne de cette dernière partie. La possibilité de revenir à loisir sur cet étrange document nous a permis de résoudre son énigme et nous a conduit à quelques remarques qui nous paraissent utiles, concernant la mathématique de Descartes.

Le document illustre la phase ultime du débat engagé en 1639 entre Stampioen et Waessenaer, celui-ci agissant pour le compte de Descartes. Il se compose de deux parties, appartenant toutes deux à la correspondance de Descartes avec Mersenne. La seconde était connue par un passage de la lettre du 30 septembre 1640 (2). La première, qui s'identifie aisément grâce à la concordance entre son paragraphe principal et la lettre de Descartes à Waessenaer du 1er février 1640 (3), restitue le contenu de l'envoi fait par Descartes à Mersenne le 6 août 1640 (4), et constitue très

(1) *Cf. infra*, p. 155, Documentation : « Un registre de manuscrits témoin de l'activité de Mersenne en Italie en 1645 » : référence à la *Revue d'histoire des sciences.*

(2) Publié d'après l'autographe dans *Œuvres complètes* de René DESCARTES, éd. Adam-Tannery (désignées ci-dessous par A. T.), t. III, p. 183-193.

(3) *Ibid.*, A.T., t. III, p. 21-28.

(4) *Ibid.*, A.T., t. III, p. 142-149.

* *Revue d'histoire des sciences et de leurs applications*, t. XXII, 1969, p. 97-116.

vraisemblablement le n° 74 du Classement Dom Poirier, considéré jusqu'ici comme perdu (1).

Avant toute étude justificative et tout commentaire, il importe évidemment de mettre sous les yeux du lecteur l'objet qui les motive, et nous transcrivons le document comme il convient, en respectant son orthographe et ses notations. Nous faisons figurer en note tous les éléments de critique externe, y compris les références aux textes parallèles et leurs variantes, ce qui rendra plus aisé le discours ultérieur.

†

INUENTION DE LA RACINE CUBIQUE DES NOMBRES BINOMES

Le donné soit un nombre binome (2) de nature ou de condition (3). Tires la plus proche racine cubique du nombre absolu, en sorte que le surplus puisse être diuisé par trois sans qu'il en reste rien, ie pose que cette racine est A. Après cela diuises le surplus par trois fois le trouué A, et du quotien ayant tiré la racine quarrée que nous posons VB, diuises le nombre sourd par le trouué VB, et en cas que le quotien soit un nombre quarré duquel la racine est esgale à la somme du quarré de VB et trois fois le quarré de A, le donné est rationel (4) et A + VB est la uraye racine.

Soit le nombre binome 26 + V675. Premièrement la plus prochaine racine de 26 auec la propriété remarquée cy dessus est 2 que ie pose estre A. Son cube est 8 lequel osté de 26 est 18, diuises le nombre par trois fois A, à scauoir par 6, il uient 3 dont la racine quarrée est racine 3 pour B.

Diuises en aprés le nombre (5) sourd 675 par le trouué B, V3, il uient un nombre quarré à scauoir 225, duquel la racine est quinse, ce qui est esgal à la somme du quarré sur B auec trois fois le quarré

(1) Cf. A.T., I, Introduction, p. LIX.

(2) De la présente ligne 3 à la ligne 22 incluse, le texte suit de très près le texte flamand que l'on trouve dans le deuxième ouvrage de WAESSENAER, *Den On-Wissen Wiskonstenaer I. I. Stampioenius ontdeckt*, Leyde, 1640, p. 35-36, et reproduit dans A.T., III, p. 149. Dans ce texte flamand, Waessenaer laissait subsister entre parenthèses les formes algébriques suggestives qui fondaient l'exposé de STAMPIOEN dans son *Algebra ofte Nieuwe Stel-Regel...* 'S Gravenhage, 1639, p. 25. La présente traduction française est dépouillée de ces références.

(3) L'expression « de nature ou de condition » remplace le terme flamand « *van aert* », qui ouvrait dans le texte de Waessenaer la première des références que nous évoquons.

(4) Traduction française défectueuse. Le texte flamand a « *'t gegeven is gheschickt* », « le donné est convenable ».

(5) Introduction du terme français « sourd », mais le copiste omet plusieurs fois les signes radicaux.

sur A ie dis que A + B c'est a dire 2 + V3 est la uraye racine cubique de 26 + V675 et la racine de son résidu, a scauoir de 26-675 sera 2 — V3.

Règle générale pour tirer la racine cubique des binomes lorsqu'elle est aussy un binome (1)

Préparation (2)

Il faut soubstraire les quarrés des parties du binome donné l'un de l'autre, et cas que le reste ne soit pas un nombre cubique on scait dès lors que la racine n'est point un simple binome, c'est a dire un binome dont l'une des parties soit un nombre absolu. Mais parce qu'elle peut encor estre un binome dont les deux parties soient des nombres sourds, il faut multiplier le binome donné par la différence qui est entre les quarrés de ses parties et du produit tires la racine cubique en la façon qui suit, car cette racine estant diuisée cubique (3) du nombre par lequel le binome donné a esté multiplié, l'on aura sa uraye racine.

Soit (4) 10 + V98 le binome donné, les quarrés de ses parties sont 100 et 98, lesquels estant ostés l'un de l'autre il reste 2 qui n'est pas un nombre cubique. C'est pourquoy ie multiplie 10 + V98 par ce nombre 2 il uient 20 + V392 duquel la racine cubique est 2 + V2 laquelle estant diuisée (5) par VC) 2 il uient VC) 4 + V*q*C) 2 pour la racine cubique de 10 + V98 et ainsy des autres.

La Règle (6)

Tires une racine cubique en nombres rationaux de tout le binome donné qui soit un peu plus grande que la uraye en sorte pourtant qu'elle ne l'excede pas de $\frac{1}{2}$. A cette racine rationnelle adioutes la racine cubique de la différence qui est entre les quarrés

(1) A partir d'ici jusqu'à la ligne 93, il y a correspondance avec la lettre de Descartes à Waessenaer du 1er février 1640, dont l'autographe est au British Museum (M s Add. 21514), cf. A.T., III, p. 21-29, et qui comprend une partie française et une partie flamande.

(2) De la l. 25 à la l. 35, le texte est une combinaison du texte flamand de la lettre citée (A.T., III, p. 27, l. 7-12) et du texte français (A.T., III, p. 23, l. 1 à p. 24, l. 18).

(3) Le copiste a évidemment sauté trois mots. Il faut lire : « estant diuisée par la racine cubique... ».

(4) Exemple qui ne se trouve pas dans la lettre de Descartes à Waessenaer, mais qui est donné dans le texte « Radix cubica binomorium » des *Opuscula posthuma* de Descartes, publiés en 1701 : cf. A.T., X, p. 302-304.

(5) Le copiste, ne comprenant pas les notations qui suivent pour les radicaux, transforme le C suivi d'une parenthèse en la lettre grecque ψ. C'est nous qui rétablissons la graphie correcte.

(6) De la l. 42 à la l. 61, il y a parallélisme étroit avec le texte flamand de la lettre à Waessenaer du 1er février 1640 : A.T., III, p. 29, mais avec des différences rédactionnelles : voir nos commentaires.

des parties diuises (1) par la mesme racine rationelle (ce qui ne se doit entendre que lorsque le nombre absolu du binome donné est plus grand que son nombre sourd, car lorsqu'il est moindre, il faut icy soustraire au lieu d'adiouter). Après cela diuises le double du nombre absolu par le plus grand nombre entier qui soit compris en cette somme (ou ce reste) et adioustes au quotient le triple de la racine cubique de la différence qui est entre les quarrés des parties (ou l'en ostes) et en cas que cette somme (ou ce reste) ne soit pas esgal au quarré du plus grand nombre entier trouué comme il uient d'estre dict, la racine cubique du binome donné ne peut estre esprimée par un binome. Mais quand il luy est esgal, la moitié de ce nombre est l'une des parties de la racine cherchée, et de son quarré ayant soustrait la racine cubique de la différence qui est entre les quarrés des parties (ou bien luy ayant adiousté) il reste ou il uient le quarré de l'autre partie.

Ainsy (2) pour tirer la racine cubique de 20 + V392 ie tire premierement la racine quarrée de 392 laquelle est presque 20 ce que i'adiouste au nombre absolu 20, il uient presque 40, d'où ie tire la racine cubique qui est un peu plus grande que 3 et moindre que $3\frac{1}{2}$ de façon que $3\frac{1}{2}$ est la racine rationelle cherchée. De plus la difference entre les quarrés des parties qui sont 400 et 392 est 8 dont la racine cubique est 2 laquelle estant diuisée par $3\frac{1}{2}$, il (3) uient 4 ce que i'adiouste auec $3\frac{1}{2}$ a cause que le nombre absolu 20 est plus grand que V392, il uient $4\frac{1}{14}$. Après cela ie diuise 40 qui est le double du nombre absolu par 4 qui est le plus grand nombre entier qui soit compris en $4\frac{1}{14}$. Le quotient est 10 auquel i'adiouste le triple de 2 qui est 6, il uient 16 esgal au carré de 4 qui est le plus grand nombre entier qu'on a trouué. C'est pourquoy la racine de ce binome se peut trouuer, et l'une de ses parties est 2 la moitié de 4. Puis de 4, qui est le quarré de deux, ayant tiré 2 qui est la racine cubique de la différence qui est entre les quarrés des parties, il uient 2 qui est le quarré de l'autre partie de façon que 2 + V2 est la racine cubique de 20 + V392.

De mesme pour tirer la racine cubique (4) de 10 + V108 ie tire premierement la racine quarrée de 108 qui est presque $10\frac{1}{2}$, ce que i'adiouste au nombre absolu 10 et il uient presque $20\frac{1}{2}$ dont la racine cubique est plus grande que $2\frac{1}{2}$ et moindre que 3 en sorte qu'il n'y a pas $\frac{1}{2}$ de trop. De plus la difference entre 100 et 108

(1) Erreur du copiste. Il faut lire évidemment : « divisée ».

(2) Les exemples numériques ci-dessous ne sont pas dans la lettre à Waessenaer.

(3) Le copiste trace le trait de fraction sous le 4 et oublie le dénominateur 7.

(4) Cet exemple, symétrique du précédent en ce que la différence des carrés des parties est encore 8 en valeur absolue mais de signe opposé, semble avoir été forgé pour la circonstance.

est de 8 dont la racine cubique est 2 qui estant diuisé par 2 le quotient est $\frac{2}{3}$ lequel i'oste de 3 a cause que 10 est moindre que V108. Il reste $\frac{2}{3}$ et le plus grand nombre entier contenu en $2\frac{1}{3}$ est 2 par lequel ie diuise 20 double de 10, d'où i'oste le triple de 2, il reste 4 qui est esgal au quarré de 2, c'est pourquoy sa racine se peut tirer et sa partie rationelle est 1. Au quarré de 1 i'adiouste 2, il uient 3 pour le quarré de l'autre partie, de façon que 1 + V3 est la racine cubique de 10 + V108 et ainsy des autres.

Il (1) n'est besoin icy de parler (2) des binomes dont une partie est nombre rationel et l'autre la racine d'un nombre rationel, car il n'y a que ceux-là et ceux qui se peuvent rendre tels par le moyen de quelque multiplication dont on puisse tirer la racine (3). Ayant donc un tel binome, il faut tirer la racine de la différence qui est entre les quarrés de ses parties, si elle est rationelle, ou si elle ne l'est pas il faut multiplier le binome donné par cette différence si on cherche la V3) ou par son quarré si on cherche la V5) ou par son cube si on cherche la V7) et ainsy à l'infini et lors on aura un binome duquel la racine de la différence qui est entre les quarrés de ses parties sera rationelle. Après cela il faut diuiser cette racine de la difference par un nombre rationel un peu plus grand que la racine de tout le binome mais qui ne l'excède pas d'un demy (et ce nombre rationel est touiours aysé à trouuer par l'arithmetique). Au quotient il faut adiouster ce mesme nombre rationel lorsque la partie rationelle du binome donné est plus grande que l'irrationnelle, ou l'en oster quand elle est moindre, et le produit est un nombre rompu duquel il faut reietter la fraction qui est moindre que l'unité, et la moitié du nombre entier qui reste est l'une des parties de la racine, du quarré de laquelle ayant soustrait la racine de la difference susditte, lorsque la partie rationelle est la plus grande (ou luy ayant adiousté lorsqu'elle est moindre) le produit est le quarré de l'austre partie, au moins si la racine du binome donné peut estre exprimé par nombres, de quoy on peut faire touiours la preuve par la multiplication, car si on manque a produire ce binome il est certain qu'il n'a point de racine qu'on puisse exprimer. Mais i'ay un peu deguisé cette preuue

(1) De la l. 93 à la fin, recopie de la lettre de Descartes à Mersenne du 30 septembre 1640. Autographe à la Bibliothèque de l'Institut (35e col. La Hire), ms. 2001, fol. 24-25. Cf. A.T., III, p. 188, l. 3 à p. 190, l. 19-C.M.X, p. 120, l. 106 à p. 122, l. 165.

(2) Omission du copiste. L'autographe a : « Il n'est besoin icy de parler *que* des binomes ». L'omission est caractéristique de l'inadvertance du copiste, elle porte en effet sur un point essentiel.

(3) Note marginale de Descartes sur la lettre autographe : « Notez que partout ou je mets la racine, sans dire quarrée ou cubique, j'entens celle qui a même dénomination que celle qu'on cherche. Et pour la racine cubique j'escris $\sqrt{}$3), pour la racine sursolide (que quelques-uns nomment quarré de cube), j'escris $\sqrt{}$5), pour la B sursolide $\sqrt{}$7) et ainsy des autres a l'infiny. »

dans l'austre règle pour y faire paroistre plus d'artifice (1). Et la demonstration de tout cecy est bien claire, car la racine de la difference qu'est (2) entre les quarrés des parties du binome donné est tousiours la différence des quarrés des parties de la racine. Puis d'un cousté on scait que le double de la partie rationelle de la racine cherchée doit estre un nombre entier, et d'austre costé que ce nombre entier ne peut estre moindre d'une unité que le nombre rompu qu'on a trouué. D'ou il suit qu'en reiettan la fraction on doit auoir le double du nombre cherché.

Or pour (3) cette règle on peut aussy tirer la racine (4) de IE — 6N = 40 car par la règle de Cardan on trouue que cette racine est composé de la V3) 20 + V392 adiousté a la V3) de son résidu 20 — V392, de façon qu'ayant tiré ces deux V3) qui sont 2 + V2 et 2 — V2, et les ayant aioustées l'une à l'autre, il uient 4. On le pourroit encor trouuer d'autre façon, mais parce que (5) ie ne me suis iamais arresté à ces choses la et n'en ay rien gardé par escrit, il m'y faudroit penser pour le retrouuer.

Identification complète du document

Tel qu'il se présente dans le registre mentionné, le manuscrit est dû à l'activité d'un même copiste, lequel a laissé des traces de ses difficultés par rapport au fond. Il faut exclure une main italienne en raison de l'évidente familiarité avec la langue et l'orthographe française du milieu du XVIIe siècle, mais cela ne signifie pas qu'il faille conclure à une copie directe sur originaux.

La croix placée en tête pourrait incliner à penser à l'aide que Mersenne trouvait auprès de ses confrères dans le couvent des Minimes de Paris, mais autour du même Mersenne à Rome, à l'époque où se transmettent les manuscrits du registre étudié, les auxiliaires français et religieux ne manquent pas (cf. l'analyse particulière que nous donnons à propos du registre). Toutefois, si Mersenne a disposé ainsi sur place en Italie d'un secrétaire bénévole pour recopier l'ensemble du document, il est évident que ce document, composé de morceaux juxtaposés comme l'indiquent nos notes d'édition, était déjà constitué dans la sacoche du savant Minime et d'une manière dont il était certainement le seul à détenir la clef.

Seule aussi une critique interne en profondeur est aujourd'hui suscep-

(1) Cette déclaration rend compte de la différence de rédaction entre le texte français ci-dessus l. 42 à 61 et le texte flamand parallèle. Cf. les commentaires ci-dessous.

(2) L'autographe de Descartes a, évidemment : « qui est ».

(3) L'autographe a : « par ».

(4) Mauvaise recopie. L'autographe a : IC — 6N = 40. C'était l'équation déjà proposée par Dounot : voir lettre de Descartes à Mersenne du 9 février 1639 (A.T., II, p. 503, l. 22). Descartes introduit ici de manière fugitive le signe d'égalité propre aux algébristes anglais.

(5) L'autographe a : « pour ce que », familier à Descartes.

tible de fournir quelques lumières à ce point de vue, qui va à l'essentiel.

Partons de ce passage de la lettre autographe de Descartes du 30 septembre 1640, qui forme intégralement la dernière partie du document l. 93-136, et restituons le paragraphe d'introduction qui, seul, a été volontairement coupé (1).

« Quant aux règles pour tirer la racine cubique des nombres binômes, dit Descartes à Mersenne, il est certain que la première est très fausse et impertinente, mais pour la dernière, je ne crains pas de vous dire que c'est moi-même qui l'ai faite, et je ne crois pas qu'il y manque aucune chose, et même il est aisé de l'appliquer aux racines sursolides, B sursolides et autres à l'infini. De quoi je veux bien mettre ici la règle en faveur de Monsieur Dounot que j'estime et que j'ai connu de réputation il y a 20 ans ayant su dès lors qu'il était ami d'un de mes plus intimes amis, nommé M. Le Vasseur, que j'honore extrêmement. Il n'est besoin ici que de parler..., etc. »

On ne saurait avoir plus de certitude directe. Le passage copié est une explication que Descartes a consentie à l'usage de Dounot et sur l'autographe de la lettre du 30 septembre 1640 Mersenne a signalé ce passage, en marge, par un long trait vertical.

Le motif de la démarche de Descartes est évidemment une demande de Mersenne au sujet d'un texte concernant les « règles pour tirer la racine cubique des nombres binômes », et d'un texte dans lequel le Minime n'avait pas reconnu à quel endroit intervenait son illustre correspondant. Bienheureuse myopie, puisqu'elle nous vaut de la part de Descartes des explications précieuses : le début du texte en litige est « très faux et impertinent », tandis que la fin est irréprochable, et Descartes le sait si bien qu'il *ne craint pas* d'en avouer la paternité.

Ceci étant, portons notre attention sur l'ensemble formé par notre document lorsqu'on enlève la dernière partie, c'est-à-dire de la ligne 1 à la ligne 92.

Cet ensemble se compose de trois propositions R_1 (l. 1-22), R_2 (l. 23-41), R_3 (l. 48-92), ces deux dernières ayant rapport avec la lettre de Descartes à Waessenaer du 1er février 1640, tandis que la première correspond exactement à l'exposé critique donné par Waessenaer de la règle de Stampioen dans l'ouvrage que nous citons en note (2).

R_1 mérite les qualificatifs sévères employés par Descartes le 30 septembre 1640. Pour trouver la racine cubique de $a + \sqrt{b}$, elle propose de déterminer le plus grand nombre A tel que $a - A^3$ soit divisible par 3, puis de diviser $a - A^3$ par 3A et de prendre la racine carrée du quotient B. Elle énonce que *si* le quotient de $\sqrt{b}$ par $\sqrt{B}$ est égal à $B + 3A^2$, $A + \sqrt{B}$ est la racine cubique de $a + \sqrt{b}$. Excellent exemple de l'usage défectueux

(1) Cf. A.T., III, p. 187, l. 10 à p. 188, l. 3.
(2) Cf. *supra*, p. 122, n. 2.

que peut suggérer l'algèbre naissante dans des esprits médiocres, car Waessenaer n'a pas déformé la pensée de Stampioen telle qu'elle s'exprime librement dans son propre ouvrage, et qui consiste à méditer sur l'identité :

$$(A + \sqrt{B})^3 = A^3 + 3AB + \sqrt{B}(B + 3A^2) = a + \sqrt{b}$$

Sans doute R_1 prévoit-elle qu'après une première opération pour déterminer A et B à partir de a, le succès ne survient que *si* $\sqrt{b} = \sqrt{B}(B + 3A^2)$, mais elle n'institue aucune difficulté concernant ladite première opération. Or, à supposer — ce qui n'est pas précisé tout en semblant aller de soi — que l'on opère dans le champ des entiers, il est bien clair que suivant la valeur de a, il n'y a pas toujours un nombre A tel que $a - A^3$ soit divisible par 3, et lorsqu'il y a plusieurs nombres de ce type le plus grand d'entre eux n'est pas nécessairement tel que $a - A^3$ soit divisible par 3A. En vérité, cette règle R_1 est bien « impertinente », au sens propre du terme.

Examinons maintenant de près le rapport de R_2 et R_3 avec la lettre autographe de Descartes à Waessenaer du 1er février 1640, dont la découverte à la fin du siècle dernier a fait date en prouvant la possibilité pour Descartes d'écrire en langue flamande (1). Possibilité limitée d'ailleurs, puisqu'après avoir introduit le sujet et lorsqu'il s'agit d'aborder les prolégomènes mathématiques proprement dits, Descartes reprend la langue maternelle. S'il revient au flamand dans la troisième et dernière partie de la lettre, c'est parce qu'il n'a plus qu'à y exprimer des conclusions générales sans recourir à la technique opératoire.

C'est avec cette dernière partie (2) flamande P que s'établit, comme nous l'avons indiqué en notes, le parallélisme avec R_2 et R_3. Il y a d'ailleurs, à côté de l'aspect positif de ce parallélisme, une déficience commune aux deux textes et qui mérite d'être relevée sans tarder. A savoir que le lecteur qui n'aurait sous les yeux que les règles proposées, là en flamand, ici en français, serait privé de leur clef. Descartes l'avoue bien, sans effort, avec une ingénuité savoureuse, dans ses explications à l'usage de Dounot : « J'ai un peu déguisé cette preuve dans l'autre règle pour y faire paraître plus d'artifice (cf. *supra*, l. 120). » Et c'est dans la partie française de la lettre à Waessenaer qu'il faut aller chercher l'exposé systématique et complet des fondements sur lesquels l'énoncé des règles en flamand ne revient pas.

Pour la clarté de notre propre exposé, il convient ici de préciser les fondements en question. Ils consistent dans l'enchaînement des trois propositions suivantes nettement exprimées par Descartes.

(1) Découverte par D. J. Korteweg et publiée par lui dans les *Archives néerlandaises*, t. XXII, puis republiée par Bierens de Haan, *Verslagen en Mededeelingen der Koninklijke Akademie van Wetenschappen*, Afdeeling, 3de Recks, Deel III, 1887.

(2) Cf. A.T., III, p. 27 ; traduction française p. 29.

1° La condition nécessaire pour que la racine cubique d'un binôme donné $a + \sqrt{b}$ soit elle-même un binôme $x + \sqrt{y}$ est que $a^2 - b$ soit un cube.

[Car si $(x + \sqrt{y})^3 = a + \sqrt{b}$, $(x - \sqrt{y})^3$ est égal à $a - \sqrt{b}$ et $a^2 - b = (x^2 - y)^3$.]

2° Si pour un binôme $a + \sqrt{b}$ donné, la différence $a^2 - b$ n'est pas un cube, le produit $(a^2 - b)(a + \sqrt{b})$ est lui-même un nouveau binôme $A + \sqrt{B}$, tel que $A^2 - B = (a^2 - b)^3$, c'est-à-dire répondant à la condition 1°.

3° Le problème de la racine cubique de $a + \sqrt{b}$ peut donc être conduit en adjoignant la relation $a^2 - b = c^3$. Le résultat aura une application générale.

Ceci dit, comparons soigneusement les textes.

Sous le titre « Préparation », le texte flamand P débute par une prescription très sèche que rien ne vient éclairer. Il faut, est-il dit, calculer $a^2 - b$, voir s'il est un cube, et s'il ne l'est pas, le multiplier par $a + \sqrt{b}$. C'est tout. R_2 conserve manifestement, sous le même titre de « Préparation », l'idée d'énoncer brièvement une opération préliminaire à effectuer, mais essaie de fournir un éclairement relatif en évoquant la condition 1° ci-dessus, et ajoute un exemple numérique pour le cas où cette condition n'est pas remplie. Cet exemple a l'avantage d'expliciter que, dans ce cas, la racine cubique cherchée est un binôme de deux irrationnelles, mais d'une part la proposition 2°, qui fonde la démarche, est omise et d'autre part le calcul tel qu'il est proposé au niveau d'une règle de « préparation » procède par anticipation. Deux défauts réunis.

Sous le titre « Règle », le texte flamand P et notre texte français R_3 comportent la même première phrase, mais poursuivent différemment pour un même contenu substantiel. P énonce d'abord toutes les opérations à effectuer, puis déclare qu'il se peut que les deux parties annoncées comme étant celles de la racine cherchée, ne conviennent pas et qu'on s'en assurera *a posteriori* en élevant au cube le résultat proclamé. R_3, au contraire, commence par dire le moyen de savoir *a priori* si la racine cubique cherchée est bien un binôme et poursuit en donnant les calculs qui conduisent au résultat dans ce cas. De plus, R_3 illustre par deux exemples numériques l'alternative envisagée dans la règle, c'est-à-dire la manière de traiter suivant que a^2 est plus grand ou plus petit que b.

P se termine de son côté par une déclaration fort suggestive de la part de Descartes : « Il faudrait, dit-il à Waessenaer, que vous arrangiez tout ceci un peu mieux que je ne l'ai écrit et que vous ajoutiez deux ou trois petits exemples ». Force est de constater, après la comparaison détaillée que nous venons de faire, que l'ensemble $R_2 R_3$ se présente comme répondant exactement au vœu de Descartes, c'est-à-dire comme un texte arrangé et illustré à partir de la lettre de Descartes, avec bonheur en ce qui concerne R_3, avec maladresse en ce qui concerne R_2.

Les circonstances de l'arrangement n'échappent pas complètement à l'histoire, et c'est ici qu'intervient un troisième autographe de Descartes, situé entre les deux précédemment utilisés. Le 6 août 1640, en effet, Descartes écrit à Mersenne afin de prévenir une initiative de Stampioen (1). Celui-ci, ayant à ce moment-là perdu contre Waessenaer devant les arbitres de Leyde, aurait, d'après Golius, l'intention de constituer un dossier *en français* pour en appeler par l'intermédiaire de Mersenne auprès des mathématiciens de Paris. Rien ne pouvait mieux inciter Descartes à l'action, c'est-à-dire à constituer lui-même un mémoire préventif. « Je vous envoie ici, dit-il à Mersenne, sa (Stampioen) sotte règle tout du long, sans qu'on en ait omis ou changé un seul mot, et pour laquelle a été toute la gageure. Et je vous envoie aussi celle de sa partie (c'est-à-dire de la partie adverse : Waessenaer), tant afin que l'on voie s'il ne s'en sera point servi pour corriger la sienne comme aussi à cause que l'invention en est nouvelle et qu'il ne s'en trouve point de complète pour même sujet dans aucun livre, bien que plusieurs aient tâché d'en donner. Je vous prie donc, si vous apprenez que ce badin ait envoyé quelqu'écrit aux mathématiciens de votre connaissance, de leur faire voir ce papier, pour les détromper. Mais si vous n'en apprenez rien, je ne crois pas qu'il soit besoin de leur montrer. »

Ainsi il n'y a aucun doute. A l'intention de Mersenne, Descartes a fait composer au début d'août 1640 un papier dont le signalement est exactement celui de $R_1 + R_2 + R_3$. L'a-t-il revu soigneusement avant de l'envoyer ? Il est difficile de formuler une opinion, mais ce qui est certain, c'est que tout en intervenant pour prévenir un rebondissement possible de l'affaire hollandaise à Paris, Descartes ne tenait pas dès l'abord à dévoiler à Mersenne le rôle d'inspirateur qu'il avait joué auprès de Waessenaer. Et qu'il ne lui a pas déplu d'envoyer un papier avec lequel il avait pris suffisamment de distance pour que sa marque n'y soit pas reconnaissable.

A condition, bien entendu, que l'usage du « papier » soit limité au but qui le motivait. D'où l'ultime précaution : ne pas « montrer » la chose aux mathématiciens de Paris sans nécessité, précaution évidemment prise pour éviter que ne soit divulguée une « invention nouvelle » sans référence à son auteur véritable.

Mais Descartes a été pris au piège de ses précautions contradictoires. Mersenne n'a pas reconnu la main de Descartes, mais il s'est empressé de « montrer » le papier, au moins à ce Dounot dont la correspondance

(1) Cf. A.T., III, p. 148.

de 1639 montre qu'il s'intéressait déjà à ce genre de questions (1). Heureuses circonstances pour nous, puisqu'elles ont provoqué en retour la mise au point du 30 septembre.

Une fois éclairé sur la nature exacte du « papier », Mersenne se devait évidemment, pour ses dossiers personnels, d'y adjoindre l'éclaircissement rédigé de main de maître qui définissait sa source. Et il n'y a pas lieu de douter que le document que nous publions ait été constitué à Paris dans la cellule du Minime dès octobre 1640.

En emportant en Italie, quelques années plus tard, ce même document parmi des pièces choisies comme plus représentatives de la mathématique française, Mersenne a signifié le prix qu'il y attachait et nous aurons dans un instant à examiner s'il convient de faire de même. Avant de passer à ce commentaire sur le fond, il nous reste cependant quelque chose à dire encore sur cet ensemble $R_1 + R_2 + R_3$, en quoi nous avons reconnu le « papier » envoyé par Descartes le 6 août 1640.

L'histoire du débat entre Stampioen et Waessenaer n'est pas à faire, ni à reprendre ici. Après la découverte et la publication par Léon Roth de la correspondance entre Descartes et Constantin Huygens, le P. Bosmans en a magistralement traité et il suffit de se reporter à son étude (2). Ce savant au jugement précis exprime bien l'essentiel de l'affaire. En 1639, la *Géométrie* n'avait que deux ans, et l'agitation de Stampioen en Hollande pouvait laisser entendre à Paris que Descartes était déjà supplanté ou ramené à de modestes perspectives. Une réaction d'envergure de sa part était nécessaire sur place, mais avec cette difficulté qu'il fallait user du flamand. D'où le contrat passé avec Waessenaer. Et il est bien nécessaire de replacer ainsi le débat dans le cadre très large qui est véritablement le sien. Que de défi en défi ce débat ait fini par se circonscrire sur la question très particulière de l'extraction de la racine cubique des nombres binômes, cela n'a rien de dérisoire. Stampioen était-il cet adversaire fuyant que Descartes stigmatisait auprès de Mersenne le 29 janvier 1640 ? Il n'est pas nécessaire de prendre parti à cet égard pour admettre l'évidence, à savoir que lorsque les controverses s'embrouillent, il arrive toujours un moment où il faut déblayer le terrain encombré et *gager sur un point* précis (3).

C'est à quoi Descartes se réfère encore lorsque, le 6 août 1640, pour introduire le passage que nous avons utilisé plus haut, il annonce à Mersenne : « Le papier que vous trouverez avec cette lettre contient *le sujet d'une gageure* dont M. Rivet vous avait écrit. »

(1) Cf. A.T., II, p. 503 ; C.M. VIII éclaircissement, p. 307. C'est à cette dernière référence que l'on trouvera quelques détails concernant la personnalité de Dounot.

(2) Cf. H. Bosmans, « L'auteur principal de l'On-Wissen Wiskonstenaer I. I. Stampioenius ontdeckt door Jacobus a Waessenaer, » Leyde, 1640, in *Revue des questions scientifiques*, t. XI, 1er fasc., janvier 1927, p. 113-141, Louvain.

(3) Cf. la lettre de Descartes à Mersenne du 29 janvier 1640 ; A.T., III, p. 5-6.

Sur l'exemplaire du tome II de Clerselier, conservé à l'Institut de France (ms. 4470), collationné comme l'on sait par Legrand à la fin du XVIIe siècle à l'aide des autographes de la collection La Hire encore intacte, on lit en marge de la lettre de Descartes à Mersenne du 29 janvier 1640, à l'endroit précis où il s'agit du dernier défi et de la gageure sur un point *spécifié*, la note suivante.

« Voir la gageure parmy les fragments qui sont à la fin de cet ouvrage. » Ce qui signifie, puisque le tome II de Clerselier ne contient pas un tel fragment sous forme imprimée dans ses dernières pages, qu'à l'époque où l'exemplaire de l'Institut a été collationné avec les documents La Hire, on avait joint des pièces manuscrites. Celle de ces pièces qui concernait la gageure Stampioen-Waessenaer a été vue par Dom Poirier, puisqu'on relève dans son classement la note suivante :

« 74. Le sujet d'une gageure en 1639 entre 2 mathématiciens de Hollande (écriture de Descartes). »

Ce signalement correspond trop bien aux termes mêmes employés par Descartes dans son envoi à Mersenne du 6 août 1640, pour qu'il soit possible de douter de l'identité entre les deux documents : à savoir l'autographe perdu du n° 74 de Dom Poirier et le « papier » reçu par Mersenne à la date en question.

Ainsi, nous tenons que la première partie du document que nous publions ici, c'est-à-dire l'ensemble $R_1 + R_2 + R_3$, restitue le contenu de l'un des trois numéros du Classement Dom Poirier dont Adam et Tannery déclaraient à la fin de leur inventaire qu'ils étaient les seuls sur lesquels on ne possédait rien (1).

Un dernier mot. Au témoignage de Dom Poirier, ce n° 74 était un autographe, et l'on pourrait s'étonner que Descartes ait pris la peine de recopier de sa propre main un texte rédigé par un tiers et seulement sous son inspiration. Mais dans sa correspondance avec Mersenne, Descartes n'usait pas d'une autre main que la sienne, et l'étonnement n'aurait lieu de prendre consistance en cette affaire que si Descartes avait manifesté de quelque manière, le 6 août 1640, le désir d'apparaître comme la véritable partie adverse de Stampioen. Nous avons vu, au contraire, combien il a cherché à maintenir aussi longtemps que possible la fiction d'un débat par personne interposée.

Complément de la solution cartésienne et commentaire

Connue comme telle dans son contexte depuis la publication Adam-Tannery, par les lettres que nous avons citées, la solution cartésienne de

(1) Cf. A.T., I, Introduction, p. LX.
Rappelons que le Classement Dom Poirier constitue deux folios, fol. 122-123, du ms. 20843 du Fonds français à la Bibliothèque nationale.

l'extraction de la racine cubique des binômes $a + \sqrt{b}$, n'avait pas cependant attendu notre époque pour être utilisée. Schooten l'avait introduite dans l'*Additamentum* à son édition latine de la *Géométrie* dès la première édition de 1649, et on la trouvait sous la référence à l'ouvrage de Waessenaer, *Den On-Wissen Konstenaer I. I. Stampioenius ontdeckt*, dans l'*Algebra sive Logistica speciosa*, etc., de Gérard Kinckhuysen (1), édité en flamand à Haerlem en 1661. Mais que ce soit en son temps ou au nôtre, il ne semble pas que cette solution ait retenu la réflexion qu'elle mérite.

Il est vrai que ce qui suscite aujourd'hui ce sentiment résulte de la comparaison avec un autre fragment cartésien, publié en 1701 dans les *Opuscula posthuma* et réédité dans le tome X, A.T. Ce fragment, en latin, intitulé *Radix cubica binomorium* (2), présente la question d'une manière synthétique entièrement inspirée par la méthode algébrique et contraste avec les documents que nous venons d'examiner. Émanant de la même plume, le contraste force l'attention.

En étudiant de plus près le fragment des *Opuscula posthuma*, nous allons retrouver des éléments essentiels de la solution cartésienne qui sont en fait présents dans la lettre à Waessenaer, mais qui ne sont que sous-jacents dans le document publié plus haut et qui n'ont pas été clairement perçus par les commentateurs contemporains cités à l'instant. Restituer la solution cartésienne dans sa totalité complexe conduira en même temps à ce commentaire sur le fond dont la nécessité s'impose.

Notons tout de suite que le fragment *Radix Cubica binomorium* est un exemple intéressant de la distinction qu'il convient de faire entre méthode algébrique et usage des notations et des mécanismes algébriques. Descartes ne sacrifie à cet usage que pour définir l'équation à laquelle doit satisfaire un certain nombre x à partir duquel il va construire les deux parties de la racine cubique de $a + \sqrt{b}$. Pour énoncer ensuite cette construction, il se contente de phrases, comme si les symbolismes n'avaient pas lieu d'apporter là leur vertu de représentation.

C'est, au contraire, en faisant fond sur cette vertu que nous permettrons au lecteur de comprendre exactement de quoi il s'agit.

Traduisons l'énoncé général que Descartes fournit, à la fin de son texte, pour rassembler dans un même traitement (3) les deux cas $a^2 > b$ et $a^2 < b$.

(1) L'ouvrage flamand de Gerard Kinckhuysen a été traduit en latin, sous le titre que nous citons, par Mercator en 1670. C'est cette traduction latine qui a été lue et annotée par Newton. On trouvera le texte que nous évoquons ici, concernant la transmission du contenu de la solution publiée par Waessenaer, dans le tome II des *Mathematical Papers of Isaac Newton*, Cambridge University Press, 1968, p. 315-317.

(2) Cf. A.T., X, p. 302-304.

(3) Descartes commence, en effet, par traiter de la racine cubique de $a + \sqrt{b}$, en supposant successivement $a^2 > b$ et $a^2 < b$ et en appliquant sur les deux exemples numériques $10 + \sqrt{98}$ et $2 + \sqrt{5}$. Puis il termine par un essai d'expression générale en modifiant les notations et c'est évidemment cet essai qui doit surtout ici retenir notre attention.

Soit donc à chercher la racine cubique d'un binôme $c + d$, où l'on ne dit pas quel est le terme irrationnel, mais que l'on écrit ainsi en plaçant en tête le plus grand des deux termes : $c > d$.

La solution consiste à chercher d'abord la racine x de l'équation :

$$x^3 = 3(c^2 - d^2)\, x + 2c(c^2 - d^2)$$

puis à calculer :

$$u = \frac{1}{2}\sqrt[3]{3x + 2c} \qquad \text{et} \qquad v = \sqrt{\frac{1}{3}\left(\frac{c}{u} - u^2\right)}$$

$(u + v)$ est la racine cubique cherchée, si celle-ci existe. Aucune justification n'est donnée de ce résultat. Le fragment des *Opuscula posthuma* se présente comme une fiche opératoire. Elle énonce sans plus le mécanisme à suivre, elle ne dit rien de l'analyse qui y a conduit.

Une reconstitution du processus possible de cette analyse n'offre pas cependant de difficulté. v est, en effet, déterminé à partir de u par la relation $u^3 + 3v^2 u = c$. Cette relation relève d'une idée fort naturelle lorsque l'on considère ce que l'on cherche à réaliser, à savoir :

$$(u + v)^3 = u^3 + 3v^2 u + 3vu^2 + v^3 = c + d.$$

Si l'on impose la relation 1) $u^3 + 3v^2 u = c$, il faut que u et v satisfassent à 2) $3vu^2 + u^3 = d$, ce qui présente directement une difficulté. Mais cette difficulté se tourne sans peine en remarquant que des deux relations 1) et 2) résultent à la fois $(u + v)^3 = c + d$ et $(u - v)^3 = c - d$, et par suite :

$$3)\ (u^2 - v^2)^3 = c^2 - d^2.$$

Réciproquement si $c^2 - d^2$ est un cube, 1) et 3) entraînent 2).

L'élimination de v entre 1) et 3) donne immédiatement :

$$\frac{4}{3}\, u^2 - \frac{c}{3u} = \sqrt[3]{c^2 - d^2} \qquad \text{ou} \qquad 8u^3 = 6u\sqrt[3]{c^2 - d^2} + 2c$$

et si l'on pose $2u\sqrt[3]{c^2 - d^2} = x$, il vient $\dfrac{x^3}{c^2 - d^2} = 3x + 2c$, c'est-à-dire l'équation auxiliaire en x posée ici par Descartes *ex abrupto*. Sous la présente forme, il est clair que x étant racine de l'équation, $3x + 2c$ est un cube et que $2u$ est sa racine cubique. D'où l'expression donnée pour la valeur de u.

Il y aurait lieu, bien entendu, de discuter si l'intention d'une solution générale n'aboutit pas en fait à une difficulté aussi grande que celle du problème initial, puisque tout dépend en définitive de la résolution de l'équation auxiliaire du 3e degré en x et que cette équation comprend un terme irrationnel lorsque c est la partie irrationnelle du binôme donné. Que la résolution se fasse bien dans le cas des deux exemples numériques donnés n'enlève rien à l'objection qui vient ainsi naturellement à l'esprit.

Mais il convient d'abord de se demander si la reconstitution à laquelle nous venons de procéder peut être considérée comme conforme aux vues de Descartes.

A cet égard, il ne semble pas que l'on doive douter d'une réponse positive. Nous avons vu plus haut, dans la lettre du 30 septembre 1640, combien Descartes estimait que la relation 3) était la clef de la solution. Une clef qu'il avait essayé de cacher sous l' « artifice » dans son papier du 6 août 1640, mais qu'il avait mise en tête des explications envoyées à Waessenaer le 1er février.

Or, ces explications elles-mêmes, données en français, apprennent davantage encore. Et le mieux est de reproduire ici le passage essentiel (1).

« Maintenant, dit Descartes, pour venir à la démonstration de la règle, je prends $a + \sqrt{b}$ pour le binôme donné et je suppose que la racine cubique de $a^2 - b$ se peut tirer et je la nomme c. Puis posant $x + \sqrt{y}$ pour la racine cubique de $a + \sqrt{b}$, j'ai son cube.

$$x^3 + 3xy + 3x^2\sqrt{y} + y\sqrt{y} = a + \sqrt{b}$$

et, par conséquent, la partie rationnelle de ce cube $x^3 + 3xy = a$. Et pour ce que c est égal à $x^2 - y$, ainsi qu'il a été dit ci-devant, j'ai $y = x^2 - c$ et $3xy = 3x^3 - 3cx$, à quoi ajoutant x^3 j'ai $4x^3 - 3cx = a$, ou bien $4x^3 = 3cx + a$, ou bien $8x^3 = 6cx + 2a$ et faisant $z = 2x$, j'ai $z^3 = 3cz + 2a$. »

Avec d'autres notations — et celles-ci ont l'avantage, en distinguant les parties rationnelles et irrationnelles, de rendre mieux compte du processus — c'est exactement ce que contient notre reconstitution.

Il n'y a donc pas lieu de conjecturer. Le calcul algébrique, fondé sur l'élimination d'une inconnue entre les deux relations que nous avons désignées par 1) et 3), est le bien propre de Descartes et c'est effectivement par là qu'il a pu élaborer l'énoncé consigné dans le fragment des *Opuscula posthuma*.

Nous pouvons revenir à la discussion concernant la valeur effective de la solution. Et ici encore, il nous suffira d'écouter Descartes lui-même.

Le 3 avril 1640, il écrivait (2) en effet à Golius, l'un des juges de l'affaire Stampioen-Waessenaer, pour se plaindre du retard apporté à la sentence, et, dans cette lettre où il avouait sans ambages que cette sentence le concernait directement, il ajoutait à l'intention du juge une mise au point très précieuse.

Pour brouiller les cartes, Stampioen a eu l'audace de déclarer à Golius — lequel s'est empressé d'en faire part à Descartes — que son « théorème » relevait d'une démarche bien connue, la *regula falsi*. Et

(1) Cf. A.T., III, p. 24, l. 19 à p. 25, l. 2.
(2) Cf. A.T., III, p. 57-58.

Descartes n'avait pas cru d'abord que cette référence absurde avait besoin d'être réfutée. Puisqu'il semble que Stampioen impressionne les juges, si bons mathématiciens soient-ils, il faut donc dévoiler l'imposture. La règle de fausse position, énonce Descartes, ne concerne que les questions que l'algèbre réduit à « la plus simple équation de toutes », c'est-à-dire à une équation du 1er degré. Or, quelle que soit la manière dont on aborde le problème en litige de la racine cubique du binôme, on n'a rien qui ressemble à la résolution par fausse position, et « *même par l'algèbre, on ne peut atteindre* (la question) *qu'en venant à une équation cubique* ».

Quiconque fait à l'énoncé de la règle de la *Radix cubica binorium* l'objection que nous avons exprimée plus haut, doit donc savoir que Descartes lui-même a parfaitement vu clair à cet égard. Mais Descartes a vu clair d'une manière plus positive encore.

Car la leçon qu'il a retirée du traitement par l'algèbre n'est pas seulement celle de la difficulté qui consiste à être ramené à une équation du 3e degré, mais surtout une assurance concernant la nature même du problème. C'est un problème cubique qui ne dégénère pas au moyen d'un quelconque artifice et il faut exclure tout espoir de le réduire à des combinaisons d'opérations du 1er degré.

Peut-être, ajoute Descartes, Stampioen, dépourvu de culture mathématique, baptise-t-il *regula falsi* toute méthode où l'on essaie apparemment de procéder *à tâtons*, mais c'est là une autre imposture, et l'allusion que fait ainsi Descartes à la seconde manière — celle développée dans le reste de la lettre du 1er février 1640 et dans le document que nous avons publié — est trop nette pour que nous n'accordions pas maintenant quelque attention au contenu de ces textes.

Selon les notations mêmes utilisées dans la lettre à Waessenaer, soit n la racine cubique cherchée de $a + \sqrt{b}$ et c la racine cubique exacte de $a^2 - b$. La résolution algébrique a montré que si la racine cubique $x + \sqrt{y}$ existe, la partie rationnelle x satisfait à $8x^3 = 6cx + 2a$, ou encore qu'en posant $2x = z$, on a $z^3 = 3cz + 2a$. Descartes affirme, sans démonstration, que $3c$ et $2a$ étant entiers, z doit être aussi entier. Sait-il le justifier effectivement, ou parle-t-il en suivant une intuition ? on ne peut guère trancher (1). Contentons-nous de retenir que la propriété

(1) Le théorème plus général selon lequel les racines réelles d'une équation de degré quelconque à coefficients entiers, dont le premier est 1, sont nécessairement entières, est sous-entendu par Descartes dans son livre III de la *Géométrie*, lorsqu'il explique comment il faut conduire la réduction des équations mises sous la forme susdite. Il faut, dit-il, considérer tous les diviseurs du coefficient dernier, c'est-à-dire du terme indépendant de l'inconnue, et voir si « quelqu'un de ces diviseurs joint à la quantité inconnue par le signe + ou — peut composer un binôme qui divise toute la somme », c'est-à-dire le polynôme qui constitue le premier membre de l'équation (cf. A.T., VI, p. 454, l. 17-22). Si cette opération ne donne aucun résultat, cela indique que la réduction est impossible

pour z d'être entier résulte pour lui de l'équation même dont z est racine, laquelle conduit à égaler un cube avec une fonction du 1er degré à coefficients entiers.

Ceci étant, la partie rationnelle x et la partie irrationnelle $\sqrt{y}$ de la racine n sont telles que leur somme est n, tandis que la différence de leurs carrés, ou le produit de leur somme par leur différence a pour valeur la racine cubique c de $a^2 - b$. Il en résulte que la différence des parties a pour valeur le quotient de c par n, formule que l'on doit entendre — et nous usons ici d'un langage qui n'est pas encore celui de Descartes — avec son signe. C'est-à-dire $+$ si $a^2 > b$ et $-$ si $a^2 < b$.

Ainsi, la partie rationnelle, demi-somme de la somme et de la différence susdites, est $\frac{1}{2}\left(n + \frac{c}{n}\right)$, et z, précédemment considéré, est $\left(n + \frac{c}{n}\right)$ si $a^2 > b$ ou $\left(n - \frac{c}{n}\right)$ si $a^2 < b$.

Ce sont bien là les formules auxquelles parvient Descartes, et qui montrent que le nombre z cherché n'est pas seulement racine d'une équation du 3e degré, mais qu'il possède aussi une expression simple par rapport au nombre n. Or, du point de vue *arithmétique*, Descartes le note expressément, il est toujours possible de calculer des valeurs approchées de n, c'est-à-dire des valeurs *rationnelles* m voisines de n, et, par conséquent, d'en déduire par $m + \frac{c}{m}$ ou $m - \frac{c}{m}$ des valeurs rationnelles approchées de z.

Mais z est entier. Il suffit donc, pour le déterminer immédiatement au titre de partie entière, de savoir choisir m de manière que la valeur approchée $m + \frac{c}{m}$ ou $m - \frac{c}{m}$ soit par excès à moins d'une unité près.

Descartes déclare, sans le justifier (1), que le but est atteint avec toute valeur de m approchée par excès de n à moins de $\frac{1}{2}$. Il est facile de voir que c'est exact, mais en fonction du souci d'une condition qui soit valable aussi bien dans le cas $a^2 < b$ que dans le cas $a^2 > b$.

(*ibid.*, p. 455, l. 25-29), et cette affirmation équivaut à celle-ci : toute racine réelle est entière et divise le dernier terme.

Nous ne connaissons cependant aucun texte où Descartes s'explique plus clairement à cet égard. La démonstration du théorème général que nons venons d'énoncer est donnée dans le *Dictionnaire encyclopédique des mathématiques*, t. I, p. 652, article « Équation », et d'ALEMBERT indique qu'il a cru devoir établir cette démonstration parce qu'il s'agit là « d'une proposition bien mal prouvée dans presque tous les auteurs ».

(1) Descartes affirme simplement que si $m - n \leqslant \frac{1}{2}$, $\frac{c}{m}$ diffère aussi de $\frac{c}{n}$ de moins de $\frac{1}{2}$, cf. A.T., III, p. 25, l. 23-24.

On a, en effet, $\delta = \left(m \pm \frac{c}{m}\right) - \left(n \pm \frac{c}{n}\right) = (m - n)\left[1 \pm \frac{c}{mn}\right]$ et $\frac{c}{mn}$ est en valeur absolue plus petit que le quotient de la différence des parties $\left(x - \sqrt{y} = \frac{c}{n}\right)$ par leur somme $(x + \sqrt{y} = n)$, c'est-à-dire plus petit que 1. De sorte que $0 \leqslant m - n < \frac{1}{2}$ assure $0 \leqslant \delta < 1$, mais que dans le cas $a^2 > b$, on peut se contenter de $0 \leqslant m - n < 1$.

z étant déterminé, comment Descartes achève-t-il la résolution ?

De la manière la plus élégante. Ce nombre z ne convient (ce qui signifie : le binôme donné n'admet une racine cubique binôme) que si ce nombre est racine de l'équation $z^3 = 3cz + 2a$.

Il faut donc se hâter de faire cette vérification simple. Si elle est obtenue, $x = 2z$ est la partie rationnelle de la racine cubique cherchée et y, carré de la partie irrationnelle, se calcule directement soit par $x^2 - c$, soit par $c - x^2$.

Rien en tout cela qui puisse être taxé de processus par tâtonnement. La solution cartésienne, considérée dans sa totalité, conjugue remarquablement l'algèbre et l'arithmétique pour aboutir au résultat d'une manière simple et pratique lorsque ce résultat est possible. Et pour y aboutir méthodiquement, d'une manière qui ne le cède en rien, du point de vue logique, au *more geometrico*.

La protestation de Descartes à l'égard de Stampioen était donc profondément justifiée. Elle rejoignait celle qu'il avait déjà faite le 9 février 1639, auprès de Mersenne, à l'intention de Dounot.

> « Je viens à votre dernière lettre où vous dites qu'on vous a proposé une autre question qui est de trouver géométriquement que la racine de 1C — 6N eq. 40 est 4. Mais cela s'appelle *nodum in scirpo quaerere* (c'est-à-dire chercher des difficultés où il n'y en a pas), car ce n'est point chercher à tâtons que de considérer toutes les parties aliquotes d'un nombre lorsque la question le requiert ainsi que fait celle-ci, et ceux qui savent la conjonction qui est entre la Géométrie et l'Arithmétique ne peuvent douter que tout ce qui se fait par Arithmétique ne se fasse aussi par Géométrie. Mais de le vouloir faire entendre à ceux qui les conçoivent comme des sciences toutes diverses, ce serait *oleum et operam perdere.* »

Ce texte, relatif à un autre problème que celui qui était soulevé ici, mais où figure un exemple typique dont les documents que nous avons eu à étudier montrent combien il restait dans la mémoire de Descartes (1),

(1) La note que nous avons donnée ci-dessus (cf. *supra*, p.136, n. 1) éclaire la question. L'objection avait été faite (probablement par Dounot) que c'était « chercher à tâtons » que d'essayer les diviseurs de 40 pour résoudre $x^3 - 6x = 40$. Or, pour Descartes, cet essai résultait des propriétés, préalablement reconnues, des racines réelles, et il était donc lié à une méthode. Mais à s'en tenir là, l'adversaire n'était pas réduit au silence.

Dans cette perspective, la fin du document publié ci-dessus, qui appartient au passage méritait d'être cité tout entier. Sans aucun doute, nul n'était mieux placé que Descartes pour savoir « la conjonction qui est entre la Géométrie et l'Arithmétique » et la médiation que l'algèbre apporte à la découverte de structures logiques permettant de classer parallèlement les problèmes de l'une et de l'autre. Mais il avait mis lui-même beaucoup de temps à réaliser la rénovation de la matière mathématique dont il avait très tôt conçu le merveilleux programme. Et s'il est vrai que les novateurs ne doivent pas s'illusionner sur la difficulté à se faire entendre, il n'est pas bon qu'ils rechignent à perdre du temps pour cela : *oleum et opera perdere.*

En dispersant les fragments de sa solution de la racine cubique des nombres binômes, Descartes a sacrifié aux circonstances et joué de l'arcane, autant qu'il était nécessaire par rapport à des conflits humains, sans perdre de temps dans des mises au point complètes. Qui ne voit combien ce fut en définitive regrettable.

Ce n'est qu'aujourd'hui, où nous pouvons rassembler les « papiers » : celui du 6 août 1640, son complément du 30 septembre, le fragment latin des *Opuscula posthuma* (probablement rédigé fin 1639-début 1640, et dont la lettre à Golius du 3 avril 1640 postule l'existence) ; ce n'est qu'aujourd'hui, où nous pouvons confronter cet ensemble avec la lettre à Waessenaer du 1er février 1640, que nous sommes en mesure de connaître positivement la structure d'une solution remarquable et de saisir sa signification.

Celle-ci ne souffre aucun doute. En luttant contre Stampioen pour l'honneur de sa méthode, l'auteur de la *Géométrie* apparaît comme dominant de très haut les débats médiocres où s'enlisent le plus souvent les controverses. Il maîtrise les genres, sait distinguer ce qui relève de chacun, mais combiner aussi les ressources de l'algèbre et de l'arithmétique lorsqu'il s'agit de calculer « en nombres ». S'il résout tel problème particulier où l'adversaire ne produit que de l'impertinence, Descartes n'en appelle pas à l'excellence de ses notations nouvelles et à son calcul algébrique. Il n'use de tout cela qu'autant que c'est le moyen le plus efficace pour mettre en évidence des relations et pour définir la nature d'un problème. La leçon est d'importance.

Telle qu'elle nous apparaît au terme de la présente étude cette leçon complète avec précision et nuances ce que nous avons écrit ailleurs

de la lettre du 30 septembre 1640, destiné à Dounot (cf. *supra*, p. 102, l. 130), prend son véritable sens. Fort de la solution qu'il vient de donner pour la racine cubique des nombres binômes, Descartes revient en arrière, reprend l'équation $x^3 - 6x = 40$ qui lui fut proposée au début de 1639 à titre d'objection, et montre que la formule de Cardan, dans laquelle on traite le calcul numérique des racines cubiques de binômes à la manière qu'il vient de dire, conduit mathématiquement à la valeur de la racine. C'est-à-dire que toute objection est, cette fois impossible. L'équation est bien résolue *géométriquement*.

Nul doute que si Descartes avait rédigé la *Géométrie* en 1640, il eût complété ce qu'il exprimait à propos de la formule de Cardan, au livre III (cf. A.T., III, p. 472, l. 1-10).

récemment (1), mais elle ne modifie pas essentiellement la conclusion que nous étions amené à proposer avant d'avoir pu achever l'examen approfondi des textes qui sont ici en référence.

« Descartes, disions-nous, nous ramène inlassablement à ce plan conçu dès 1619, où le classement des natures constitue le support des correspondances entre Arithmétique et Géométrie et les unit dans une même analyse. Et s'il ne nous dit pas ce que le perfectionnement de l'algèbre, dont il est promoteur, apporte en cette affaire, c'est qu'il ne le conçoit pas très bien lui-même. »

Nous n'avons pas aujourd'hui à retirer ces derniers mots. L'usage que l'analyse de documents vient de nous conduire à caractériser chez Descartes vise, certes, les liens entre technique opératoire et exercice de la pensée, mais l'état même de dispersion des éléments que nous avons dû rassembler empêche de passer de l'usage à la conscience parfaitement claire. Le pôle de cette conscience est pour Descartes dans la structure logique bien plus que dans l'opératoire.

La vision courante de la mathématique cartésienne, qui se transmet dans l'enseignement, est manifestement superficielle et fausse. Il est nécessaire de la corriger substantiellement. Et si c'est là une affaire de longue haleine, du moins, dans le dossier à former pour l'instruire, le document qui a motivé notre recherche reçoit d'emblée une place de choix.

(1) P. Costabel « La Mathématique de Descartes antérieure à la *Géométrie* » in *Actes du Symposium Ghetaldus*, Institut d'Histoire des Sciences, Zagreb, 1969.

Essai critique sur quelques concepts de la mécanique cartésienne *

Que ce soit pour accuser les traits d'une vision traditionnelle largement répandue dans l'enseignement, que ce soit pour leur adjoindre une interprétation modernisante, des travaux nombreux ont été consacrés jusqu'à ces dernières années à la mécanique cartésienne (1) et l'on pourrait douter de l'utilité comme de la légitimité d'un retour sur une question déjà si largement débattue. Alors que tant de tâches sollicitent les efforts d'un trop petit nombre de chercheurs, l'histoire des sciences n'a-t-elle pas mieux à faire que de s'attarder sur les terrains défrichés? Notre propos est de lever le doute comme de souligner le caractère dangereux de ce dernier type de sollicitation.

Nous n'aborderons pas pour autant la totalité du problème de la mécanique cartésienne, persuadé que nous sommes qu'il convient d'accepter de creuser des sillons limités avant d'avoir le droit de labourer un vaste domaine. Et la manière même dont se transmet la connaissance de la pensée de Descartes autorise cette concentration de l'effort. N'est-il pas entendu que c'est à ce grand auteur que l'on doit d'avoir avancé d'un pas pour la dotation vectorielle indispensable au traitement mathématique des questions méca-

(1) Parmi eux, il faut citer les remarquables études d'Alexandre Koyré dont l'essentiel est donné dans ses *Etudes Galiléennes*, Paris, Hermann, 1939, et ses *Entretiens sur Descartes*, New York, Brentanos, 1944, mais dont une grande partie, objet de ses cours à l'Ecole Pratique des Hautes Etudes, n'a pas été mise au jour. Il faut citer également le brillant article de D. Dubarle, « Sur la Notion cartésienne de quantité de mouvement » in *Mélanges Alexandre Koyré*, tome II, Hermann, 1964, p. 118 et sq.

* *Archives internationales d'histoire des sciences*, no. 80, juil.-sept. 1967, p. 235-252.

niques, et cela par la reconnaissance distincte de la direction adjointe au scalaire de la vitesse? N'est-il pas entendu aussi que le même grand auteur est responsable d'erreur et de stagnation pour avoir négligé la notion de sens et s'être contenté en définitive d'identifier la force à une quantité de mouvement scalaire, simplement coordonnée à la grandeur de la vitesse? Dans un cas comme dans l'autre le contenu des affirmations concerne des concepts précis et suscite le désir de vérifications également précises.

Ce n'est pas du premier coup que Descartes s'est expliqué clairement en ce qui concerne le premier point, fondamental pour les décompositions et recompositions de mouvements nécessaires au raisonnement analogique de sa *Dioptrique* (p. 18 de l'édition de 1637). Les critiques soulevées par son texte l'ont obligé fort heureusement à faire auprès de Mersenne ce qu'il eût été sans aucun doute préférable de déclarer publiquement plus tôt. Heureux d'en avoir fini avec le P. Bourdin, mais conscient de l'ambiguïté de son langage, Descartes explique en effet à Mersenne (2) le 3 décembre 1640 qu'on ne saurait considérer « la détermination sans aucun mouvement ». Puis le 21 janvier 1641, après réception des « feuilles de l'Anglais », il récuse à l'usage de Hobbes le langage qui consiste à tenir pour équivalentes les expressions de « détermination » et de « mouvement déterminé », et il précise pour Mersenne que l'on ne peut avoir détermination sans mouvement tandis qu'il peut y avoir mouvement sans détermination.

On ne saurait méconnaître la difficulté que ces distinctions en apparence très subtiles devaient normalement rencontrer dans l'esprit de ceux auxquels elles étaient présentées. En usant de mots aussi généraux que détermination et mouvement, aussi susceptibles de recouvrir des acceptions diverses, Descartes ne pouvait éviter le risque des dialogues de sourds avec la simple affirmation de ce que nous venons de relever. Le substratum logique d'une distinction conjointe à une implication dans un seul sens est certainement très remarquable et manifeste à nos yeux la qualité de l'esprit qui le conçoit, mais il ne se suffit pas à lui-même. Dans la langue latine classique le mot de détermination évoque le pouvoir de fixer de manière unique par le moyen de « termes », de bornes extrêmes, comme le segment de droite est défini par ses extrémités. Sans

(2) Les lettres que nous citons se trouvent en particulier dans le tome III de l'édition Adam-Tannery des *Œuvres complètes de Descartes.*

doute ce mot peut-il se rapporter à une intention normative, conformément à l'enrichissement que provoquent à l'usage les réalités psychologiques et juridiques, mais il reste qu'en soi l'idée de fermeture est essentielle au concept de ce qui détermine, de même que le déterminé s'oppose à l'inchoatif, à l'inachevé ou encore à tout ce qui est confus par défaut de contours précis. Que pouvait donc comprendre Hobbes devant la réaction de Descartes à son endroit? Probablement, en mettant les choses au mieux, qu'en refusant de confondre détermination et mouvement déterminé, l'ancien élève des Jésuites de La Flèche conservait le goût de la distinction entre la puissance et l'acte. Quelque chose d'analogue à la distinction de ce qui est dans la pensée de Jupiter et de Minerve qui en sort toute armée.

Or, la détermination à laquelle pense Descartes présente ce caractère étrange et paradoxal d'être insuffisante par elle-même et d'avoir besoin d'être complétée, c'est-à-dire de ne jamais mériter son nom que partiellement. Il ne faut pas chercher ailleurs la raison profonde des quiproquos auxquels elle a donné lieu en irritant bien à tort son promoteur.

Il semble d'ailleurs que Descartes n'ait jamais compris cette difficulté de son vocabulaire. Pour découvrir ce qu'il veut dire exactement, dans cette correspondance indirecte avec Hobbes qui passe par Mersenne et où il sent bien qu'il faut porter des coups décisifs, il faut beaucoup de patience et d'attention. On y cherche en vain, sous la plume du philosophe des idées claires et distinctes, quelque chose qui ressemble à une définition précise.

Quelle que soit ainsi l'infortune du lecteur, il y a cependant dans la lettre du 21 janvier 1641 et à l'adresse de Hobbes, un raisonnement caractéristique dont le dépouillement est décisif (3). Descartes veut montrer que si l'on confond comme Hobbes détermination et mouvement déterminé on tombe dans une contradiction lorsqu'on s'applique à la composition des mouvements.

C'est là une opération sur laquelle on discute beaucoup à l'époque et dont le statut n'est pas fixé. Mais il y a accord au moins sur un point que Descartes va prendre comme base de départ, à savoir que la « vélocité » du mouvement résultant de la composition de deux mouvements doit composer leurs « vélocités » dans le rapport même qu'elles présentent au moment de la composition.

(3) Cf. Ed. A.-T., t. III, p. 288, lignes 7-26.

Disons, pour être encore plus explicite, que la composition de deux mouvements est une opération qui doit conserver le rapport des vitesses de ces mouvements. Disons aussi en quoi cette conception des choses est si naturelle qu'elle peut être admise de tous sans justification précise. La « vélocité » est une entité qui comporte des « degrés » et à « tant » de degrés correspond la prévision de « tant » d'espace parcouru pour une durée donnée, c'est-à-dire qu'en définitive la vélocité caractérise une certaine potentialité d'actualisation. Dans ces conditions si l'idée de composition exclut celle de conflit, ou du moins si elle ne s'accommode qu'avec celle de conflit stationnaire où il n'y a ni vainqueur, ni vaincu, il est naturel que la conservation du rapport des vélocités des mouvements composants soit conçue comme la pièce maîtresse de la composition de ces mouvements.

Le raisonnement de Descartes consiste à révéler le danger d'une application hâtive et abstraite d'une telle conception. Rien ne conserve mieux et plus immédiatement le rapport des degrés de vélocités composantes que leur somme, c'est-à-dire que la tentation est grande d'affirmer que deux mouvements se composent par addition de leurs degrés de vitesse. Mais si l'on porte son attention sur l'actualisation de la composition, on a, par exemple, avec deux « mouvements déterminés » rectangulaires, un espace parcouru qui est la diagonale d'un rectangle dont les côtés sont les espaces parcourus dans le même temps par chacun des mouvements composants. Or la diagonale du rectangle est incommensurable en général avec la somme des côtés et l'évaluation objective du degré de la vélocité composée se heurte ainsi à une contradiction formelle et cruciale avec le principe précédent.

Encore que la lecture de Descartes ne soit pas aussi aisée que la traduction que nous venons de faire, c'est bien là cependant ce qu'a compris le perspicace adversaire qu'est Hobbes. Sa réponse du 7 février 1641 comporte un essai caractéristique de cette compréhension, mais qu'il retirera avec raison le 30 mars parce qu'il est entâché d'une pétition de principe. Et en définitive Hobbes ne parviendra pas à résoudre la difficulté. Pas plus que Mersenne, d'ailleurs, lequel se contentera en 1644 de manifester à deux reprises sa connaissance de la controverse (4).

(4) *Cogitata Physico-mathematica,* Paris, 1644, partie intitulée *Mechanica, Præfatio* non paginée, art. 5, et *Ballistica,* Prop. 32, p. 110. Voir également *Mechanica,* Prop. 22, p. 79-81.

Mais Mersenne est un témoin précieux. Dans l'ouvrage que nous venons d'évoquer, les *Cogitata*, il reprend presque intégralement un énoncé de Galilée dont il est impossible de ne pas rapprocher la démarche cartésienne. Le Théorème II, Proposition II, de la 4ᵉ Journée des *Discorsi* (1638) expose en effet (5) : « *Si aliquid mobile duplici motu æquabili moveatur, nempe orizontali et perpendiculari impetus seu momentum lationis, ex utroque motu compositæ, erit potentia 'æqualis ambobus momentis priorum motuum* », et explicite que le mouvement suivant la diagonale du rectangle respecte d'une part constamment le rapport des mouvements composants, manifeste d'autre part une puissance égale aux puissances composantes prises ensemble, *simul sumptæ*. Sous la plume de Galilée, il y a deux opérations distinctes : la prise *ensemble* des *moments* des mouvements (dont on se garde bien de dire s'il s'agit d'une addition) et la conservation du rapport des mouvements composants, mais au sens géométrique (homothétie). Tout se passe donc comme si Descartes avait puisé son inspiration dans ce texte et voulu montrer les risques que peut entraîner sa lecture hâtive et insuffisamment attentive.

Peu importe, pour le débat en cours, que le niveau de potentialité scalaire soit tenu chez Galilée par la notion de *momentum* là où Descartes préfère ne considérer que la « vélocité ». Dans les deux cas on ne dit vrai et l'on n'échappe à une contradiction cruciale que si l'on distingue à côté de la potentalité, une donnée géométrique comme élément déterminant du mouvement : sa direction.

Ainsi s'éclaire le long détour qu'il nous a fallu faire à la suite de Descartes. La « détermination » dont il réclame qu'on la distingue du « mouvement déterminé » ne relève pas de la distinction pure et simple de la puissance à l'acte. Ce n'est ni un *impetus* dirigé, ni une tendance. C'est une condition géométrique de direction qui s'impose au mouvement, qu'il soit en acte ou en puissance. Quand Descartes dit à Mersenne qu'il ne peut y avoir de détermination sans mouvement, il est clair qu'il entend par mouvement une sorte d'énergie potentielle sans laquelle aucun problème ne se pose, mais qui exige l'adjonction d'un supplément pour l'actualisation. A savoir la direction dans laquelle cette actualisation doit se faire.

On ne peut s'empêcher de remarquer que Descartes a au fond

(5) *Ediz. Naz.*, t. VIII, p. 280.

retenu quelque chose de la définition aristotélicienne du mouvement à laquelle il déclarait pourtant ne rien comprendre.

« *Motus est actus entis in potentia prout in potentia est*, lesquels termes sont pour moi si obscurs que je suis contraint de les laisser ici en leur langue » (6). Peut-être l'aversion de Descartes pour cette définition aristotélicienne tient-elle, comme l'a dit Alexandre Koyré, au fait qu'elle donne au mouvement un degré de réalité plus grand qu'à son contraire, le repos. Mais il est certain que le *motus* cartésien que complète la *determinatio* est tout entier *potentia.*

Enfin si la conception cartésienne tend la main par ailleurs, et dans l'autre sens de l'histoire, à une mécanique infiniment plus moderne que celle du schéma classique, on ne saurait regretter assez que son auteur n'ait pas été sensible à l'ambiguïté de son vocabulaire.

Ce que nous venons de constater sur un point particulier se retrouve-t-il ailleurs? C'est là une question qu'il convient évidemment de se poser pour se prémunir contre les généralisations abusives.

Il est reçu de manière universelle que c'est à propos des lois du choc que Descartes a explicité sa notion de la force comme quantité de mouvement et celle-ci comme mesurée par le produit, scalaire, de la masse par le degré de vitesse. Est-ce là une traduction exacte des faits?

Si c'est bien l'étude du choc qui est la pièce maîtresse de la mécanique cartésienne — et comment en serait-il autrement dans une physique qui exclut le vide et ne connaît que l'action du contact —, il s'en faut de beaucoup que cette étude réponde chez Descartes à l'interprétation simple qui en a été donnée de bonne heure, à l'aide des concepts ci-dessus évoqués.

Deux lettres de Descartes, écrites le même jour, le 17 février 1645, nous serviront de point de départ pour une réflexion critique (7).

La première, destinée à l'abbé Picot, traducteur des *Principes* en langue française, montre Descartes attentif à l'entreprise, mais ne parle que de la IIIe Partie. C'est à Clerselier seul, dans la seconde lettre, que Descartes confie l'aveu que les règles du choc

(6) *Œuvres de Descartes*, Ed. A.-T., tome XI, p. 39. Cf. Alexandre Koyré, *Etudes Galiléennes*, tome III, p. 162.
(7) *Œuvres de Descartes*, Ed. A.-T., tome IV, p. 180-188.

données dans la IIe Partie ne vont pas sans difficultés et promet d'en fournir un texte meilleur.

Du fait des modifications et additions nombreuses que comportent les articles 46 à 52 de la IIe Partie de l'édition française (1647), Tannery a cru pouvoir affirmer que Descartes avait tenu parole.

Or, quand on passe du texte latin de 1644 au texte français de 1647, la comparaison attentive soulève, pour cette IIe Partie, des problèmes graves (8). Certes, ce sont les articles 46 à 52 qui contiennent les sept règles du choc et pour lesquels les corrections et les additions sont les plus abondantes, dans un style de marque très cartésienne. Mais les articles 43 à 45 qui les précèdent et en commandent la compréhension contiennent dans le texte français de tels non-sens que l'on ne peut attribuer à Descartes tout ce que l'édition Adam-Tannery met en italiques comme s'écartant du texte latin, ni comprendre comment cela aurait pu se faire avec l'agrément de l'auteur.

Il faut évidemment accepter ici de suivre le détail d'une comparaison instructive. L'article 44 par exemple commence dans sa version française par : « Il faut remarquer qu'un mouvement n'est pas contraire à un autre mouvement *plus* vite que soi », tandis que la version latine originale disait : « Il faut noter qu'un mouvement n'est en aucune manière contraire à un mouvement de même vitesse ».

Le même article se termine en français par : « Il y a contrariété entre la détermination qu'a un corps à se mouvoir vers quelque côté, et la résistance des autres corps qu'il rencontre en son chemin, soit que ces autres corps se reposent ou qu'ils se meuvent autrement que lui, ou que celui qui se meut rencontre diversement leurs parties, car *selon que ces corps se trouvent disposés* cette contrariété est plus ou moins grande ». Le texte latin disait : « Il y a contrariété entre la détermination du mouvement vers quelque côté, et la rencontre, de ce côté, d'un corps en repos ou mû autrement, et en raison du côté où est mû le corps choquant par rapport à l'autre, cette contrariété est plus ou moins grande. »

En mettant en italiques, comme nous le reproduisons ici, ce qui, dans les deux passages de l'édition française, s'écarte de l'original

(8) *Œuvres de Descartes*, Ed. A.-T., tome VIII, p. 65 et sq., et tome IX, p. 87 et sq.

latin de manière flagrante, l'édition Adam-Tannery est loin de répondre au projet formulé dans l'Avertissement du tome IX_2, p. XIX, et le lecteur qui se confierait à ce moyen rapide de situer une « correction » serait gravement trompé. En fait, comparée complètement comme nous venons de le faire avec la version latine, la traduction française de l'article 44 est plus que mauvaise. Elle manifeste que le traducteur, comprenant de travers ce qu'il avait à rendre, a cru bon d'ajouter de son crû et si mal à propos qu'il a déformé le sens jusqu'à la contradiction.

Il faut se rendre à l'évidence. Non seulement il est impossible que Descartes ait mis la main à la version française de l'article 44, mais encore il est exclu qu'il ait pu l'autoriser.

Comment, même, n'a-t-il pas protesté après coup? Faut-il admettre qu'il ne s'est jamais relu lui-même dans l'édition française de manière complète? Ce sont là des questions troublantes. C'est un fait aussi, en effet, que, tandis que l'article 44 a subi la torsion que nous venons de relever, l'article 49 au contraire a reçu dans sa traduction française des additions importantes, utiles et efficaces. Tout se présente comme si Descartes ayant concentré ses efforts sur les articles strictement relatifs aux lois du choc avait abandonné tout le reste entre les mains de l'infortuné Picot.

Quoi qu'il en soit d'un problème aussi difficile — mais que nous ne pouvions pas omettre dans le contexte où nous nous plaçons — il faut évidemment essayer de tirer la leçon d'une confrontation d'ensemble de la version latine et de la version française pour les articles cités de la IIe Partie des *Principes*.

L'article 43 est celui qui introduit la notion de force comme expression de la permanence d'un corps dans son état tant que rien ne fait obstacle. La traduction française ajoute le mot de *quantité*, là où le texte latin ne parlait que d'une « estimation » de la *vis* et se contentait d'énumérer les éléments d'estimation, à savoir la grandeur du corps, les aires de disjonction avec les corps voisins, la vitesse, la nature et la contrariété de *mode* qui se présentent dans le choc.

Dans leur Avertissement, p. IX, Adam et Tannery ont bien noté la négligence du traducteur concernant la notion de *mode*. Elle est ici très importante et le mot français de *façon*, utilisé par Picot, énerve totalement le texte. « Les façons contraires dont plusieurs divers corps se rencontrent » évoquent simplement de manière vague la diversité des cas du choc, alors que le texte latin signifiait que dans l'estimation de la *vis* d'*un* corps, le phénomène du choc permet un élément d'appréciation d'après une modalité dont il faut juger « la nature et la contrariété ».

Mais c'est l'article 44, déjà cité plus haut, qui permet de comprendre, en complétant et précisant l'article 41, tout ce qui est sous-tendu par le *mode*. Il y a dans le mouvement une double modalité : 1° sa vitesse (en grandeur) lorsqu'on considère le mouvement en lui-même (*in se spectatum*, article 41), 2° sa détermination « vers quelque côté ». La 2ᵉ modalité peut être changée sans altérer la 1ʳᵉ (*motu integro remanente*, article 41, ce que la traduction française du même article rend de manière ambiguë). Et l'article 44 latin déclare que deux mouvements de *même vitesse* ne sont pas contraires, ce qui explicite la priorité de la première modalité. Par rapport aux textes de 1640-41 étudiés plus haut, il y a déjà progrès du fait que la détermination est orientée et que l'indépendance de l'intégrité du *motus* par rapport à cette détermination est plus clairement affirmée, mais le progrès de la pensée est encore plus net lorsqu'on examine le détail des contrariétés que l'article 44 latin signifie explicitement suivant la *nature du mode*. La « tardivité participe à la nature du repos », c'est-à-dire que lorsque deux mouvements sont de vitesses différentes, le moins rapide est comme un repos par rapport à l'autre, c'est-à-dire encore que dans la modalité vitesse il y a seulement contrariété entre des mouvements de vitesses différentes parce que l'un s'oppose à l'autre comme le repos au mouvement. La contrariété de deux mouvements de même support est plus ou moins grande suivant qu'ils sont de sens contraires ou de même sens, c'est-à-dire que dans la modalité détermination, le sens est un élément d'appréciation majeur.

Voilà, évidemment, ce que le traducteur des *Principes* en français n'a absolument pas compris. La lecture attentive des articles latins met au premier plan la notion de contrariété, différente suivant la modalité de vitesse ou de détermination.

L'article 45 suivant annonce qu'il faut *calculo subducere*, soumettre au calcul, combien il y a de *vis* dans chaque corps soit pour mouvoir, soit pour résister, et qu'il est certain que celui qui est plus *valens* obtient toujours son effet. Le mot calcul est évidemment ici plus proche du sens étymologique de supputation que d'une signification mathématique précise, mais il évoque l'idée d'une comparaison quantitative, et il importe de voir ce que les règles du choc (articles 46 à 52) apportent réellement à cet égard.

Pour plus de clarté, qu'il nous soit permis de rappeler les hypothèses de ces 7 règles. Les trois premières concernent deux corps B et C allant l'un vers l'autre, donc avec contrariété maximum de détermination, mais d'abord avec des vitesses égales (règle 1 : B = C, règle 2 : B tant soit peu plus grand que C), c'est-à-dire sans contrariété de vitesse. La règle 3, revenant à l'égalité de masse B = C, conjugue seule les deux contrariétés en supposant B tant soit peu plus rapide que C.

Les quatre règles suivantes éliminent la contrariété de détermination pour ne considérer que la contrariété de vitesse : C en repos (règles 4, 5, 6), B et C allant dans le même sens (règle 7).

C'est dans le cadre de cette ordonnance méthodique très remarquable qu'il convient de lire les solutions proposées. La règle 1 (B = C, même vitesse, déterminations contraires) est la seule qui mette en scène deux corps dont aucun ne peut en imposer à l'autre. Dans tous les autres cas, il y a un *valentius*. Les règles 2 et 3 disent que ce corps qui prévaut sur l'autre est le corps B, soit parce qu'il est plus grand, soit parce qu'il a plus de vitesse que C, mais la règle 4 accorde la valence supérieure à C du simple fait qu'il est plus grand bien qu'il soit au repos et sans vitesse.

C'est pour cette règle 4 (article 49) que les additions du texte français par rapport au texte latin sont les plus abondantes et les plus substantielles. Le texte latin se contente de dire que B plus petit que C étant lancé contre celui-ci au repos, « C doit d'autant plus résister que B vient plus vite vers lui, et que sa résistance soit prévaloir sur l'action de B ». Le texte français ajoute que B ne pourrait pousser C sans le faire aller aussi vite que lui après le choc et sans lui communiquer ainsi plus de mouvement qu'il n'en conserve lui-même. L'argument, développé sur l'exemple simple de C = 2B, explicite que le nœud du raisonnement se situe dans cette conséquence de la contiguïté qui conduit à affirmer une vitesse commune aux deux corps après le choc. Chaque moitié de C ayant alors la même vitesse que B, il y aurait deux fois en C le mouvement qui reste à B. Mais C résiste à son changement d'état et l'évaluation précédente attribue à cette résistance une valence double par rapport à celle qui maintiendrait la poussée de B.

Il est donc indéniable que la règle qui a provoqué le plus de contradictions et de sarcasmes, l'absurde règle 4 d'après laquelle un corps au repos ne peut être ébranlé par le choc d'un corps plus petit, quelle que soit sa vitesse — et même d'autant plus que sa vitesse est plus grande —, met en évidence dans son texte français une spéculation basée sur la notion de quantité de mouvement.

Spéculation que l'on retrouve identiquement dans le texte latin de la règle 5 suivante (article 50) où B est supposé plus grand que C, ce qui interdit de supposer que les additions du texte français de la règle 4 soient le fait d'une intervention contraire à la pensée de Descartes.

La constatation est *a priori* favorable à l'interprétation classique de la mécanique cartésienne qui place chez Descartes lui-même l'équation de la force et du produit de la masse par la vitesse, ainsi que le principe de conservation de la quantité de mouvement. Après la lecture attentive que nous venons de faire, il s'en faut pourtant de beaucoup que la conclusion soit aussi simple. Et d'abord parce que dans les deux cas considérés, ce n'est pas le fait pour B d'avoir au départ une quantité de mouvement, alors que C n'en a pas, qui décide s'il peut ou s'il ne peut ébranler C. Ce qui décide, c'est la comparaison des états de B et de C après le choc à supposer que B pousse C devant lui, et qu'ils soient alors à vitesse commune. Dans le cas de la règle 4, où B est plus petit que C, la sobriété du texte latin vient manifestement de ce qu'il n'est pas nécessaire d'évaluer cette vitesse commune pour conclure que la résistance de C est supérieure à la vertu motrice restant à B. De même que dans le cas de la règle 5, où B est plus grand que C, la même économie régit le début de l'argument pour conclure à la prévalence de B. Si l'évaluation de la vitesse commune est ensuite donnée, c'est parce que la prévalence de B justifie que B entraîne C et parce qu'il faut bien alors, pour achever la solution, fixer la valeur de leur vitesse commune.

Dira-t-on que dans cette évaluation, au moins, se manifeste nettement le principe de la conservation de la quantité de mouvement, dira-t-on qu'à défaut de la première partie de l'interprétation classique rappelée ci-dessus, la seconde partie ne souffre aucune réserve?

L'argument de la règle 5 est développé sur l'exemple B = 2C. B ne transfère à C, est-il dit, que le tiers de son « mouvement » à cause que ce tiers fait mouvoir C aussi vite que les deux autres tiers font mouvoir B. L'auteur voit donc bien une équivalence entre l'ensemble de C et des deux moitiés de B, animé après le choc d'une vitesse commune, et le « mouvement » initial de B. Et ce « mouvement » est une quantité composée de la grandeur du corps et de la vitesse. Mais il est clair que la conservation de la quantité de mouvement qui intervient ici n'a nul besoin d'en appeler à un principe général. C'est la solution la plus simple, la plus aisée à concevoir, une fois fixé le résultat du choc, à savoir l'ensemble des deux corps B et C allant de compagnie.

Des remarques analogues peuvent aisément être faites à propos des règles 6 et 7 pour lesquelles les additions de la traduction française ne changent rien à la structure de l'argumentation. Celle-ci s'organise toujours à deux niveaux. Un premier niveau complexe où se détermine le résultat qualitatif du choc, un second niveau où, en fonction de ce résultat, se déterminent les vitesses après le choc d'après ce qui paraît le plus simple et le plus obvie. A savoir que rejaillir ne fait pour un corps que renverser la détermination, tandis que pousser entraîne une distribution de mouvement. Si la conservation de la quantité de mouvement peut se lire dans les deux cas, elle n'est pas explicitement exprimée comme pensée directrice et l'on n'a même pas le droit de prétendre qu'elle se trouve en filigrane comme telle.

La chose est particulièrement nette à propos de la règle 6 où B égal à C heurte celui-ci au repos, et à propos du cas particulier de la règle 7 où B plus petit que C poursuit celui-ci avec une vitesse plus grande dans le rapport exactement inverse des grandeurs. L'analyse qualitative ne permet pas alors de savoir quel est le *valentius*. Aussi l'auteur est si visiblement embarrassé que son texte latin est d'une discrétion étonnante tandis que les additions de la traduction française se contentent de dire que « puisqu'il n'y a pas plus de raison pourquoi B doive rejaillir que pousser C, ces deux effets doivent être également partagés ». Encore faudrait-il savoir ce qui doit être également partagé, et l'on ne saurait déterminer de manière précise ce qui est à cet égard dans la pensée de l'auteur d'après l'indication fugitive du seul exemple numérique qu'il donne.

On a dit et redit que les règles cartésiennes du choc ne sont qu'une esquisse, mais on l'a fait en sous-entendant que les principes dont elles seraient l'esquisse étaient déjà fermes dans la pensée de Descartes. La réalité nous paraît différente. Ces règles ne sont qu'une esquisse parce qu'elles sont l'expression d'une pensée en état de recherche. Mieux vaut se mettre en face de cette réalité plutôt que de laisser place à l'ambiguïté.

C'est ici sans aucun doute qu'il convient de se rapporter aux précieuses déclarations de Descartes lui-même dans la lettre à Clerselier du 17 février 1645 déjà citée plus haut. Nous n'avons jusqu'à présent porté notre attention que sur l'aveu, réservé à l'ami, que les règles du choc sont difficiles et sur la promesse d'éclaircissements ultérieurs. Or, il y a davantage. Employant résolument le langage de la modalité, précisant la double modalité du mouvement que nous avons relevée, Descartes déclare à Clerselier que la solution des lois du choc réside dans un unique principe. A savoir que le choc est le fait de deux corps dont les modalités de mouvement sont à la fois contraires et incompatibles, que le choc consiste à rendre ces modalités compatibles et que le changement nécessaire pour cela doit être le moindre possible.

Il est évident que cette déclaration fournit à elle seule une clef de lecture si l'on se rappelle l'ordonnance des règles que nous avons soulignée plus haut. Dans le cas des trois premières règles où il y a contrariété des déterminations, le renversement d'une détermination est une condition minimum· impérative de compatibilité. Cette condition est suffisante dans les cas des règles 1 et 2 où B et C ont la même vitesse, car le renversement d'une détermination assure leur mouvement de compagnie, donc la compatibilité complète, mais il y a deux manières d'y satisfaire *a priori*. D'où la nécessité d'adjoindre une raison pour que ce soit une détermination plutôt que l'autre qui soit sujette au changement. Dans le cas de la règle 2, le fait que B est plus grand que C fournit la raison du rejaillissement de C. Dans le cas de la règle 1, où B = C, il n'y a pas de raison en faveur de l'un par rapport à l'autre, et l'économie doit s'accommoder à cette indifférence : les deux corps doivent rejaillir, les deux déterminations s'inverser. Dans le cas de la règle 3, où B = C avec une vitesse plus grande, cette vitesse plus grande est une raison pour que B prévale et que C rejaillisse, mais le changement de détermination ne suffit pas puisque B poursuivant alors C, il y a encore incompatibilité sur la modalité vitesse.

Il est remarquable que, s'adressant à Clerselier, Descartes éprouve le besoin d'expliciter (9) comment son principe unique s'applique pour les règles 4, 5, 6, où l'un des corps C est en repos avant le choc. Nous n'en sommes pas ainsi réduits à des conjectures laborieuses, sur des cas évidemment plus délicats que les précédents.

Lorsque B plus petit que C vient le heurter au repos, il ne pour-

(9) *Œuvres de Descartes*, Ed. A.-T., tome IV, p. 186.

rait l'entraîner, le pousser devant lui, dit Descartes, qu'en lui cédant plus de la moitié de sa vitesse et de sa détermination, tandis que s'il rejaillit, il n'y a que changement de sa détermination. L'économie est en faveur de cette solution.

Lorsque B est plus grand que C, au contraire, B n'a besoin que de changer moins de la moitié de sa vitesse et de sa détermination pour pousser C, et c'est pourquoi c'est ce qui se produit.

Lorsque B = C, Descartes se contente de suggérer que dans ce cas intermédiaire, B ne peut céder que la moitié de son mouvement, mais sans qu'il y ait de raison pour que l'un des corps prévale sur l'autre. D'où le rejaillissement de B avec équipartition sur lui et sur C de la moitié de son mouvement initial.

L'explication qui fait défaut pour la règle 6 dans les *Principes* se situait donc pour Descartes dans la coupure entre les cas des règles 4 et 5.

Passons sur l'étrange déclaration qui dit que la détermination est jointe à la vitesse et permet de parler de moitié à propos d'une modalité qui paraissait soustraite à la quantification. Nul autre passage de Descartes n'est aussi proche de la conception vectorielle de la vitesse. Retenons surtout, pour le sujet qui nous occupe, les considérations économiques.

Ce qui leur sert de support, c'est évidemment que dans un ensemble de deux corps B et C entraînés par une vitesse commune, le rapport des grandeurs définit celui des participations au mouvement global. De telle sorte que le plus ou moins par rapport à la moitié s'impose dans l'ordre même des grandeurs de C et de B.

Certes la manière dont le plus ou moins de la moitié est ensuite utilisé, sous-entend l'égalité du « mouvement » d'ensemble après le choc avec le « mouvement » initial de B, donc la conservation de la quantité de mouvement. Mais il n'y a là que sous-entendu, et sur un cas où l'on comprend bien qu'il puisse en être ainsi, le mouvement conjoint de B et C faisant suite dans le même sens au mouvement de B et suggérant une transmission intégrale. Ce qui affleure explicitement à la conscience de Descartes, ce n'est pas la nécessité de préciser cela, c'est l'illustration de son principe d'économie.

Par rapport à cet état de la question en 1645, les additions des textes français des règles du choc constituent un effort pour développer la présentation des résultats, déjà obtenus par application du principe d'économie modale, à l'aide d'un autre type d'argumentation qui n'était qu'ébauché dans les textes latins : celui de la *résistance* au changement d'état et à l'augmentation du mouvement. Mais il est notable que cet effort tourne court pour la règle 6 et pour le cas de la règle 7 où il y a égalité des quantités de mouvement de B et de C. Si nous n'avions pas la lettre à Clerselier, nous ne saurions pas ce qui a conduit en réalité Descartes à la règle 6.

En définitive quelle est la conclusion qui ressort de cette longue confrontation de textes? Tout d'abord que la conservation de la quantité de mouvement n'est prise comme moyen d'argumenter qu'au niveau simple que nous avons dit : passage par le choc à un mouvement de compagnie pour les deux corps en présence.

Ensuite que la recherche des raisons du résultat du choc comportait pour Descartes lui-même deux niveaux. Un niveau profond et philosophique dominé par la notion d'économie dans les changements de modalités, un niveau de traduction en termes plus mathématiques, mettant en scène des notions de force et de résistance et des moyens de juger par comparaison de « valences ».

C'est ce dernier niveau seul qui apparaît dans les *Principes*, et on voit mieux dans quel sens il convient de dire que les règles cartésiennes du choc ne sont qu'une esquisse. Ces règles sont la pièce maîtresse d'une tentative de traduction, fondamentale pour une nouvelle « philosophie naturelle » qui vise à mettre à la portée de l'homme moyen des instruments simples et sûrs, mais cette tentative ne va même pas jusqu'au bout de ce que l'auteur a acquis par avance dans une démarche préalable de style tout différent.

Il nous reste à répondre à l'objection qui ne manquera pas de nous être faite. En concentrant l'attention sur les règles du choc, n'avons-nous pas en effet négligé d'autres textes où Descartes parle explicitement de la quantité de mouvement et de sa conservation en général, notamment l'article 36 de la IIe Partie des *Principes*, article qui précède de loin ceux des règles du choc?

Il est vrai que cet article 36 est le premier, dans l'ordre de lecture, où il est dit que le mouvement relève d'une quantité bien qu'il ne soit qu'un *mode* de la matière mue. Il est vrai que pour fixer l'idée de cette quantité il est dit qu'il y a autant de mouvement dans un corps double que dans sa moitié animée d'une vitesse double. Il est vrai aussi que l'immutabilité divine est invoquée pour affirmer que quels que soient les mouvements des parties de la matière à l'origine du monde, il se conserve dans la *totalité* de cette matière autant de mouvement qu'il y en avait au départ.

Mais sommes-nous tenus de considérer que l'ordre de l'exposition et de la lecture est nécessairement celui de la démarche de la pensée de l'auteur? Evidemment non. Et l'on nous permettra de faire remarquer que dans la perspective d'une physique du plein l'analyse du choc précède normalement toute tentative d'énoncer une loi totalisante. L'on nous permettra aussi de faire remarquer que les règles du choc données dans les articles étudiés plus haut ne comportent aucune référence à l'article 36.

Cet article nous apparaît en définitive davantage comme le résultat d'une totalisation, et d'une généralisation permise par les règles du choc, que comme un principe préalable pour parvenir à ces mêmes règles. Et son habit théologique ne doit pas donner le change.

Si l'on se reporte d'ailleurs au second texte souvent invoqué en la matière, celui du *Traité du Monde*, on ne peut manquer d'être surpris par un détail qui modifie la portée de la référence (10). Certes, ce passage reprend l'argument de l'article 36, mais la conservation de ce que Dieu a mis dans sa Création est déclarée celle d'une « certaine quantité de mouvemens », et la suite, qui parle de la redistribution possible de « ces mouvemens », ne laisse aucun doute sur le fait que le pluriel du mot mouvement dans l'expression « certaine quantité de mouvemens » n'est pas une erreur typographique de l'édition posthume du *Traité*. C'est Descartes lui-même qui a voulu ce pluriel, marquant par là que l'ensemble des mouvements dans le monde est à ses yeux susceptible d'être caractérisé par un nombre, selon une terminologie qui n'est pas étrangère au langage de la *Physique* d'Aristote. Lire cette phrase, comme on le fait couramment, en faisant sauter le pluriel, est une atteinte grave, inconsciente peut-être mais certaine, à sa signification profonde qui est simplement l'idée d'une loi totalisante. L'idée de la loi ne préjuge pas de sa forme mathématique précise. Comme le montre encore la suite du texte, ce sont les règles du choc qui font apparaître cette forme mathématique en mettant en œuvre les produits des masses par les vitesses et la conservation de leur somme dans chaque action de contact où se réalise une transmission et une redistribution de mouvements. Force est de reconnaître que la « quantité de mouvements » dans le monde se distingue des « quantités de mouvement » qui la consti-

(10) *Œuvres de Descartes*, Ed. A.-T., tome XI, p. 43, lignes 14 et sq.

tuent de la même manière que le volume limité par une surface fermée se distingue des éléments dont la somme des mesures doit conduire à lui affecter une mesure.

En définitive se découvre une raison supplémentaire de l'intérêt que Descartes pouvait porter aux règles du choc, au point de leur accorder cette attention exclusive que nous avons constatée pour la révision de leur traduction française dans les *Principes*. Non seulement ces règles étaient essentielles, comme nous l'avons dit, pour une physique du plein qui ne connaît que l'action de contact, mais encore elles seules étaient susceptibles de fixer la forme mathématique d'une loi générale de conservation. Et non l'inverse.

Peut-être n'est-il pas inutile d'illustrer une méprise si communément faite dès la diffusion de l'œuvre de Descartes. Lorsque Malebranche corrige en 1700 son opuscule sur les « Loix de la communication des mouvemens », incorporé à l'édition V de la *Recherche de la Vérité*, pour faire droit aux critiques de Leibniz et aux difficultés qu'il a lui-même rencontrées dans l'application des principes cartésiens (11), il reproche à Descartes d'avoir déduit de l'immutabilité divine une loi générale de conservation de la quantité absolue de mouvement, il proteste de la souveraine liberté de Dieu et de l'impossibilité de la limiter de quelque manière en la soumettant à des impératifs logiques, il en appelle pour les lois du choc à cette « espèce de révélation telle qu'est celle que donne l'expérience ». Et sans doute les règles du choc élastique auxquelles il fait ainsi allusion sont meilleures que celles de Descartes, mais Malebranche ne voit pas que ce qu'il demande maintenant à l'expérience de révéler se situe au même niveau que ce que Descartes espérait déterminer par voie rationnelle, c'est-à-dire au niveau élémentaire de l'action de contact de deux corps. Malebranche croit à l'antériorité chez Descartes d'une loi générale et totalisante de conservation, entièrement définie dans sa forme, et il prend au sérieux l'appel à l'immutabilité divine.

Nous arrêterons là notre propos. Peu importe, diront certains, que l'on se soit mépris depuis si longtemps, et presque du vivant

(11) Cf. nos notes et commentaires de l'édition critique des *Loix de la communication des mouvemens* in *Œuvres complètes de Malebranche*, tome XVII_1, Vrin, Paris, 1960, p. 9-236, et spécialement p. 15-17; cf. aussi notre rapport sur « La participation de Malebranche au mouvement scientifique » in *Malebranche, l'homme et l'œuvre*, Vrin, Paris, 1967 (Journées Malebranche du Centre International de Synthèse, 1966).

de Descartes, sur le sens de ses démarches. N'a-t-il pas tout fait, après tout, pour favoriser la méprise, et si ce qu'il croyait être habileté ou pédagogie s'est retourné contre lui, il n'y a pas lieu de s'en émouvoir. Au reste s'il faut distinguer entre mécanique cartésienne et mécanique de Descartes, c'est la première qui correspondait à ce que nous avons appelé un effort de traduction, dans des « canons » aisément transmissibles, et c'est celle qui a été reçue. C'est elle qui compte pour l'histoire et non pas les scrupules, les nuances ou les hésitations de l'auteur.

La fonction essentielle de l'historien est cependant de ne négliger aucun fait, sa règle de conduite de ne jamais préférer les thèses à leurs fondements. En reprenant les sentiers battus et à propos de la mécanique de Descartes, nous avons retrouvé des faits, corrigé des fondements, découvert le caractère trop schématique de certaines thèses. Nous estimons que cela est utile. Utile à l'égard du sujet traité, mais utile aussi au-delà, pour nourrir notre réflexion à tous points de vue. Y compris celui de la méthode même de l'histoire des sciences. La révision continue est nécessaire pour que cette histoire soit une discipline positive, et son efficacité est certaine.

La courbure et son apparition chez Descartes *

La pluralité des aspects sous lesquels l'historien doit appréhender aujourd'hui le phénomène de la science s'impose de plus en plus. Le foisonnement des disciplines nouvelles, la multiplicité de leurs applications, l'importance de leur impact social et le réseau des organismes qu'elles suscitent et dont elles dépendent, et bien d'autres contestations encore interdisent la mise entre parenthèses de l'environnement de l'objet « science ». Les temps sont révolus où une certaine conception assez étroite de la philosophie de la connaissance pouvait déterminer les voies de l'histoire des sciences. Mais la diversité de ces voies n'est pas seulement celle des aspects qu'il s'agit d'atteindre, elle est aussi celle des méthodes et c'est sans doute ce qu'il est plus malaisé de faire entendre. D'où le modeste propos qui consiste à s'y essayer sur un exemple.

Prononcer le mot de courbure devant un mathématicien, c'est évoquer le contexte d'une géométrie dans laquelle l'analyse infinitésimale prend en compte les infiniment petits du deuxième ordre. Et cela oriente à l'avance, pour ce mathématicien, l'enquête historique : il ne peut être question de pratiquer une recherche, concernant cette acquisition de la géométrie analytique, en dehors de l'élaboration systématique du calcul différentiel à la fin du XVIIe siècle.

Cet *a priori,* fonction du développement ultérieur des notions mathématiques et de connaissances aujourd'hui élémentaires, n'est pas en soi erroné. L'enquête révèle d'ailleurs que si la notion de l'écart entre une courbe et sa tangente, au voisinage d'un point, était nettement présente chez Huygens et chez Newton dès qu'ils s'appliquèrent indépendamment l'un de l'autre, aux environs de 1659, à déterminer la force génératrice d'un mouvement, il s'en faut de beaucoup pour que le rapport de l'écart à l'arc de courbe auquel il correspond ait été aussitôt perçu, même par ces grands promoteurs, comme un élément caractéristique, digne d'un nom spécial [1]. Et dans le dictionnaire mathématique d'Ozanam, en 1691, – ouvrage cependant fort savant, – c'est en vain que l'on peut chercher quelque trace à cet égard. Le mot de courbure, jusqu'en cette fin du siècle et malgré la naissance du nouveau calcul, n'était pas encore, à proprement parler, un terme de la langue savante. Il demeurait vulgaire, exprimant simplement la qualité de ce qui n'est pas droit.

* Mélanges Charles Morazé, *Culture science et développement,* Toulouse, Éditions Privat, 1979, p. 337-344.

Il est donc très aisé de vérifier que le mathématicien ne se trompe pas en indiquant préalablement le *terminus a quo* à prendre en considération. L'historien semble réduit à mettre laborieusement en évidence comment, en étant promu à une dignité technique, un mot vulgaire a simplement marqué la prise de conscience d'une évolution étendue sur des décennies. L'intérêt de ce phénomène de maturation, phénomène constant et universel, est considérable, mais ne bénéficie pas, en général, d'un accueil très favorable. On peut aisément, certes, tenter d'attirer davantage l'attention du mathématicien en lui montrant qu'il ne s'agit pas seulement d'une question de vocabulaire, en lui apportant la preuve – documents à l'appui – de l'impossibilité qu'il y a à séparer l'élaboration du nouveau calcul, différentiel, et la révélation progressive que l'étude des problèmes du 2ᵉ ordre, comme celui de la courbure, a imposée aux praticiens quant à la nature des difficultés à surmonter – notamment en ce qui concerne les notations [2]. Il reste que l'impression qui prévaut chez la plupart des lecteurs d'une telle réflexion historique est celle de subtilités à l'usage d'érudits, et sans importance réelle pour la connaissance globale et fondamentale.

Depuis quelques années déjà l'application des méthodes de l'informatique modifie cependant l'étude des textes de telle manière que bon gré, mal gré, les scientifiques ne pourront pas longtemps soustraire leur propre discours à une analyse qui leur échappe en partie. Sans doute est-il prématuré de considérer qu'une science générale du discours est en train de se constituer, mais il est hors de doute que des approches sont faites dans ce sens et que le discours de la science, si spécifique soit-il, peut et doit être terrain d'expérience. Nous avons eu l'occasion de le montrer ailleurs à propos des résultats de l'indexation automatique des *Regulae* de Descartes [3], et nous voulons simplement ici, en fonction des résultats obtenus de la même manière, sur les autres œuvres scientifiques du grand philosophe, illustrer l'utilité de ce type de problématique [4]. Nous le ferons, bien entendu, en considérant le cas particulier, ci-dessus évoqué, de la notion de courbure et nous ne nierons pas que l'attention portée à ce cas particulier résulte des réflexions présentées plus haut. Dans la mesure même où il est indéniable que la notion, telle qu'elle est devenue pour nous classique, est significative de la géométrie différentielle du second ordre développée à la fin du XVIIᵉ siècle il est essentiel de sonder la littérature mathématique antérieure.

L'indexation automatique permet de donner à ce sondage un caractère précis et exhaustif qui n'est pas accessible autrement. On objectera peut-être que les coûts élevés de l'opération limitent le sondage à un petit nombre de textes, en l'occurrence ceux de Descartes, et que si le sondage est exhaustif par rapport à ces textes, il ne l'est pas pour les textes d'autres auteurs contemporains. Nous répondrons que tout dépend de la conscience dans laquelle on se place dès le départ. Sachant que nous ne disposons que pour les textes cartésiens d'un outil efficace, nous nous garantissons nous-même contre toute tentation de généralisation abusive. Nous n'avons pas a priori d'autre prétention que de déterminer si, et comment, la notion de courbure apparaît chez Descartes.

Le résultat de l'enquête est vite obtenu. Le mot de courbure apparaît une seule fois dans le *De Solidorum elementis*, deux fois dans la *Dioptrique* et autant dans la *Géométrie* [5].

Les deux occurrences de la *Dioptrique* sont de nature très différentes [6]. La première concerne le sens général de la courbure comme qualité de ce qui est courbe. C'est à la courbure d'une surface éclairée qu'est rapportée la dispersion des rayons lumineux réfléchis. Il n'y a là rien de notable. Mais, avec la seconde occurrence, au contraire, une nuance importante est apportée. En essayant d'expliquer pourquoi un système de dioptres ne permet pas de réaliser une lentille capable de donner rigoureusement l'image d'un objet étendu, Descartes met en cause « l'inégalité de la courbure », c'est-à-dire le fait que pour ces dioptres, au profil hyperbolique ou elliptique, la courbure varie d'un point à un autre, contrairement à ce qui va de soi pour un profil rectiligne ou circulaire. Sans doute est-on encore, avec ce texte, dans la perspective de la courbure comme qualité, mais qualité susceptible de plus et de moins. Le texte est à cet égard très explicite. Les dioptres les plus favorables à une solution sont « les moins courbés et les moins inégalement courbés ». Ce qui exige une « approche de la droite plutôt que de la [ligne] circulaire ». « D'où il est aisé de conclure, ajoute Descartes, que l'hyperbole surpasse l'ellipse », entendant évidemment par là que des deux solutions du problème de l'anaclastique, c'est l'hyperbole la plus satisfaisante au point de vue indiqué.

On ne saurait assez insister sur l'importance de cette référence chez Descartes. Le problème de l'anaclastique, c'est-à-dire du profil du dioptre apte à transformer un faisceau de rayons lumineux parallèles en un faisceau conique, s'est posé à lui au cours de ses contacts avec le groupe Mersenne en 1626 et a fait de sa part une mention spéciale dans les *Regulae* vers 1628 [7]. C'est à l'occasion de ce problème qu'il a complété par une lecture directe ce qu'il pouvait savoir de l'effort de Kepler en matière de théorie de la lumière, et qu'il a appris ainsi le privilège accordé par Kepler, sans démonstration, à la solution par hyperbole. Mais orienté dès cette époque sur une loi de la réfraction plus simple que celle de Kepler (loi des sinus), il a parfaitement conçu la nature du problème mathématique que cette loi imposait pour la détermination de l'anaclastique, à savoir déterminer une courbe par une propriété de sa tangente. S'il n'a pas été capable de résoudre directement ce que les mathématiciens de la fin du siècle appelaient le problème inverse des tangentes – et ce que nous appelons l'intégration d'une équation différentielle du premier ordre – il a néanmoins pu montrer, comme en témoigne sa *Dioptrique* publiée en 1637, que l'hyperbole et l'ellipse sont toutes deux des solutions. D'où de sa part une certaine fierté par rapport à Kepler, comme en témoigne un passage d'une de ses lettres à Mersenne [8]. Mais le texte de la *Dioptrique* sur lequel le mot de courbure vient d'attirer notre attention aurait pu lui permettre de donner à cette fierté un motif supplémentaire. Puisque c'est lui qui en définitive rendait raison du privilège képlérien en faveur de l'hyperbole, pour l'application des solutions mathématiques au problème physique des lentilles d'optique.

Sans doute y avait-il quelque chance pour Descartes à ce que les solutions mathématiques en question soient fournies par les sections coniques, c'est-à-dire par des courbes déjà beaucoup étudiées, liées au cercle par perspective, et qu'il était naturel de chercher à classer après la droite et le cercle dans l'ordre de complication croissante. Il n'en reste pas moins que l'idée de comparaison par la courbure était de sa part originale.

Originale et chargée de signification pour l'avenir. Car si les solutions d'un même type d'équation différentielle du premier ordre se distinguent tellement l'une de l'autre, il doit bien arriver un moment où la raison en soit fournie. Et où la courbure, qualité susceptible de plus et de moins, reçoive un statut quantitatif précis, basé sur la considération des éléments différentiels du 2e ordre. Le contexte dans lequel l'indexation nous a renvoyé, en ce qui concerne l'une des deux occurrences de « courbure » dans la *Diop-*

trique de Descartes, présente les caractères de l'attente. Et de l'attente d'une conception qui nous est familière parce qu'elle est venue au jour et parce qu'elle est devenue classique.

Tout autre est le résultat fourni par l'examen des occurrences dans la *Géométrie* et dans le *De Solidorum elementis* [9].

Bien que le mot « courbure » soit signalé deux fois dans la *Géométrie,* il s'agit en réalité de l'emploi dans deux phrases consécutives et dans un même contexte. Et ce contexte est fort heureusement précisé par l'auteur quelques lignes auparavant. « Il est vrai, dit-il, que je n'ai pas encore dit sur quelles raisons je me fonde pour oser assurer ainsi si une chose est possible ou si elle ne l'est pas. » [10]. C'est très précisément pour cela que Descartes fait, à la suite, appel à la courbure.

Précisons davantage. Descartes vient de développer à propos des équations du 3ᵉ degré toutes les conséquences qui résultent de l'utilisation des coniques comme moyen intermédiaire. Et il prévoit l'objection possible : qu'est-ce qui prouve que l'on est obligé d'en passer par ce moyen? Sa réponse est très claire, encore qu'exprimée en des termes qui exigent pour nous une transcription.

La courbure du cercle, déclare-il, ne dépend que de son rayon et fait donc intervenir un seul paramètre auxiliaire. Il est ainsi certain que l'on ne peut se servir du cercle que pour résoudre les problèmes où il n'y a qu'une inconnue, notamment la détermination d'une seule moyenne proportionnelle entre deux grandeurs ou la division d'un arc en deux parties égales. Ce n'est pas le cas pour les deux problèmes classiques qui préoccupent les mathématiciens depuis longtemps, à savoir la détermination de deux moyennes proportionnelles ou la trisection de l'angle. Problèmes qui débouchent tous les deux sur la résolution de l'équation du 3ᵉ degré. Force est de s'adresser, pour leur solution, à un médium comportant deux paramètres et la courbure des coniques correspond à cette exigence. « Elle dépend, dit Descartes, de deux différentes choses ».

Qu'est-ce à dire? Sinon, évidemment, que l'hyperbole et l'ellipse ne sont définies que lorsqu'on donne à la fois, et indépendamment l'une de l'autre, la distance des foyers et la longueur de l'axe. Impossible de contester que ces courbes permettent l'introduction de deux paramètres. On peut néanmoins trouver que la manière dont ce fait constitue pour Descartes *la raison* de l'utilisation dans les problèmes évoqués relève d'une singulière distance, allègrement franchie sans justification adéquate. Nous n'en discuterons pas ici. Ce qui mérite d'être souligné, au point de vue où nous nous sommes placés, est la traduction en terme de « courbure ». Il est clair que le terme est encore, dans ce nouveau contexte, proche du sens qualitatif; mais avec une ouverture sur le quantitatif qui est toute différente de ce qu'il en est dans le cas précédent. Du cercle à l'hyperbole et à l'ellipse, il n'est plus ici question du passage d'une courbure constante à une courbure variable, variable d'un point à un autre de la courbe, mais du fait que globalement l'allure générale de la courbe passe de la référence à une donnée à la référence à deux données distinctes et indépendantes. Le mot « courbure » est associé à une caractéristique d'ensemble pour une ligne courbe considérée et cette association n'est pas seulement qualitative, elle est rapportée à des éléments de quantification généraux.

L'occurrence dans le *De Solidorum elementis* [11] se rattache directement à cette conception. Il ne s'agit pas, dans ce texte, qui appartient à la jeunesse de Descartes, de géométrie plane, mais de géométrie dans l'espace. Dès le début, et à propos précisément de la correspondance qu'il est possible d'établir entre les propriétés des figures planes et des figures à trois dimensions, l'auteur est amené à introduire le mot de courbure. Pour tout polygone convexe dans le plan, la somme des angles extérieurs (point de vue global) est égale à 4 droits. Y a-t-il une propriété analogue dans l'espace? C'est la question que se pose Descartes.

Cette question concerne évidemment un polyèdre convexe. En chaque sommet, la figure est celle d'un « angle solide », généralisation de l'angle plan, et cette figure peut être considérée de deux manières : soit comme figure limitée ou enveloppée par un ensemble de plans passant par un même point, soit comme figure définie par un ensemble de droites passant par un même point. C'est à propos de la première manière que Descartes prononce le mot de courbure. En lui donnant d'ailleurs comme équivalence l'expression de l'inclinaison des plans, l'un par rapport à l'autre, ce qui veut dire qu'à l'ensemble des plans qui enveloppent l'angle polyèdre en chaque sommet, l'auteur fait correspondre l'ensemble des inclinaisons de ces plans considérés l'un après l'autre. Mais il ajoute aussitôt qu'il *est opportun de mesurer* cette courbure à l'aide de la définition de la figure selon la seconde manière.

Cette opportunité de la mesure est évidemment ce qui fait tout l'intérêt du texte. Et elle apparaît clairement par la suite donnée immédiatement. Ce qui distingue tout angle polyèdre convexe d'un plan, ce qui fait qu'il est « solide », s'exprime en effet plus simplement et de manière vraiment caractéristique par le fait que la somme des angles plans compris entre les arêtes est inférieure à 4 droits. Or, en adoptant pour mesure de la courbure la différence (positive) entre 4 droits et la somme des angles, il est aisé de constater que la somme des courbures pour n'importe quel solide polyèdre convexe est toujours égale à 8 droits. D'où une généralisation que n'aurait pas pu donner une autre manière de *mesurer* la courbure : quand on passe du polygone convexe plan au polyèdre convexe de l'espace, la somme des courbures passe simplement de 4 droits à 8 droits. Le point de vue global, appliqué deux fois – une première fois pour chaque angle solide, une deuxième fois pour tous les angles solides du même polyèdre – aboutit à une propriété générale [12].

Cette propriété générale est équivalente à celle qui est connue depuis le milieu du XVIIIe siècle sous le nom de théorème d'Euler, à savoir que si l'on désigne par S le nombre de sommets d'un polyèdre convexe quelconque, par F le nombre de faces et par A le nombre d'angles plans, on a $S + F = A + 2$. Depuis 1860, date à laquelle le *De Solidorum elementis* de Descartes a été découvert dans les manuscrits de Leibniz, on sait que la relation précédente était effectivement en possession du philosophe français et qu'il en déduisait une règle pour déterminer toutes les formes possibles de polyèdres réguliers ou semi-réguliers. Par conséquent pour spéculer, là encore, sur la distinction entre le possible et l'impossible, et tenter de cerner les propriétés fondamentales de l'espace. Et l'on doit reconnaître à Joseph Bertrand le mérite d'avoir aussitôt souligné la parenté entre la notion de courbure introduite par Descartes à ce propos et celle que Gauss, moins de cinquante ans auparavant, avait proposé de considérer dans ses *Recherches sur les Surfaces courbes* [13].

Lorsqu'on se reporte au texte de Gauss, on voit que la parenté n'a pas tout à fait le caractère que Joseph Bertrand suggérait. Mais il est certain néanmoins que cette parenté est réelle, et il convient bien de le montrer.

Le texte de Descartes est très bref et n'explicite guère le support des résultats qu'il énonce. Peut-être parce qu'il ne s'agissait pour l'auteur que d'un résumé à son propre usage, peut-être aussi parce que Leibniz n'a retenu dans ses notes de lecture que ce qui lui paraissait le plus important. Quelle que soit l'hypothèse vers laquelle on incline, il faut restituer à certains endroits ce que le texte ne déclare pas et c'est là une opération délicate. On peut cependant affirmer de manière formelle que Descartes s'est servi de la considération des angles solides supplémentaires d'angles solides donnés, considération qui était, sous un autre nom, assez commune à l'époque même où il effectuait ses premières démarches personnelles en mathématiques [14].

Sans doute n'est-il pas inutile de rappeler que l'angle solide supplémentaire d'un angle solide convexe donné, de sommet S et d'arêtes SA, SB, SC, etc., est obtenu en abaissant d'un point O, intérieur à l'angle solide donné, les perpendiculaires sur les faces. La courbure, telle que la mesure Descartes, est exprimée en fonction de l'angle droit par le nombre suivant : 8 fois le rapport de l'aire que l'angle solide supplémentaire découpe sur une sphère de centre O à l'aire de la sphère entière. C'est précisément pour cela que la somme des courbures de tous les angles d'un solide polyèdre donne 8 droits, ainsi que nous l'avons relevé plus haut dans le texte cartésien.

Ceci étant, que trouve-t-on chez Gauss? A une surface continue donnée, il associe une image. Celle que l'on obtient pour chaque point M de la surface en menant d'un point O la parallèle à la normale en M à la surface et en prenant son intersection avec une sphère de centre O. « Pour l'étude des relations de quantité, dit-il, il nous paraît utile d'introduire, dans la théorie des surfaces courbes, quelques notions nouvelles. Étant donné une portion de surface, comprise dans un périmètre déterminé, nous dirons qu'elle a pour *courbure totale ou intégrale* l'aire de la figure qui lui correspond sur la surface sphérique auxiliaire » [15]. Il y a donc analogie. Le cône qui découpe sur la sphère la figure en question est analogue à l'angle solide supplémentaire considéré ci-dessus. Et dans les deux cas, il y a point de vue global, que souligne d'ailleurs l'utilisation de l'aire de la figure découpée. Ou plus exactement du rapport de cette aire à l'aire de la sphère auxiliaire arbitraire, car c'est bien évidemment ce qu'il faut considérer.

Il y a aussi, c'est clair, une différence. Appliquée à l'angle solide, pris comme surface à étudier, la construction de Gauss ne constitue sur la sphère qu'un ensemble de points, à savoir seulement les sommets du polygone sphérique qu'il faut considérer dans le cas de Descartes. De sorte qu'il ne peut être question de trouver avec la courbure totale au sens de Gauss une expression valable pour l'angle solide. D'autre part, la courbure cartésienne est homogène à un angle, tandis que la courbure de Gauss est un nombre et, de l'une à l'autre, il y a suppression d'un coefficient 8.

Au bénéfice de ces dernières remarques on peut seulement énoncer un cas où il est possible de faire se rejoindre les deux notions. C'est le cas où le long du contour de la portion de surface considérée par Gauss il y a cône circonscrit. La construction de Gauss appliquée à la portion de surface et au cône circonscrit conduit à la même figure sur la sphère auxiliaire et cette figure est découpée par le cône supplémentaire de sommet O. La courbure cartésienne du cône circonscrit est alors simplement exprimée en fonction de l'angle droit par un nombre égal à 8 fois la courbure de la portion de surface au sens de Gauss.

Il est inutile de s'étendre davantage. Sauf qu'il y a lieu de signaler que Gauss conçoit aisément à côté de la courbure totale une autre courbure, celle qui résulte autour d'un point M de la surface du rapport de l'aire infiniment petite de l'image sphérique avec l'aire infiniment petite de la surface elle-même. Et commentant ses innovations, il déclare : « Pourquoi n'userait-on pas d'une certaine latitude, quant aux mots, pourvu que les choses elles-mêmes ne soient pas vides, et que le discours soit à l'abri de toute interprétation erronée? » Il n'y a pas, en définitive, de meilleur commentaire pour les différentes acceptions du terme telles que nous les avons relevées chez Descartes.

Que conclure? Tout d'abord que ces différentes acceptions sont significatives des tâtonnements que la comparaison du droit ou du plan avec le courbe imposait à un esprit comme celui de Descartes dans son projet de soumettre la géométrie au calcul. Il s'agissait de surmonter ce qui, dans la tradition antique, se présentait comme une incompatibilité [16]. Dès lors, le thème de la courbure prend un intérêt qui dépasse de beaucoup la question de son lien avec la naissance du calcul différentiel. Force est de se référer à une signification plus profonde, celle du combat contre un vieux démon. Et il en résulte pour l'histoire de la mathématique au XVIIe siècle un éclairage nouveau. Impossible ensuite de continuer à écrire cette histoire à partir d'un point de vue descriptif, étroitement fondé sur les notions qui sont aujourd'hui communes.

C'est bien l'exemple que nous voulions présenter. Nous espérons lui avoir laissé la force démonstrative qu'il a pour nous-même. Il est faux que l'obligation de prendre en compte l'environnement soit le seul motif d'un renouvellement de l'histoire de la science. La manière d'écrire cette histoire en se plaçant à l'intérieur de son objet ne se satisfait plus elle-même des démarches traditionnelles. Et quel que soit le dérangement qui est ainsi apporté à des habitudes, il faut s'en réjouir.

NOTES

1. Ce nom spécial affleure seulement dans les *Principia* de Newton, 1re édition de 1687, p. 34, lorsque l'auteur explique que la courbure « d'une trajectoire en un point n'est ni infiniment petite, ni infiniment grande » et qu'il en résulte qu'un certain « intervalle » (qui n'est autre que ce que nous appelons le rayon de courbure) est de grandeur « finie ».
2. On sait que les premières notations différentielles, celles d'Isaac Barrow – le maître de Newton –, consistent à désigner simplement par les lettres *e* et *a* les variations infinitésimales correspondantes des coordonnées et que l'école française (Malebranche, L'Hôpital) a fait l'épreuve – en 1690-1691 – de son inaptitude à pratiquer sans erreur l'itération nécessaire pour permettre le traitement de la concavité et de sa variation. Cf. *Œuvres complètes de Malebranche,* t. XVII, 2, *Mathematica,* Paris, 1968, p. 65-69.
3. Cf. Notre article sur « Les regulae et l'actualité scientifique de leur temps », dans le numéro spécial des *Études Philosophiques* consacré à Descartes, t. IV, 1976, p. 415-423.
4. Commencée en 1970, l'indexation du Corpus cartésien a déjà abouti à la publication, aux éditions de la Faculté des Lettres de l'Université de Rome (Éd. dell'Ateneo), de l'index des *Regulae* et du *Discours de la Méthode.* Sont actuellement prévues les publications prochaines des index du *Compendium Musicae,* du *De Solidorum elementis,* de la *Géométrie,* de la *Dioptrique* et des *Météores.*
5. Les occurrences de très faible fréquence et les hapax constituent en général l'information la plus significative des résultats de l'indexation automatique. Celle-ci a l'avantage, grâce au dépouillement systématique, d'assurer un examen exhaustif des contextes où l'auteur éprouve le besoin d'affirmer une prise de position personnelle.

   Cf. « Premiers résultats de l'Équipe Descartes », in *1° Colloquio Internazionale del Lessico Intellettuale Europeo – Roma 1974,* Rome, 1976, p. 113-121.
6. Cf. *Dioptrique,* édit. Adam-Tannery, t. VI, p. 90, l. 6, et p. 186, l. 16.

7. Pour plus de détails concernant l'anaclastique et l'intervention de Descartes entre 1626 et 1628, on peut se reporter à l'annexe que nous avons consacrée à la question dans la publication récente de J.-L. Marion, *Règles utiles et claires pour la direction de l'esprit en la recherche de la Vérité*, La Haye. Martinus Nijhoff édit., 1977.
8. Cf. Lettre de Descartes à Mersenne, 31 mars 1638, édit. Adam-Tannery, t. II, p. 85, l. 24; p. 86, l. 12.
Ce passage est généralement retenu en fonction de l'hommage final que Descartes décerne à Kepler. Il est cependant plus remarquable par l'insistance avec laquelle Descartes tient à marquer auprès de Mersenne en quoi il a dépassé Kepler, et c'est à propos de l'ellipse solution de l'anaclastique : « ... car pour l'ellipse, je n'ai pas de mémoire que Kepler en parle... »
9. Cf. *Géométrie*, Livre III, édit. Adam-Tannery, t. VI, p. 475, l. 30, et p. 476, l. 7; *De Solidorum elementis*, *ibid.*, t. X, p. 265, l. 10.
10. De cette position de Descartes il est intéressant de noter que les mathématiciens modernes sont passés à ce qu'ils ne craignent pas d'appeler une « morale ». C'est-à-dire à l'affirmation qu'il y a aussi en mathématiques des choses que l'on *ne doit* pas faire. L'histoire ne nous paraît pas favoriser ce type d'extension quelque peu imprévu.
11. Le traitement du *De Solidorum elementis* par indexation a posé le problème préalable d'un établissement rigoureux du texte à partir de la copie manuscrite de la main de Leibniz qui est encore accessible à la Bibliothèque de Hanovre. L'édition en cours, mentionnée dans la note *supra*, comportera en tête le texte mis au point avec des notes critiques.
12. Nous avons traité en détail de cette question dans un article sur « le théorème de Descartes-Euler », à paraître prochainement dans le premier numéro de la revue *Studia Cartesiana* à Amsterdam (Da Costakade 114).
13. Cf. *Comptes rendus des séances de l'Académie des Sciences*, t. L, 23 avril 1860. A la suite d'une communication de M. Prouhet sur le texte de Descartes, J. Bertrand « fait observer que la somme des angles extérieurs d'un polyèdre, considérée par Descartes, devient, lorsque le polyèdre est remplacé par une surface, un élément qui joue un grand rôle dans les travaux récents des géomètres et auquel Gauss a donné le nom de courbure totale ».
14. Nous renvoyons pour la démonstration à l'étude citée note 12 *supra*. Pour la forme sous laquelle les polyèdres supplémentaires étaient utilisés entre 1620 et 1630, dans le cadre des résolutions de trigonométrie sphérique, voir l'ouvrage posthume de Snellius édité à Leyde en 1627 (association à chaque grand cercle de la sphère de son « pôle » sur la sphère), le *Traité succinct de trigonométrie* d'A. Girard, également Leyde 1627, et la *Trigonometria Britannica* de J. Briggs, Gouda 1633.
15. Cf. C.F. Gauss, *Recherches générales sur les Surfaces courbes, Disquisitiones generales circa superficies curvas* (1828), avec la traduction française par F. Roger, Grenoble, 1855, p. 14.
16. L'incompatibilité du droit et du courbe dans la tradition antique peut être le plus directement référée à Euclide, Livre III, proposition 16 (aucun arc de cercle n'est comparable avec aucun segment de droite) et au paradoxe de la roue d'Aristote (25e des *Questions Mécaniques*). Remis à l'ordre du jour par Galilée, ce paradoxe a connu une notoriété remarquable en France grâce à Mersenne. Cf. Notre étude in *Galilée – Aspects de sa vie et de son œuvre*, Paris, P.U.F., 1968, p. 277-288.

LA CONTROVERSE DESCARTES-ROBERVAL AU SUJET DU CENTRE D'OSCILLATION *

Le problème du centre d'oscillation d'un corps solide pesant mobile autour d'un axe de suspension est un problème célèbre par les discussions et les efforts qu'il a suscités dans la période qui s'étend de 1640 à 1740. C'est principalement à ces tentatives que l'on doit les progrès de la dynamique et l'élaboration de ses principes, exemple remarquable de ce fait souvent souligné que les problèmes particuliers ont une singulière importance quant à la construction même de la science.

Les premières traces de recherches théoriques sur ce problème se se trouvent dans la *Correspondance* de Descartes. Le P. Mersenne lui avait proposé de déterminer la « grandeur » que doit avoir un corps de « figure » quelconque, pour qu'étant suspendu il effectue ses oscillations dans le même temps qu'un fil de longueur donnée, chargé d'un seul poids à son extrémité. Répondant au P. Mersenne, le 2 mars 1646, Descartes donne le principe d'une solution générale qui est l'origine d'une controverse très âpre entre lui et Roberval.

Les textes relatifs à cette controverse sont aisément accessibles. Ils ont été retrouvés, classés, publiés avec quelques commentaires, par Paul Tannery dans le *Bulletin des Sciences Mathématiques* [1], puis publiés à nouveau avec variantes dans la *Correspondance de Descartes* [2]. Aux commentaires de Paul Tannery, s'ajoutent ceux de Pierre Duhem dans ses *Études sur Léonard de Vinci* [3] et de Jouguet dans ses *Lectures de Mécanique* [4]. Ce dernier ne fait d'ailleurs que reprendre, en le critiquant, un commentaire plus ancien, celui de Lagrange, dans sa *Mécanique Analytique* [5].

La question est donc loin d'être entière et l'on pourrait s'étonner *a priori* qu'il y ait lieu d'y revenir après tant de travaux de maîtres. Il semble bien cependant que ces travaux se soient surtout attachés à une étude de textes, en eux-mêmes assez obscurs, en fonction des développements ultérieurs de la dynamique. Pierre Duhem, qui a le mieux rendu compte de la pensée cartésienne, écrit une conclusion caractéristique à cet égard. Après la solution de Huygens (1673)

... la querelle, dit-il, qui s'était élevée entre Roberval et Descartes était jugée sans appel. Une dynamique enfin assurée prouvait que Descartes avait eu raison, contre Roberval, de prendre le centre d'oscillation comme extrémité du funé-pendule synchrone. Elle montrait, d'autre part, que la véritable règle pour déterminer le centre d'oscillation d'une figure était celle que

1. 2e série, tomes 15 et 16, années 1891-1982.
2. Édition Adam-Tannery, tome IV.
3. Tome I, pp. 148 sq., Paris, 1906-1909.
4. Tome I, pp. 156 sq., Paris, 1908-1909.
5. 2e édition, 1811, 2e partie, 1re section.

* Faculté des Lettres de Lille, *Revue des sciences humaines*, nouvelle série, fasc. 61, janvier-mars 1951, p. 74-86.

Roberval avait énoncée, non point celle que Descartes avait proposée. Ainsi les vérités aperçues par les deux irréconciliables adversaires prenaient place dans une théorie mise hors de doute, tandis que tombaient dans l'oubli les erreurs qu'ils s'étaient opposés l'un à l'autre avec passion.

Il ressort d'une patiente lecture des textes que l'« oubli » dont parle Duhem n'atteint pas seulement les « erreurs » des deux antagonistes, mais aussi une illustration significative de la méthode cartésienne. C'est ce qui motive l'étude que nous présentons et, nous le pensons, son intérêt philosophique.

On n'a pas assez remarqué, dès l'abord, la situation de Descartes dans la question posée. Répondant au P. Mersenne le 2 mars 1646 [1], il écrit : « Je ne veux pas différer de répondre... car je vois que vous faites grand estat de cette question.... » C'est assez dire que celle-ci devait lui paraître assez particulière pour ne s'y appliquer que devant l'instance de la consultation. Et si on le consulte, ce n'est pas simplement parce qu'il est un grand homme, c'est plus précisément parce qu'il est l'homme des points de vue supérieurs, le théoricien, l'homme d'une tactique. Descartes en a conscience.

Je tiens à beaucoup d'honneur, écrit-il le 30 mars 1646 à Sir Charles Cavendish [7], qu'il vous ait plu me proposer une question, touchant laquelle quelques autres n'ont pu vous satisfaire. Mais j'ay bien peur de le pouvoir *encore moins*, pour ce que *mes raisonnements* ne s'accordent pas avec les *expériences* que vous avez pris la peine de m'envoyer, et toutefois je vous avoue ingenûment que je ne puis encore apercevoir en quoy ils manquent.... Au reste [8], conclut-il, j'ai bien peur que vous ne blâmiez ma témérité, de ce que j'ose ainsi déterminer des choses qui dépendent de l'expérience, sans que j'en aie fait l'épreuve auparavant, mais je vous supplie de croire que c'est le zèle que j'ai à vous obéir qui m'a porté à écrire ici mon sentiment sans aucune réserve....

L'épreuve de l'expérience, la suite du débat montre à l'évidence que Descartes ne l'a jamais faite. Devant les écarts entre les résultats expérimentaux obtenus par d'autres et les résultats théoriques qu'il avait proposés, ce sont les premiers qu'il soumettra à critique, montrant ainsi que dès le début il a agi en homme de méthode conscient de la vérité de ses principes. C'est ce qu'il convient maintenant d'examiner de plus près.

La règle générale que je donne en ceci, écrit-il le 2 mars 1646, est que, comme il y a un centre de gravité dans tous les corps pesans, il y a aussi dans les mêmes corps un centre de leur agitation lorsqu'ils se meuvent étant suspendus par l'un de leurs points, et que tous ceux en qui ce centre d'agitation est également distant du point par lequel ils sont suspendus, font leurs tours et retours en temps égaux, pourvu toutefois qu'on excepte ce que la résistance de l'air peut changer dans cette proportion.

Le plus clair de la réponse de Descartes consiste donc bien, comme

6. Édition Adam-Tannery, tome IV, p. 362.
7. Édition Adam-Tannery, tome IV, p. 380.
8. Édition Adam-Tannery, tome IV, p. 388.

l'affirme Duhem, dans l'identité entre l'extrémité du pendule simple synchrone et un point nommé centre d'agitation. Celui-ci n'est défini, il est vrai, que par une analogie non précisée avec le centre de gravité, mais dans cette imprécision même, sans le voile qu'eût entraîné l'explication du détail, apparaît le souci d'une méthode. Il faut agir par analogie. Paul Tannery incline à considérer la réserve faite quant à l'effet de la résistance de l'air comme une argutie permettant de conserver une porte de sortie en cas d'échec flagrant. Cette réserve semble bien cependant être elle aussi le résultat d'une méthode. Explicitant pour Sir Charles Cavendish, le 30 mars 1646, les raisonnements qu'il n'avait pas livrés au P. Mersenne, Descartes écrit :

Supposant qu'on avait soin, en faisant les expériences d'éviter cette résistance de l'air, en n'examinant que les figures où elle n'est pas sensible, *à cause que sa quantité ne peut être déterminée par raison*, je m'arrêtais seulement à chercher ce centre d'agitation *par les règles de la Géométrie lesquelles je pense infaillibles en ce point.*

Ainsi Descartes n'a réservé l'effet possible de la résistance de l'air que parce que c'est le seul élément physique intervenant dans le problème posé qui lui paraisse ne pouvoir être « déterminé par raison », et, se plaçant dans les cas où l'on peut raisonnablement écarter le phénomène, il a réduit le problème à une question justiciable des règles de la « géométrie » seule. Il est alors établi sur le roc d'une infaillibilité. On ne saurait demander une prise de position plus nette, ni plus méthodique.

Reste à voir comment s'appliquent les règles de la « géométrie » Il nous faut ici faire une longue citation.

Premièrement, continue Descartes dans la même lettre à Cavendish, comme le centre de gravité est tellement situé, au milieu d'un corps pesant, qu'il n'y a aucune partie de ce corps qui puisse, par sa pesanteur, détourner ce centre de la ligne suivant laquelle il descend, dont l'effet ne soit empêché par une autre partie qui lui est opposée et qui a justement autant de force qu'elle ; d'où il suit que ce *centre de gravité se meut toujours, en descendant par la même ligne qu'il ferait s'il était seul et que toutes les autres parties dont il est le centre fussent ôtées*, ainsi ce que je nomme le centre d'agitation d'un corps suspendu est le point auquel se rapportent si également les diverses agitations de toutes les autres parties de ce corps, que la force que peut avoir chacune d'elles à faire qu'il se meuve plus ou moins vite qu'il ne fait, est toujours empêchée par celle d'un (*sic*) autre qui lui est opposée; d'où *il suit aussi, ex définitione, que ce centre d'agitation se doit mouvoir* autour de l'essieu auquel il est suspendu *avec la même vitesse qu'il ferait si tout le reste du corps dont il est partie était ôté*, et par conséquent, de même vitesse que ferait un plomb pendu à un filet à même distance de l'essieu.

Texte très remarquable, est-il besoin de le dire, par la vigueur de la logique et la netteté avec laquelle se trouve précisée l'analogie directrice. Mais il est permis de penser que l'ordre suivi, qui est celui de l'exposition didactique, n'est pas l'ordre de la recherche. Il est permis de penser que ce qui est apparu d'abord à l'esprit de Descartes s'appliquant à ce problème est le fait que l'extrémité du pendule simple synchrone est un point du corps qui se meut comme s'il était seul et que le reste du corps soit anéanti. Il est permis de le penser non seulement parce que c'est, nous l'avons vu plus haut, dans l'identité du centre d'agitation avec l'extrémité du funépendule synchrone que réside la bremière affirmation claire de Descartes le 2 mars 1946, mais encore parce que l'opération de l'esprit qui consiste a effectuer par la pensée le report géométrique du funépendule sur le corps oscillant fait éclater cette vérité et que cette opération est naturelle au géomètre.

Par ailleurs on savait à l'époque, et Descartes en avait traité en 1629 [9], que l'oscillation du pendule simple dépend seulement de sa longueur. Il n'y avait donc aucune difficulté à faire abstraction des masses pour une réflexion du genre de celle que nous postulons, portant sur des éléments « géométrisés ». Une fois reconnue et exprimée la propriété du point qui marque sur le corps l'extrémité du funépendule synchrone, l'analogie avec le centre de gravité s'impose. Car le centre de gravité est lui aussi un point du corps qui se meut comme s'il était seul, lorsque le corps est libre dans le champ de la pesanteur. Or cette propriété du centre de gravité peut s'exprimer par une loi de compensation des mouvements autour de ce point, donc l'extrémité du funépendule synchrone peut aussi se définir par une loi de compensation ou d'équilibre entre les écarts des mouvements des particules constitutives du corps avec son propre mouvement. D'où le nom de centre d'agitation et sa définition.

Tel est, nous semble-t-il, l'ordre de la recherche, qui n'est pas, encore une fois, l'ordre de l'exposition didactique, le seul qui nous soit directement accessible dans les déclarations de Descartes. Peut-on vraiment affirmer que Descartes a suivi d'abord le premier ? D'après la lettre au P. Mersenne du 2 mars 1646, on peut affirmer que deux éléments sont très nets dans la conscience de Descartes au moment où il prend en charge la question posée : l'identité du point qui va recevoir une définition nouvelle avec l'extrémité du funépendule synchrone et l'analogie entre ce point et le centre de gravité. Il faut bien que cette analogie soit basée, au moins confusément, sur quelque chose. Et ce ne peut pas être d'abord sur un concept aussi élaboré que celui de la compensation ou de l'équilibre des mouvements relatifs, alors que ce qui est atteint directement est cette vérité simple : chacun de ces deux points se meut comme s'il était seul.

Quoiqu'il en soit de la genèse exacte d'une pensée qui garde ses secrets, il reste du moins que c'est bien sous cette dernière forme, nerveuse et méthodique, que Descartes conçoit en définitive l'analogie. Son exposé est construit de manière à mettre précisément l'accent sur elle. Forme nerveuse en ce qu'elle fait jaillir l'idée centrale, débar-

9. *Lettres au P. Mersenne* 8 oct. 1629, nov. 1629, édit. Adam-Tannery, tome I, pp. 28 et 73.

rassée de tout élément adventice, en ce qu'elle contient ce qui est strictement nécessaire à l'expression et rien d'autre. Forme méthodique en ce qu'elle est affranchie des conditions particulières des mouvements comparés, en ce qu'elle opère au sein d'un problème complexe la division des difficultés.

Division ne signifie pas suppression. Il faut bien en venir à l'application de l'idée générale sur des conditions particulières, ici celles d'un corps soumis à la liaison constituée par un axe fixe de suspension. Cette liaison impose au mouvement une certaine forme simple, celle d'une rotation autour d'un axe et les vitesses, dans un tel mouvement, sont proportionnelles aux distances à l'axe. Voilà ce qui frappe d'abord l'esprit, s'appliquant au problème, indépendamment de toute attention portée sur la cause du mouvement.

Après cela, écrit Descartes dans la suite de la lettre du 30 mars 1646, je considère qu'il n'y a rien qui empêche que ce centre d'agitation ne soit au même point auquel est le centre de gravité, sinon que les parties les plus éloignées de l'essieu sont plus agitées que les plus proches... il doit être... plus éloigné de cet essieu que n'est celui de gravité pour ce que ce sont les parties qui en sont les plus éloignées qui ont le plus d'agitation.

Ce texte témoigne bien de ce que nous venons de dire, mais il en témoigne à travers une poursuite de la comparaison centre de gravité-centre d'agitation qui exige de notre part une attention particulière. Descartes cherche très logiquement dans l'analogie ce qui est différent après ce qui est commun, semblable. Dans le corps suspendu, les vitesses des différents points ne sont pas égales, elles dépendent de la distance à l'axe. Dans le corps en chute libre, au contraire, elles sont égales. Voilà la différence et voilà pourquoi centre d'agitation et centre de gravité sont deux points distincts, la méthode poursuit ainsi sa marche et jusque là il n'y a pas de difficulté. Mais dans cette différence même et grâce à l'analogie, Descartes va rechercher un même principe de détermination concrète,.rationnelle. Et c'est ici qu'il va être gêné par sa conception de la dynamique, où la notion de force, purement quantitative, est coordonnée à la grandeur de la vitesse (abstraction faite de la direction) par le produit par la masse. Dans un corps pesant en chute libre, le centre de gravité qui répond à la loi de compensation prédédemment énoncée peut aussi se définir comme le point où se composent exactement les « forces » des diverses particules. Dans le corps suspendu cette définition transposée fournira aussi le centre d'agitation cherché, lequel va apparaître alors comme le centre de gravité du corps lorsque les particules sont affectées non plus seulement de leur masse, mais du produit de leur masse par leur distance à l'axe de suspension. La différence entre les deux cas étant ainsi assumée, l'analogie trouve le champ libre, le centre d'agitation se détermine comme centre de gravité. Telle est la solution que Descartes développe à l'aide de constructions géométriques qu'il n'y a aucun intérêt à reproduire ici. Comme le dit Tannery, elle ne conduit à une formule exacte de la longueur du funépendule synchrone que dans le cas d'une figure plane oscillant autour d'un axe de son plan [10]. Mais que la formule générale qui en résulte soit inexacte il n'y a vraiment là rien qui puisse nous étonner. C'est la conséquence d'une fausse notion de la force, et l'on pourrait plutôt admirer le fait que la solution soit si proche de l'exactitude. Il y a, en tous cas, quelque chose qui mérite sans réserve l'admiration et qui motive notre long développement, c'est la méthode poursuivie avec vigueur et maîtrise. Il était nécessaire de la souligner avant d'aborder une controverse et des commentaires qui obscurcissent la question plus qu'ils ne l'éclairent.

Nous convenons de définition, Mr Descartes et moi, écrit Roberval à Cavendish en mai 1646 [11], touchant le point qu'il appelle le centre d'agitation lequel nous nommons ici le centre de percussion. Mais sa conclusion est entièrement différente de la mienne, de laquelle pourtant j'ai la démonstration absolue. Il y a donc quelque défaut en son raisonnement. C'est ce que je prétends ici vous faire paraître.

Roberval indique seulement le résultat de sa solution pour un secteur circulaire oscillant dans son plan autour de son centre, résultat parfaitement exact, mais dont il ne donne, suivant une habitude qui lui est chère, aucune démonstration.

Notre démonstration est trop longue pour ce lieu. Voyons donc le défaut de celle de Mr D. C. ainsi que nous nous le sommes proposés.... Le défaut de ce raisonnement, continue un peu plus loin Roberval, est qu'il considère l'agitation seule des parties du corps agité, oubliant la direction de l'agitation de chacune de ces parties....

Nous avons déjà noté le défaut souvent souligné de la dynamique de Descartes (absence de la direction) [12]. La remarque de Roberval est donc nette et parfaitement justifiée, et c'est sur elle que les commentateurs ont porté l'attention pour déclarer que dans cette affaire l'avantage est du côté de l'adversaire de Descartes. Ainsi Lagrange (*Mechanique Analitique*, 1re édit., 1788, p. 170), Duhem (*o. c.*, t. I, p. 150), Jouguet (*o. c.*, t. I, p. 157-8). Critiquant l'appréciation de Lagrange dans sa deuxième édition de la *Mécanique Analytique* — nous aurons à revenir sur la variation du commentaire de Lagrange — Jouguet affirme : « On voit que Roberval compose plus correctement que Descartes les forces appliquées à un corps solide. » C'est vrai, mais on ne semble pas avoir remarqué qu'il ne fait que cela. Il reprend la solution de Descartes à l'endroit précis où elle débouche sur le calcul, il effectue une correction locale de mathématicien en restituant aux quantités de mouvement $m\ v$ prises pour représenter les forces ce que nous appellerions aujourd'hui leur qualité vectorielle, il ne remonte

10. Les conclusions de Descartes reviennent à admettre en général, pour cette longueur la formule $l = \frac{\Sigma mr^2}{\Sigma mr}$, r étant la distance à l'axe de l'élément de masse m, alors que la formule exacte est $l = \frac{\Sigma mr^2}{\Sigma mr \cos \alpha}$, α désignant l'angle du rayon r avec le rayon correspondant au centre de gravité.

11. Édition Adam-Tannery, tome IV, p. 420 ; — B. N, Fonds fr. n. a. 5161, f° 15-18.

12. Cf. en particulier Paul Mouy, *Le développement de la physique cartésienne*, Paris, 1934, p. 22.

pas au cœur même de la solution et à vrai dire ne la comprend pas. La preuve en est qu'une fois le calcul redressé, Roberval ne sait pas très bien si ce calcul donne le résultat attendu pour la longueur du funépendule synchrone.

Quoique le centre de percussion ou d'agitation fût assigné comme dessus, il ne paraît pas, dit-il (p. 426), qu'il fût la règle ou distance requise pour les vibrations ou balancement des corps.

Et, sans aucun doute, il a raison de changer le nom du point qui a été déterminé en celui du centre de percussion, la composition des quantités de mouvement l'impose, mais il ne voit pas que la véritable définition du centre d'agitation cartésien est ailleurs, dans l'analogie longuement étudiée plus haut : point qui se meut comme s'il était seul. Il a donc tort de dire « qu'il convient de définition avec Mr Descartes touchant le point qu'il appelle centre d'agitation ». Il prend en réalité pour définition ce qui n'est chez Descartes que la traduction fautive d'un principe juste. Et l'on comprend la protestation de Descartes [13].

Ce qu'il dit ici passer sous silence ne fait rien contre moi, car par la définition du centre d'agitation que j'ai donnée et de laquelle il dit convenir avec moi, tous les corps dans qui ce centre est également distant de l'essieu autour duquel ils se meuvent, font leurs vibrations en temps égal.

Cette protestation, les commentateurs semblent ne pas l'avoir entendue ou l'avoir jugée tacitement irrecevable. De la 1re à la 2e édition de sa *Mécanique Analytique*, il est un jugement sur lequel Lagrange n'a pas varié, et c'est à ce propos :

Au reste, dit-il, Roberval remarque avec raison que le centre dont il s'agit n'est proprement que le centre de percussion [14].

Reprenant à son compte ce jugement, Jouguet ajoute :

Roberval a vu beaucoup plus juste que Descartes en affirmant que rien ne permettait de dire que le centre d'agitation coïncidait avec le centre d'oscillation. On le sait aujourd'hui, mais Descartes ne l'a pas démontré.

Après ce que nous avons dit, on voit comment il convient d'apprécier ces affirmations. Suivant Roberval, les commentateurs ont jugé Descartes sur des calculs et transformant ainsi, sans doute inconsciemment, la définition de ce qu'il se proposait de déterminer, ils n'ont pas saisi son affirmation que la critique ainsi faite porte à faux.

Il faut reconnaître cependant que Descartes n'avait pas facilité la compréhension de son adversaire et de ses commentateurs futurs. Le nom même de centre d'agitation, choisi pour désigner le point qui est l'objet de la recherche, est équivoque. Il invite à porter l'attention sur ce que Descartes appelle force d'agitation, c'est-à-dire sur la quantité de mouvement, et par suite, sur la manière dont le point en question se détermine à partir de cette notion. En un mot, il induit à commettre

13. *Lettre de Descartes à Cavendish*, 15 juin 1646, éd. Adam-Tannery, t. IV, p. 432.
14. *Mechanique Analitique*, 1788, p. 171, cf. *Mécanique Analytique*, 1811, t. I, p. 231.

l'erreur de jugement que nous venons de signaler. Et il convient de prendre acte de ce fait.

Nous avons dit plus haut que nous aurions à revenir sur la variation du jugement de Lagrange. Le moment nous paraît opportun à cet égard. Dans la *Méchanique Analitique* 1re édition (1788), Lagrange souligne le défaut de la composition des quantités de mouvement telle que l'effectue Descartes: celui-ci n'a pas tenu compte des directions, c'est le fond de la critique de Roberval, c'est la raison pour laquelle, dans cette contestation, « l'avantage, ajoute Lagrange, paraît être entièrement du côté de ce dernier ». Or le commentaire de la *Mécanique Analytique*, 2e édition (1811-1815), commentaire qui fait partie du remaniement effectué par l'auteur lui-même avant sa mort, ne contient pas ce passage. Lagrange y cite l'opinion de Roberval sans la reprendre à son compte, et ajoute seulement :

> Mais il est facile de prouver que, par rapport à l'axe de rotation, les moments des forces estimées de cette manière sont toujours égaux à ceux des forces estimées suivant la méthode de Descartes.

Jouguet cite lui-même Lagrange d'après ce second commentaire et, semblant ignorer le premier (il ne note pas que sa citation est extraite de la 2e édition), il relève ce qu'il appelle l'erreur de Lagrange au détriment de Roberval. Mais pour qui s'est aperçu de la différence entre les deux textes de Lagrange, la question ne peut être aussi simplement résolue. Si un homme comme Lagrange a nuancé son jugement, ce ne peut pas être sans raison. Il est exact que le calcul des moments des quantités de mouvement par rapport à l'axe conduit au même résultat que l'on se place dans la perspective de Descartes ou dans celle de Roberval. Et que par suite quelque chose peut être sauvé de la solution concrète donnée par Descartes. On pourrait dire que le point précis où l'absence de la direction fausse cette solution est la détermination de la résultante générale des quantités de mouvement. Mais ces distinctions que permet le langage moderne n'ont pas à être retenues. Descartes ne fait pas la part de ce qui revient au calcul des moments et de ce qui constitue la composition géométrique, il fait un raisonnement global, dont on ne saurait artificiellement séparer une partie pour la justifier. La raison qui a poussé Lagrange à modifier son jugement doit donc être cherchée ailleurs. Reprenons donc son commentaire de la 2e édition immédiatement après le passage que nous venons de citer :

> *Roberval*, dit-il (p. 231), *prétendit avec plus de fondement que Descartes n'avait cherché* que le centre de percussion... et que, pour trouver le vrai centre d'oscillation d'un pendule pesant, il fallait avoir égard à l'action de la gravité en vertu de laquelle le pendule se meut.

Or Lagrange avait simplement écrit dans sa 1re édition :

> Au reste, Roberval remarque avec raison que le centre dont il s'agit n'est proprement que le centre de percussion....

Il est clair que dans l'intervalle des deux rédactions, Lagrange a pesé les deux arguments de Roberval et remarqué le second comme plus digne d'attention. Le premier argument, à savoir le défaut de la composition des quantités de mouvement, porte sur un calcul où tout n'est pas faux. En soulignant l'exactitude du calcul des moments dans la perspective de Descartes, Lagrange prépare son lecteur à le suivre lorsqu'il va mettre l'accent sur le second argument, lequel atteint plus profondément, à une question de principe. Ainsi la deuxième rédaction de Lagrange établit le jugement dans une hiérarchie des valeurs et cela méritait bien que l'on s'y attarde. D'autant plus qu'à travers une expression précise et nuancée, apparaît ce qui constitue aux yeux de Lagrange le résidu irréductible de la critique de Roberval.

Expression précise et nuancée, disons-nous. Lagrange, en effet, n'affirme plus que «le point dont il s'agit *n'est proprement* que le centre de percussion », il se contente d'aligner le jugement sur ce qui ressort des apparences. Et les apparences, nous l'avons déjà noté, c'est un calcul qui constitue la détermination du centre de percussion. Voilà pourquoi Roberval peut prétendre que Descartes *n'a cherché que* le centre de percussion, mais il peut le prétendre seulement avec « *plus de fondement* », la formule qui souligne le point important de la critique est en même temps une formule de réserve quant à la pensée profonde de Descartes. C'est une belle leçon pour l'historien des sciences.

Mais quel est le résidu irréductible de la critique de Roberval, auquel nous venons de faire allusion ? C'est que « pour trouver le vrai centre d'oscillation d'un pendule pesant, il fallait avoir égard à l'action de la gravité en vertu de laquelle le pendule se meut ». Lagrange avait écrit la même phrase dans son premier commentaire, la deuxième rédaction met l'accent sur elle. Ce qui est grave, en effet, en cette affaire c'est que dans la méthode de détermination de Descartes, la pesanteur, en vertu de laquelle le pendule oscille paraît ne pas intervenir. On comprend bien que ce soit là pour Lagrange le nœud de la critique. Il s'agit d'une question de principe, et fondamentale. Et s'il était vrai que Roberval l'ait soulevée, la valeur profonde de ses arguments y serait contenue.

Mais Roberval a-t-il bien conçu cette question de principe ? Il faut pour le voir remonter aux textes.

> Je passe encore, dit-il dans sa lettre à Cavendish [15], que quoique le centre de percussion fût assigné comme dessus, il ne paraît pas qu'il fût la règle ou distance requise pour les vibrations ou balancement des corps, *auquel balonnement le centre de gravité contribue quelque chose aussi bien que le centre d'agitation. Car ce centre de gravité est la cause de la réciprocation de ce balancement de droite à gauche et de gauche à droite* vu que s'il n'y avait que l'agitation le mouvement serait continuel d'une même part à l'entour de l'essieu.

Roberval n'est donc pas aussi explicite, dans ce premier texte, que l'on aurait pu le penser après le commentaire de Lagrange. Et la réponse de Descartes apparaît à tout lecteur impartial fort pertinente [16] :

15. Mai 1646, éd. Adam-Tannery, t. IV, p. 426.
16. 15 juin 1646, *Descartes à Cavendish*, éd. Adam-Tannery, t. IV, p. 432.

Au lieu de dire que le centre de gravité est la cause de la réciprocation de droite à gauche, il devait seulement dire : *c'est la gravité ou pesanteur du mobile qui en est cause*, sans parler du centre de cette gravité lequel n'est en ce cas qu'une chimère.

Jouguet ne relève que cette dernière expression pour suggérer la faiblesse de la réaction de Descartes. Il convient, on le voit, de relever la phrase toute entière. Dans la première passe de ce duel, c'est Descartes et non Roberval qui a l'avantage par la netteté d'expression, et sans doute de conception, relativement à la question de principe que nous avons posée à la suite de Lagrange : il est entendu que c'est à la pesanteur qu'il faut se référer comme cause unique et générale de l'oscillation à étudier. Mais le duel se poursuit.

Il fuit la lumière..., écrit Roberval en parlant de son adversaire en septembre 1646 [17], sans respecter la Mécanique dont il choque manifestement les Principes, par lesquels elle nous prescrit que quand un même corps est porté de deux différentes puissances, chacune a son centre particulier et qu'on doit distinctement considérer la force et la direction.... *Ici la pesanteur est une puissance, l'agitation du corps en est une autre quoiqu'elle soit causées par la pesanteur* et chacune de ces puissances a sa force, sa direction et son centre propre et particuliers qui servent à examiner le centre du composé de ces différentes puissances, lequel change sans doute en chacune différente position du corps balancé alentour d'un même essieu.

La réponse de Roberval est donc destinée, on le voit, à justifier le rôle spécial que joue d'après lui le centre de gravité. S'il note que la pesanteur est cause de l'oscillation, c'est à la suite de Descartes et pour écarter aussitôt une pensée unificatrice. Quoique « l'agitation soit causée par la pesanteur », elle est pour Roberval une « puissance » au même titre que la pesanteur, elle est à traiter distinctement, et le corps doit être considéré comme soumis à deux résultantes, l'une des forces d'agitation appliquée au centre correspondant, l'autre des forces de pesanteur appliquée au centre de gravité. Il faut ensuite composer ces deux résultantes. On voit bien que le centre de gravité joue dans cette conception un rôle aussi important que le centre d'agitation, mais on ne voit pas, il faut le dire, comment va s'achever la solution. Car si « le centre du composé des différentes puissances » est à identifier selon Roberval, comme il semble bien qu'il faille le faire, avec le centre d'oscillation cherché et si d'autre part ce centre « change sans doute en chacune différente position du corps balancé », conclusion à laquelle la composition proposée amène invinciblement, alors il n'y a plus de pendule simple synchrone. Dira-t-on, pour sauver la solution de Roberval, que les changements subis par le centre du composé suivant les positions du corps n'impliquent pas pour autant dans la pensée de l'auteur un déplacement réel par rapport au corps oscillant ? Il restait au moins à la dire, sinon à le démontrer. Faute de quoi on est en pleine déroute. Que Roberval n'ait développé qu'une partie de sa pensée, c'est

17. Septembre 1646, *Roberval à Cavendish*, éd. ADAM-TANNERY, t. IV, p. 504.

très possible, accoutumé qu'il était, dit Lagrange, à cacher ses raisons, mais il est certain qu'après la rectification qu'il a opérée dans la détermination du centre de percussion, la manière dont il propose de tenir compte de la gravité pour trouver à partir de là le centre d'oscillation est rien moins que satisfaisante et conduit à une impasse.

Le 2 novembre 1646 [18], Descartes réplique au sujet de la solution de Roberval :

Il la défend de façon fort magistrale en forgeant un principe de Mécanique, lequel il veut que je respecte comme un oracle qui sort de sa bouche... Ce que je maintiens n'être généralement pas vrai, car *lorsque ces deux différentes puissances sont tellement jointes que l'une dépende entièrement de l'autre, comme ici l'agitation dépend de la pesanteur, elles ne peuvent avoir qu'un même centre.* Et son erreur consiste en ce qu'il imagine que le point qu'on nomme le centre de gravité est quelque chose d'absolu qui retient toujours la même force dans les corps pesants, *au lieu qu'il est relatif et ne peut être dit centre de gravité qu'en tant que toutes les parties du corps sont également libres à descendre ou en sont également empêchées.*

Ce texte est particulièrement éclairant. Bien loin de négliger le lien de cause à effet qui est à souligner entre la pesanteur et l'« agitation », Descartes le considère comme si étroit qu'il voit une équivalence parfaite entre le système des forces de pesanteur et celui des « forces d'agitation ». Les deux systèmes ont même « centre » et ce centre commun peut donc d'abord être déterminé comme centre des « forces d'agitation ». La pesanteur intervient ensuite lorsqu'il s'agit de déterminer la loi du mouvement du « centre » auquel elle est appliquée, mais le problème est alors identique à celui de l'oscillation d'un pendule simple de longueur connue. Que telle soit bien la pensée de Descartes, la lettre adressée à Cavendish en ce même 2 novembre 1646 le prouve, encore que ce soit au milieu de quelques considérations embarrassées.

Je fais distinction, dit-il [19], entre ce qui peut être déterminé par le raisonnement et ce qui ne peut l'être [que] par expérience.... L'effet général de la pesanteur est que les vibrations de chaque corps doivent avoir certaine proportion avec le mouvement des cieux, et c'est ce qui fait qu'un funépendule de telle longueur doit faire justement mille vibrations par exemple en une heure et non plus, ni moins, mais cela ne peut être déterminé par le raisonnement, mais par l'expérience seule. *C'est pourquoi je ne m'y suis point arrêté* et *j'ai seulement examiné l'autre effet qui est la diverse vitesse* des vibrations de divers corps, comparés les uns aux autres... à quoi la pesanteur et l'agitation contribuent conjointement, en telle sorte qu'on ne peut les considérer l'une sans l'autre. Et c'est ainsi que je les ai considérées, pour former la règle que j'ai ci-devant écrite.

L'affirmation que la loi d'oscillation du pendule simple relève seulement de l'expérience est évidemment curieuse, mais elle aide Descartes à concevoir nettement sa solution. Ce qui peut être déterminé par le raisonnement, c'est le centre d'agitation, identique au

18. *Descartes à Mersenne*, éd. ADAM-TANNERY, t. IV, p. 543.
19. *Descartes à Cavendish*, éd. ADAM-TANNERY, t. IV, p. 558.

centre des causes immédiates du mouvement. On est ensuite ramené au problème du pendule simple, qui n'était pas en cause dans la recherche proposée et que Descartes laisse à l'expérience le soin de résoudre.

On voit que reprocher à Descartes de ne pas avoir démontré l'identité du centre d'oscillation avec le centre d'agitation, ainsi que le fait Jouguet, n'est pas raisonnable. Non seulement comme nous l'avons montré plus haut, ce qui sous-tend « ex définitione » et dès le début la pensée de Descartes, c'est l'existence d'un point du corps oscillant comme si le reste du corps était anéanti, mais encore grâce à l'équivalence, stricte que Descartes conçoit entre les forces de pesanteur causes du mouvement et les forces d'« agitation », le centre d'agitation répond à cette définition dynamique. Il n'a donc pas à démontrer ce que demande Jouguet. Et l'on comprend pourquoi il proteste si vigoureusement contre l'intervention chez Roberval du centre de gravité. Dans le cas du pendule, ce centre « n'est qu'une chimère », « il [Roberval] imagine un centre de gravité *où il n'y en a plus, pour ce qu'il est changé en celui de l'agitation* »[20]. Descartes a raison, telle est bien la conclusion rigoureusement logique lorsqu'on a posé le principe de dynamique qui coordonne les forces de pesanteur seules au mouvement.

Ainsi le second argument que nous avions soulevé à la suite de Lagrange ne tient pas davantage que le premier contre la méthode de Descartes. De Roberval et de Descartes, unis dans une même conception de la coordination force-mouvement, mise à part la question de direction, c'est Descartes qui conçoit le plus nettement qu' « il faut avoir égard à la gravité pour trouver le vrai centre d'oscillation » et qui procède avec méthode et logique. Si cette « gravité » disparaît en définitive de la recherche du centre, cela tient seulement au fait d'une équivalence dynamique permettant de donner de ce centre une définition cinématique, se réduisant elle-même à une définition purement géométrique.

Que manque-t-il donc à la solution cartésienne ? On le voit clairement maintenant. Que l'on tienne compte à côté de la pesanteur des forces de liaison, que l'on substitue aux forces d'« agitation » ou quantités de mouvement les quantités d'accélération, et la méthode cartésienne conduit au résultat. Les quantités d'accélération admettent une résultante appliquée en un point situé sur le rayon de gyration du centre de gravité. Cette résultante est équivalente aux forces de pesanteur *et* de liaison. Le centre des quantités d'accélération ne peut donc pas être considéré comme centre de pesanteur, mais l'équivalence précédente se traduit par une équation qui élimine les forces inconnues de liaison. C'est l'équation des moments par rapport à l'axe de suspension. Il apparaît alors que le mouvement du centre des quantités d'accélération est bien le même que si le reste du corps était anéanti. C'est le centre d'oscillation cherché. Il coïncide avec le centre de percussion correctement déterminé par Roberval parce qu'il ne dépend que des

20. *Descartes à Cavendish*, éd. ADAM-TANNERY, t. IV, p. 433.

quantités d'accélération tangentielles et que celles-ci sont proportionnelles aux quantités du mouvement. Il ne serait pas plus raisonnable de reprocher à Roberval de n'avoir pas vu cette coïncidence que de reprocher à Descartes de ne pas l'avoir démontrée.

Il importe, pour terminer, de faire le point de cette longue étude de détail. Descartes sait ce qu'il cherche. Un point défini par une équivalence dynamique. Il opère méthodiquement en séparant les difficultés. Le point cherché reçoit ainsi une détermination relevant d'un raisonnement géométrique, qui rejette *in fine* le problème de son mouvement. Il est d'ailleurs inutile de traiter ce dernier problème, identique à celui du pendule simple, et que Descartes ne considère pas comme accessible au raisonnement. L'essentiel, à savoir la longueur du funépendule synchrone, est obtenu.

Roberval lit la solution de Descartes sans en saisir la méthode. Il s'aperçoit de l'erreur qui consiste à ne pas tenir compte des directions des quantités de mouvement et il corrige le calcul. Mais, après avoir déterminé exactement le centre des quantités de mouvement et changé le nom de ce centre, comme il convient dans la logique du calcul, en celui de centre de percussion, il ne sait pas ce qu'il doit en faire pour résoudre le problème du funépendule synchrone. Il est permis de penser que s'il s'était rendu compte de l'autre erreur de Descartes — absence des forces de liaison, coordination force-vitesse — il n'eût pas été capable malgré cela de résoudre le problème.

Tannery, commentant une lettre de Descartes à Mersenne de novembre 1629 [21], sur le mouvement du pendule simple, s'exprime ainsi :

> Il est aisé de voir que Descartes a touché à la solution.... Il est moins facile de reconnaître par suite de quelle erreur il l'a manquée, mais on peut dire que de même qu'à partir de 1634 ses conceptions sur la physique lui ont fait à tort abandonner dans cette question une des règles de sa méthode : la division des difficultés, et par suite la considération des mouvements dans le vide, de même dans la démonstration précédente... il n'a pas observé son autre règle encore plus importante, de n'accepter que des notions parfaitement claires et distinctes.

Il valait la peine de recevoir des textes de la controverse de 1646 un témoignage différent.

21. *Bulletin des s. math.*, 2e série, t. **15**, p. 209.

PHYSIQUE ET MÉTAPHYSIQUE CHEZ DESCARTES*

Le propos du Symposium qui nous réunit me paraît provenir d'un sentiment de plus en plus fort depuis quelques années chez un grand nombre d'entre nous, sentiment selon lequel une histoire de la raison est encore à faire, et à faire sur d'autres bases que celles adoptées jusqu'ici. Certes ce n'est pas d'aujourd'hui que les historiens des sciences sont avertis des dangers de la projection rétrospective et que leur méfiance est éveillée sur les lumières que l'on trouve trop aisément dans le passé éclairé par le présent. Mais quelques mises en accusation tapageuses de la rationalité classique ont amené progressivement à l'ordre du jour la nécessité de travaux capables de rendre compte de la complexité des démarches à travers lesquelles s'est effectué en réalité le progrès de la connaissance scientifique. Les recherches se multiplient dans ce sens. Et cependant la question de savoir si une objectivité complète dans la restitution du passé est concevable et possible reste posée, et ne saurait guère être résolue, me semble-t-il, au niveau de la méthodologie générale. J'apprécie pour ma part que le présent débat nous convie à porter le souci de cette question dans l'étude précise d'un thème particulier, celui des relations entre Physique et Métaphysique chez de grands promoteurs au XVIIe siècle. L'espoir d'avancer dans la solution d'un problème aussi fondamental que celui de la possibilité d'une histoire objective passe par la qualité des réponses susceptibles d'être formulées dans un cas comme celui du substrat métaphysique dont trois siècles nous séparent.

Si j'ai quelque titre à traiter du cas de Descartes, je n'en suis pas plus à l'aise car ma participation à l'Equipe qui a repris depuis cinq ans la publication d'un bulletin annuel de bibliographie critique des études cartésiennes, m'assure que le thème de Descartes métaphysicien est à la fois d'une grande banalité et affecté de bruits de fond puissants et confus. Le philosophe des idées claires et distinctes connaît cette infortune suprême, suscite périodiquement des contradictions passionnées et prend sa part des mises en accusation tapageuses auxquelles je viens de faire allusion. Témoin le petit livre récemment publié en France sous le titre *Descartes inutile et incertain*, emprunté à un mot de Pascal. On condamne souvent Descartes pour un rationalisme excessif et on ironise volontiers sur sa Physique sans expériences, élaborée de manière artificielle sur des fondements "métaphysiques". Renouveler le sujet est difficile, dans la mesure même où ces critiques s'exercent à partir de données textuelles que tout le monde connaît, mais il vaut la peine de s'y essayer,

* *Human Implications of Scientific Advance*, Proceedings of the XVth International Congress of the History of Science. Edinburgh, 10-19 August 1977, p. 268-277. Edited by E.G. Forbes.

ne serait-ce que pour s'interroger sur l'application du qualificatif même de métaphysique. De nos jours ce qualificatif est en général appliqué à tout ce qui paraît déduit d'une vision religieuse du monde, à tout ce qui résulte d'une cosmologie informée par la théologie, et à ce titre il intervient d'ordinaire dans les controverses pour disqualifier telle ou telle théorie, telle ou telle œuvre sur le plan scientifique. C'est un qualificatif négatif. Mais il arrive qu'il soit employé dans un sens que suggère la préposition grecque de *méta :* ce qui est au-delà de nos prises sur les choses, au-delà de nos observations et de nos expériences. Et à cet égard une référence s'impose, considérable en raison de la personnalité éminente dont elle émane et particulièrement adéquate à notre sujet. Il convient de lui consacrer quelque attention.

C'est dans son ouvrage sur *La formation de l'esprit scientifique* (1938) que Gaston Bachelard a traité d'un "exemple d'obstacle verbal : l'éponge — extension abusive des images familières" et évoqué le cas de Descartes à partir du texte clé que constitue le paragraphe 7 de la IIe Partie des *Principes*.

"Je ne sais pourquoi, déclare ce texte, lorsqu'on a voulu expliquer comment un corps est raréfié, on a mieux aimé dire que c'était par augmentation de sa quantité que de se servir de l'exemple de l'éponge", l'éponge dont l'augmentation de volume lorsqu'elle est gorgée d'eau est naturellement rapportée au remplissage et à l'extension de pores ou d'intervalles entre les parties de l'éponge.

Et Descartes, ou plus exactement son traducteur du latin en français, ajoute : "Nous ne devons pas faire difficulté de croire que la raréfaction ne se fasse ainsi que je dis." Même si cette phrase interpole par rapport au texte latin, Descartes ne l'a pas censurée et on peut souscrire sans réserve au commentaire de Gaston Bachelard lorsqu'il voit chez Descartes une confiance dans la clarté de l'image de l'éponge "qui nous montre comment une matière particulière peut se remplir d'une autre matière".

Les expressions du texte cartésien original sont conformes à cette confiance. "Bien que nous n'apercevions par aucun de nos sens le corps qui remplit les pores d'un corps raréfié", et parce qu'il n'y a "aucune raison qui nous oblige à croire que nous devions apercevoir par nos sens *tous* les corps qui sont autour de nous", la spongiosité est une "explication très aisée" de la raréfaction et celle-ci "ne peut être conçue autrement". C'est-à-dire que pour Descartes la manière dont la spongiosité s'imagine, conjugue deux qualités : celle de fournir une *explication simple* et celle de respecter la *conception* d'une physique du plein.

Lorsque Gaston Bachelard conclut : "la métaphysique de l'espace est chez Descartes la métaphysique de l'éponge", il est évident qu'il exprime sous une forme frappante et suggestive ce qui est au fond de l'affaire, à savoir que l'exclusion du vide est chez Descartes aussi fondamentale pour la conception de l'espace que pour l'élaboration et la fiabilité du modèle de l'éponge. Comme cette exclusion du vide est nécessaire pour des raisons proprement métaphysiques — nous entendrons Descartes à ce sujet tout à l'heure —, on peut suivre l'entraînement du discours tout en restant, avec Gaston Bachelard, parfaitement maître de cet entraînement. On peut parler d'"une métaphysique de l'éponge". Mais le succès de cette formule auprès de beaucoup de lecteurs va-t-il sans ambiguïté ? Je ne le crois pas.

La déclaration du texte cartésien, selon laquelle "il n'y a pas de raison qui nous oblige à croire que nous devons apercevoir par nos sens tous les corps qui sont autour de nous", autorise l'application du modèle de l'éponge au-delà de la perception sensible et il y a fort à parier que c'est pour cela que le qualificatif de métaphysique paraît au lecteur moderne singulièrement approprié. De l'adjectif métaphysique, utilisé à la limite de la permissivité lexicologique provenant de la préposition *méta*, on n'a pas aujourd'hui de difficulté à passer au substantif. Il y a là un phénomène d'usage dont il existe bien d'autres exemples — et dans la langue même de la science — et qui est toujours caractéristique d'un glissement dans le sens des mots parce que les adjectifs se prêtent davantage, à travers leur emploi marginal, à une sorte d'osmose continue. L'attrait que la "métaphysique de l'éponge" a eu et a encore sur le lecteur de Bachelard, peut donc fort bien résulter d'une connivence secrète avec une évolution et un certain laxisme auxquels nous participons tous lorsque nous prononçons le mot de métaphysique. Un mot dont la signification originelle est pour nous trop lointaine. La formule de Gaston Bachelard oblige en tout cas à se poser la question de savoir si ce qui nous plaît en elle ne déroge pas à la pensée de Descartes.

La question en fait immédiatement surgir d'autres. Car la pensée de Descartes est-elle celle que nous livrent les écrits publiés de son vivant, par lui ou avec son approbation, formelle ou tacite ? Est-elle plus largement celle que rendent accessible les publications successives faites après sa mort et que jusqu'à nos jours restituent des lettres et des manuscrits ? Elle est certainement tout cela à la fois, mais les textes qui permettent de l'atteindre imposent eux-mêmes de distinguer chez Descartes l'écrivain publié et l'homme.

Sans doute est-ce là une distinction qu'il faut toujours faire à propos de tout promoteur d'un mouvement d'idées de quelque importance. Il est cependant davantage de rigueur dans le cas de Descartes en raison de la conjoncture dans laquelle il a eu à œuvrer, en raison des précautions dont il a dû user et des difficultés qu'il a rencontrées pour se faire entendre. Difficultés d'ailleurs — il faut le reconnaître — dont il n'a pas vigoureusement cherché la solution, car dans plusieurs domaines il a pratiqué vers la fin de sa vie un curieux détachement par rapport à la diffusion de son bien propre. Et la tentation est grande de relier ce détachement à l'aveu qui figure dès le début des *Cogitationes privatae* (A-T, X, 213), dans les notes manuscrites de jeunesse, datées de janvier 1619, qui ne nous sont connues que par la transcription que Foucher de Careil en fit à Hanovre, sur les papiers de Leibniz, au siècle dernier. "Larvatus prodeo", "Je m'avance masqué", écrivait Descartes à son propre usage. L'interprétation simpliste qui consiste à mettre dans la conscience de l'auteur un mélange de prudence et de duplicité, est aujourd'hui dépassée. L'aveu ne peut pas se détacher d'un contexte qui évoque ce que le masque d'un acteur de théâtre cache au spectateur, à savoir la rougeur du visage, c'est-à-dire l'effet d'émotions diverses. En souhaitant devenir acteur sur le théâtre du monde, Descartes a su très tôt que cela ne va pas sans aliéner une grande part de sa personnalité profonde. Ce qui est beaucoup plus complexe qu'une dissimulation pure et simple. Et Descartes a souffert plus tard, à maintes reprises, d'être jugé par beaucoup sur les apparences de son personnage.

Nous avons aujourd'hui un avantage sur les contemporains de Descartes, celui de disposer de documents, lettres et manuscrits, qui nous permettent de mieux comprendre l'homme, distinct de l'écrivain. Mais cet avantage n'est réel que dans la mesure où nous acceptons l'idée que cette distinction est susceptible de nous apprendre quelque chose. Notre disponibilité d'accueil est à cet égard une condition fondamentale. Favorable du point de vue psychologique, mais aussi, et surtout peut-être, sur le plan méthodologique. Car si nous considérons, comme nous devons le faire pour notre propos actuel, les déclarations de Descartes en faveur des fondements métaphysiques de sa physique, nous les trouvons aussi bien dans ses écrits publiés que dans ses lettres et nous pouvons avoir l'impression qu'il est inutile de s'embarrasser d'une distinction qui ne semble pas avoir une grande importance dans le cas envisagé. Face à l'apparence d'une forte cohésion doctrinale chez Descartes, il y a pourtant intérêt à ne pas mettre la méthode historique sous le boisseau et c'est essentiellement ce que je voudrais montrer.

Mais j'ai besoin, dès l'abord, de vous proposer quelques précisions de langage. Quand je parlerai de manuscrits cartésiens il ne s'agira pas de documents encore inédits — documents de plus en plus rares —, il s'agira de tout ce que l'auteur a, de son vivant, laissé soustrait à la diffusion publique, même si — comme c'est le cas des lettres — il y a eu une certaine diffusion dans un milieu restreint. D'autre part je voudrais, à titre expérimental, user d'un adjectif permettant de traduire la nuance que "cartésius" exprime en latin par rapport à "cartesianus". Et conservant "cartésien" pour ce qui est lu chez Descartes écrivain et relève de la cohésion doctrinale évoquée à l'instant, j'appellerai "péronien" ce qui correspond à une expression plus personnelle de Descartes, sieur du Péron, gentilhomme poitevin.

Tout ceci étant admis, il est temps d'entrer dans le sujet proprement dit.

L'image de l'arbre qui a pour tronc la physique et dont les racines sont la métaphysique est bien connue. Descartes la donne dans la préface à l'édition française des *Principes*, mais ce qu'elle traduit animait déjà les *Meditationes* six ans plus tôt. L'aveu de l'auteur s'accompagnait seulement à cette époque du désir que l'on soit discret à cet égard. La conception des fondements métaphysiques de la physique est donc à la fois cartésienne et péronienne et c'est de 1641 à 1647 que Descartes est passé à son endroit d'une certaine réserve à l'affirmation publique. Tel est le fait qui s'impose à notre attention.

Il correspond évidemment à une démarche péronienne antérieure, probablement d'assez longue durée. La correspondance de Descartes, de 1630 à 1640, donne de cette démarche quelques témoignages positifs. A Mersenne, qui est alors le confident privilégié, Descartes n'hésite pas à déclarer que la Métaphysique est une science dont les vérités sont plus certaines que celles de la Géométrie, et sur lesquelles il espère bâtir solidement sa Physique. Mais il ajoute que bien peu d'esprits sont susceptibles d'entendre ce langage, c'est-à-dire qu'il a conscience de concevoir le statut de la Métaphysique sur un plan de rationalité qui est de nature à surprendre ses contemporains. Et qui nécessite une maïeutique, prudente et progressive. Tandis que le péronien cherche ainsi sa voie à partir d'un optimisme foncier concernant la métaphysique, le cartésien n'en laisse rien paraître. Le *Discours de la Méthode*, en 1637, situe l'origine de la démarche de l'auteur dans la découverte de l'excellence des mathématiques et dans son étonnement que l'on n'ait pas jusque là bâti sur elles quelque chose de plus relevé. Les *Essais* de la méthode, dont deux sur trois intéressent la Physique, ne contiennent pas un mot qui soit en désaccord avec un itinéraire intellectuel inspiré par le modèle de la logique mathématique. Il y a donc manifestement, au moment de la première publication de Descartes, une différence entre ce qu'il livre au lecteur et le projet profond dont il parle seulement à quelques intimes, de manière plus ou moins explicite. Le premier problème qu'il y a lieu de résoudre est celui de savoir si un jugement objectif est possible et si la différence, positive, engageait ou non la sincérité du philosophe.

Essayer de répondre exige de remonter à la décennie 1619-1629 au cours de laquelle Descartes dispose de toute la vigueur physique et intellectuelle du jeune homme qui franchit l'âge adulte, et en use de diverses manières. Deux manuscrits importants encadrent cette période : le *Compendium musicae* et les *Regulae*. L'Equipe Descartes les a tous les deux soumis à l'analyse automatique que permettent les moyens très modernes du Laboratoire du Pr Delatte à Liège et c'est du résultat de cette analyse que je tire, rapidement, quelques éléments utiles pour notre propos. Le *Compendium musicae*, rédigé dans la foulée de la rencontre avec Isaac Beeckman en 1618, relève de la seule passion de son jeune auteur à faire oeuvre scientifique en introduisant une rationalité dans un domaine jusque là réservé à l'art. C'est un véritable Essai de la Méthode, mais naturellement de la Méthode avant la lettre. Si celle-ci n'est pas encore acquise explicitement en 1629, lorsque Descartes travaille encore à la rédaction des *Regulae* après plusieurs années de contacts avec Mersenne et avec son groupe, c'est bien cependant de la Méthode qu'il s'agit tout au long de ce manuscrit consacré aux "règles de la direction de l'esprit". Manuscrit inachevé, d'ailleurs, mais dont les titres des "règles" en attente d'un contenu témoignent de l'inspiration par la logique mathématique. Il est bien clair que de 1619 à 1629 ce sont les sciences, leur profonde unité et l'instrument privilégié que constituent les mathématiques, qui occupent le champ de conscience de Descartes. Les publications de 1637 sont homogènes à cette situation et prouvent que l'auteur n'a pas eu, à quelques années de distance, à se renier par rapport à un point de vue précédemment adopté et par rapport à son efficacité.

C'est là une constatation d'ensemble. Mais on peut donner sur la situation péronienne de 1629 quelques détails utiles. Et d'abord, l'auteur des *Regulae* manifeste dans son vocabulaire et par la structure même de maints raisonnements son attachement à la formation aristotélicienne reçue au collège jésuite de La Flèche. Jean-Luc Marion a parfaitement montré cela dans son ouvrage au titre suggestif, et je dois me contenter ici de renvoyer à cette étude très rigoureuse qui renouvelle considérablement la connaissance de Descartes. L'ontologie aristotélicienne a incontestablement conservé aux yeux du jeune philosophe un très grand attrait dans le même temps où il explorait sur le modèle mathématique la structure de la rationalité. Mais l'être des choses dont le même jeune philosophe avait à traiter en matière de science physique lui est apparu comme pouvant rester sous un certain voile, la rationalité ayant prise sur un contenant aux contours suffisamment précis sans que le contenu soit pour autant objet de connaissance complète. Et c'est pourquoi M. Marion qualifie la philosophie péronienne d'ontologie grise. Je crois l'adjectif adéquat, dans son acception commune, pour exprimer la nuance qui est ici nécessaire. S'il est vrai, comme le montre Marion, que Descartes se démarque essentiellement du discours aristotélicien par le flou qu'il laisse possible sous la rigueur logique du langage, c'est bien d'une grisaille qu'il s'agit, d'un affaiblissement de la teinte à contraste maximal que le nominalisme scolastique conçoit pour le produit de ses définitions.

Je crois même l'image en accord avec ce que les *Regulae* révèlent de la position de leur auteur par rapport au phénomène physique de la couleur. Car si cet auteur est informé de diverses tentatives théoriques basées sur l'existence de "couleurs primitives", il maintient sa faveur, du point de vue de la méthode et pour l'étude de la coloration des surfaces, à la notion aristotélicienne de mélange de blanc et de noir. Le noir étant pour lui ce qui caractérise les lignes de force le long desquelles la pression de la lumière est maximale et ces lignes de force se disposant suivant des figures géométriques aptes à réaliser le pavage du plan. L'analogie avec les notions simples et absolues auxquelles l'analyse permet de remonter et dont les diverses compositions s'imposent à la considération du physicien n'est pas factice. Et les règles pour la direction de l'esprit du Descartes de 1629 renvoient bien à une ontologie structurée comme la vision d'une surface éclairée, avec alternance plus ou moins dense de force et d'absence, de noir et de blanc, c'est-à-dire à une ontologie que nous ne pouvons dire que grise.

Mais c'est là une appréciation personnelle sur laquelle je ne saurais m'attarder. Il importe plutôt de relever ici quelques éléments significatifs. On sait que les *Regulae* situent à l'origine de la démarche de l'esprit un acte appelé *intuitio*, qu'il semblerait à première vue opportun de comprendre comme étant une sorte de pénétration immédiate. M. Marion a montré, à l'aide des correspondances de contexte que fournit aisément l'analyse automatique, que la traduction française d'*intuitio* dans la langue de Descartes est le mot *regard*. Le mot *regard* tel qu'il est en français, proche de son sens concret et dépourvu des dérivations morales qu'il a acquises en anglais. Bien loin d'être une vision pénétrante, l'*intuitio* péronienne est donc une saisie préalable d'ensemble, globale. Ce qui ne signifie pas, certes, qu'elle soit grossière, car le regard de l'observateur averti discerne des détails là où le vulgaire ne remarque rien, mais il s'agit bien avec le "regard" de ce qui est livré à l'attention de l'esprit avant toute activité d'analyse. Voilà qui corrige déjà beaucoup l'image que l'on propose trop souvent de Descartes, et il serait aisé d'apporter à l'appui de nombreuses références qui montrent combien le Descartes physicien a procédé par réflexion sur des données d'observation soigneusement rassemblées.

Les *Regulae* témoignent cependant à un autre point de vue, non moins important. Le point de vue de la *mathesis universalis*, c'est-à-dire d'une méthode inspirée par le modèle mathématique, mais d'application universelle. Descartes a donné à l'expression, qu'il trouvait devant lui, une dimension nouvelle. Celle de l'"ordre" que la correspondance entre les diverses catégories d'objets mathématiques révèle comme fondement de la démarche de l'esprit lorsque ayant épuisé les données du "regard" il s'agit de constituer un processus de compréhension. Ce processus, qui va par degrés et exige en chacun un choix raisonnable dans l'énumération exhaustive des possibles, remonte une chaîne ordonnée jusqu'aux principes premiers pour redescendre ensuite en prolongeant l'organisation des moyens et permettre ainsi la découverte. Il y a là beaucoup plus que l'illustration des vertus de la déduction et des chaînes logiques.

D'ailleurs, c'est une critique sévère de la littérature mathématique de son temps qui inspire l'auteur des *Regulae* et l'opposition qu'il manifeste à l'algèbre est liée au fait que les ouvrages qui se réclament du terme sont encombrés d'une nomenclature surabondante, remplis de recettes particulières, incapables de dégager la suffisance de quelques définitions précises et de quelques structures de relations formelles. Le modèle que l'auteur des *Regulae* cherche dans les mathématiques, et dont il pense que l'"Analyse" des Anciens contenait une ébauche voilée, est donc en réalité le fruit d'une réforme profonde. Réforme qui ramène catégoriquement la technique opératoire au rang de moyen et met au premier plan une logique relationnelle. Réforme placée sous le signe de l'économie, dans tous les sens du terme : le minimum de matériel opératoire et conceptuel pour le maximum d'efficacité, à travers des règles de composition itérables et réversibles.

Sans doute cette réforme impose-t-elle au langage mathématique des restrictions, sur lesquelles ce n'est pas ici le lieu de s'arrêter et dont Descartes est parfaitement conscient. Mais elle donne à ce langage un caractère de généralité propice à des applications dans d'autres domaines, en particulier celui des phénomènes physiques, et un rôle que la *Géométrie* de 1637 précisera avec discrétion, mais netteté. A savoir que l'algèbre péronienne est un code qui permet de "chiffrer" la géométrie et d'en transposer les problèmes dans une langue artificielle dont il s'agit ensuite de décoder les produits.

Il n'y a pas de doute sur le fait que les publications de 1637 présentent ainsi l'émergence d'une nouveauté radicale, mûrie durant une dizaine d'années et concernant la nature même du langage de la science.

Leibniz, qui fut celui qui, à la fin du siècle, comprit le mieux le projet, ne cessa de répéter qu'il n'allait pas aussi loin que son promoteur le croyait et s'appliqua à montrer comment il convenait de le dépasser. Mais dans les limites où Descartes se plaçait — exclusion du maniement de l'infini, exclusion de la considération du temps, etc. — le projet correspondait à la volonté de mettre à l'épreuve l'économie de moyens, aussi longtemps que possible, et il avait une consistance propre suffisante pour servir la réflexion philosophique en matière de connaissance certaine.

Sans doute — et c'est ici qu'il convient de revenir à ce que nous avons déjà relevé plus haut à propos de la correspondance avec Mersenne à partir de 1630 — Descartes a-t-il été amené parallèlement et progressivement à réfléchir à la "certitude" sur un tout autre registre. Celui des "vérités éternelles", celui de l'"existence", registre qui permet de situer comment l'appel à l'ontologie est inévitable. Car l'existence du moi pensant n'aboutit qu'à une solitude si rien d'extérieur à lui ne peut être assuré. Et il est bien vrai que Descartes entrevoit la nécessité d'une science de l'être, supérieure à la "Géométrie" et dont la clé de voûte est Dieu , ce Dieu qui "est" et qui garantit, par ce qu'il met en nous, la possibilité même d'une connaissance objective. Mais il est très clair que cette métaphysique n'interfère pas avec la science des phénomènes naturels pour contester sa légitimité et qu'elle vise essentiellement à conforter cette légitimité. En un mot, la métaphysique est passée dans les préoccupations profondes de Descartes afin de justifier une science déjà en voie d'élaboration de manière autonome.

Au cours de la période que nous évoquons en ce moment, Descartes a d'ailleurs fait une fois à Mersenne une déclaration bien surprenante. A savoir qu'il était en mesure de démontrer que la couleur de l'hostie consacrée dans l'Eucharistie est nécessairement blanche ! Il n'y est jamais revenu par la suite et il nous a laissé le soin de comprendre — ce que je crois pour ma part possible. Mais peu importe la démonstration. L'important est le fait que la physique péronienne possédait dans l'esprit de son promoteur une consistance suffisante pour qu'on puisse lui demander d'intervenir en semblable affaire et de fournir une vérité complémentaire de la spéculation théologique.

En définitive, je ne crois pas que le Descartes d'avant les *Méditations* et les *Principes* ait caché son jeu. Il n'a pas commencé par être métaphysicien, il l'est devenu, afin d'assurer davantage les bases d'une connaissance dont, par ailleurs, il s'était attaché à élaborer des moyens cohérents.

Et il est devenu métaphysicien au point de s'engager tout entier dans une œuvre plus philosophique que scientifique. Ce qui lui a valu beaucoup d'ennuis. Sa correspondance avec Chanut en 1646 évoque la leçon qu'il tirait de son aventure.

"MM^rs^ les Régents, écrivait-il le 1er novembre 1646, sont si animés contre moi à cause des innocents Principes de Physique qu'ils ont vu ... que si je traitais après cela de la Morale, ils ne me laisseraient aucun repos... Le mieux que je puisse faire désormais est de m'abstenir de faire des livres et de n'étudier plus que pour m'instruire." C'est-à-dire que le sieur du Péron persistait dans la conscience que ses Principes de la Philosophie naturelle n'entretenaient avec la Métaphysique que des rapports "innocents" et qu'il y avait pour lui une déception amère à constater les procès d'intention auxquels on le soumettait sans cesse. Il n'avait probablement qu'à s'en prendre à lui-même puisqu'il avait pris la plume pour faire des livres et pour montrer que sa Physique s'insérait dans un vaste système philosophique. D'où son aversion maintenant déclarée pour ce genre de littérature. Mais il avait certainement aussi réfléchi davantage, à travers une expérience littéraire dans laquelle il avait donné le change aux autres et un peu à lui-même, et il convient de relire ici ce qu'il disait au même Chanut quelques mois plus tôt, en mars 1646.

"Une seule observation que je fis de la neige hexagone en l'année 1635 a été cause du Traité que j'en ai fait [des Météores]. *Si toutes les expériences dont j'ai besoin pour le reste de ma Physique* me pouvaient ainsi tomber des nues et qu'il ne me fallût que des yeux pour les connaître, je me promettrais de l'achever en peu de temps. Mais pour ce qu'il faut aussi des mains pour les faire et que je n'en ai point qui y soient propres, je perds entièrement l'envie d'y travailler davantage."

Et il ajoutait : "Ce qui n'empêche pas néanmoins que je ne cherche toujours quelque chose ... afin d'en pouvoir conférer en particulier avec mes amis pour lesquels je ne sçaurais avoir rien de caché."

Ce texte admirable se passe de commentaire. Jusqu'en 1637, ce que Descartes ne cachait pas à ses amis, c'était sa préoccupation de fondements métaphysiques, mais la situation s'est renversée. Face à l'incompréhension des philosophes et des théologiens, Descartes mesure en 1646 le temps qu'il a perdu et, confiant à un ami les raisons pour lesquelles il n'espère plus terminer sa Physique, il parle d'expériences nécessaires et non plus de métaphysique.

Est-ce à dire que le péronien meurtri par les polémiques philosophiques en soit venu à estimer moins le problème des fondements de la connaissance ? Je ne le crois absolument pas, Leibniz nous a conservé le contenu de remarques que Descartes avait écrites à propos de ses *Principes* et j'ai donné de ce texte (original latin A-T, XI, 654-657) une traduction française dans l'Appendice de la deuxième édition du nouveau tome (A-T, IX_2, p. 361-362). C'est sur ce document que je me fonde.

Une étude d'ensemble me convainc que ce document non daté est contemporain des débats avec Regius, le disciple infidèle, donc qu'il se situe lui aussi en 1646 ou 1647. Je suis évidemment obligé ici de me contenter d'en faire quelques extraits significatifs.

"C'est une grande preuve de vérité de ne pouvoir pas ne pas être conçu, et de fausseté de n'être pas concevable, comme le vide, l'indivisible, le monde fini, etc." Telle est la première phrase qui manifeste d'emblée combien Descartes demeurait alors convaincu de l'importance du moi pensant. Mais il ajoutait : "Le premier cas *implique* l'être, l'autre le non-être *(Haec enim implicant esse, alia non esse)* et je n'ai pas besoin de souligner combien l'emploi du verbe "impliquer" introduit dans le fondement métaphysique une nuance très importante. Il ne s'agit plus de "démonstration" contraignante.

Et Descartes dit d'ailleurs un peu plus loin : "De tout ce qui inclut contradiction absolument on *peut* dire que cela ne peut pas être, bien que cependant on ne doive pas nier que Dieu puisse lui donner d'être, en changeant bien entendu les lois de la nature. Ce que nous ne devons jamais supposer qu'il ait fait, à moins qu'il ne l'ait révélé lui-même. Ainsi pour le cas d'un monde infiniment éternel, des atomes, du vide, etc." On voit que Descartes module ses principes fondamentaux de physique, tels la divisibilité de la matière à l'infini et l'exclusion du vide : l'indivisibilité et le vide ne sont pas concevables parce qu'ils incluent contradiction, mais à condition de le révéler Dieu aurait pu leur donner d'être et il ne l'a heureusement pas fait.

Forte est la *présomption (conjectura)* pour affirmer quelque chose, dit encore Descartes, quand, celle-ci posée, nous concevons Dieu plus grand et le monde plus parfait". Il n'y a ainsi aucun doute. La métaphysique, à laquelle Descartes s'adresse après les luttes qu'il a eues à soutenir, est bien toujours une science de l'être, mais elle n'a plus le caractère absolu qu'il avait d'abord imaginé. Elle se nourrit d'"implications", de "possibilités" et de "présomptions".

Permettez-moi encore une citation. Vers la fin du texte Descartes évoque le fait qu'il est peu raisonnable de considérer le monde comme fini, et il ajoute : "A nous, qui tenons pour l'infini, n'incombe pas la charge de résoudre les contradictions que l'on a coutume de proposer à son sujet, mais *nous sommes délivrés de toutes les difficultés par cet aveu très simple et très vrai* de ce que notre entendement n'est pas infini et qu'il est par conséquent incapable de comprendre telles quelles les choses qui concernent l'infini." Je suis personnellement, et en raison même de mon appartenance à une famille religieuse qui a eu avec Descartes une affinité notable, particulièrement sensible à l'accent de profonde modestie intellectuelle que traduit "cet aveu très simple et très vrai". Mais je crois que je ne serai pas seul ici dans ce sentiment.

Il y aurait évidemment beaucoup d'autres choses à dire, notamment en reprenant méthodiquement l'examen des divers *Essais* de la Physique de Descartes, pour montrer comment le terme d'Essai a toujours correspondu chez ce savant philosophe à une conscience lucide en même temps qu'à l'espoir d'ouvrir des "chemins". Mais le temps fait défaut et il faut finir. J'ai simplement relevé dans le péronien d'avant et d'après les prises de position publiques (1641-1644) quelques traits susceptibles de corriger la notion de la Métaphysique servante de la Physique qu'on croit trop aisément devoir attribuer à Descartes, notion à la fois rigide et immuable.

Puissiez-vous au moins, en réfléchissant chacun sur ces traits, reconstituer à votre usage un "regard" dont je souhaite, en terminant, qu'il soit pleinement anglais.

REMARQUES QUE DESCARTES SEMBLE AVOIR ÉCRITES SUR SES PRINCIPES DE LA PHILOSOPHIE (titre de Leibniz)*

C'est une grande preuve de vérité de ne pouvoir pas ne pas être conçu, et de fausseté de n'être pas concevable, comme le vide, l'indivisible, un monde fini, etc. Le premier cas implique l'être, l'autre le non-être.

Forte est la présomption pour affirmer quelque chose, quand, celle-ci posée, nous concevons Dieu plus grand ou le monde plus parfait ; ainsi en est-il des propositions suivantes : que la détermination de notre volonté au mouvement local coïncide toujours avec la cause corporelle déterminant le mouvement ; que les miracles s'accordent avec les causes naturelles, etc.

On peut dire de tout ce qui inclut absolument contradiction que cela ne peut être, bien que cependant on ne doive nier que Dieu puisse lui donner d'être, en changeant bien entendu les lois de la nature ; ce que nous ne devons jamais supposer qu'il ait fait, à moins qu'il ne l'ait révélé lui-même ; ainsi pour le cas d'un monde infiniment éternel, des atomes, du vide, etc.

Quand on a une raison positive pour être persuadé d'une chose, il ne faut pas admettre des doutes métaphysiques contraires à cette opinion et qui n'ont vraiment l'appui d'aucune raison, celui-ci, par exemple : Dieu aurait-il voulu par hasard l'annihilation de l'âme chaque fois que le corps est détruit ?

Il ne faut pas penser à des choses dont l'existence ou la non-existence restera toujours un mystère pour notre connaissance.

Une expérience même évidente, quand elle n'est pas scrupuleusement soumise au contrôle de la raison, amène souvent une conclusion fausse.

Dans l'examen des effets naturels, si nous ne considérons qu'une partie de la cause, nous arrivons souvent à des conséquences contraires à celles que nous trouvons en tenant compte de la cause entière ; c'est ainsi qu'en arithmétique, si nous omettons quelque chose, le nombre qui était pair devient impair, et arrive à être tout autre qu'il devait.

Du libre arbitre résulte que nous puissions mériter récompenses et louanges ou être passibles de peines ; la religion vient de là aussi.

Pour comprendre une chose il n'est pas nécessaire de voir dans l'ensemble et le détail, les perfections de la chose, mais seulement de mesurer par la pensée ce que nous en connaissons : autrement dit, que la pensée accède à toute l'étendue de l'objet connu. Ainsi je comprends l'extension d'un pied, bien que peut-être je n'en aperçoive pas toutes les propriétés toutes ensemble et chacune séparément, parce que ma pensée peut la comparer, et de la sorte nous ne connaissons rien sans le comprendre, excepté l'infini et tout ce que j'appelle indéfini du fait même que ce n'est pas saisissable, comme l'étendue de l'univers, la divisibilité des parties de la matière.

Je n'entends pas que l'idée de Dieu soit en nous autrement que les idées de toutes les vérités connues par elles-mêmes, et bien entendu je n'entends pas que celles-ci

* Leibniz avait conservé une copie d'un texte vu par lui chez Clerselier et qui a été publié dans AT, t. XI, p. 654-657. Leibniz n'a pas douté que ce texte émanait de Descartes lui-même, il a simplement hésité sur l'affirmation de la relation de ce texte avec une volonté de l'auteur de commenter ses *Principes* – le mot «Principes» devant être entendu comme le titre de l'ouvrage de Descartes. Le texte en question est rédigé en latin; nous en reproduisons ici la traduction française qui a été donnée en Appendice au t. IX_2 de la nouvelle édition d'AT, p. 361-362.

soient toujours représentées en acte dans quelque partie du cerveau, comme des vers se trouvent dans un manuscrit de Virgile, mais elles y sont seulement en puissance comme diverses figures dans un morceau de cire. En un mot, de même que cette cire, suivant qu'elle rencontre les autres corps d'une manière ou d'une autre, reçoit en elle l'être de telle ou telle figure ; de même, selon que l'esprit est appliqué de lui-même ou par des causes étrangères, à considérer tel ou tel objet, il trouve en lui-même telle ou telle autre idée de ce qu'il considère. Mais néanmoins les idées innées diffèrent des adventices et des idées élaborées ou artificielles en ce que l'action de la volonté concourt à la formation des idées artificielles, les sens à celle des adventices, et à celle des idées innées la seule perception de l'entendement.

Il y a beaucoup de choses qu'un esprit fini peut entendre, soit de Dieu, soit de toute espèce d'infini et dont il peut discourir, mais il y en a beaucoup d'autres, que nous éprouvons ne pouvoir comprendre à fond sans une faculté de comprendre infinie ; par exemple : Si un fil d'une longueur infinie roulé en cercle remplirait un espace infini ; et autres semblables dont il ne me paraît pas qu'on doive discourir, à moins qu'on ne croie son propre esprit infini.

Je pense qu'il est de l'essence de l'esprit de penser en acte, comme il est de l'essence du corps d'être étendu en acte.

Il n'y a rien d'absolu dans le mouvement que la séparation de deux corps en mouvement l'un d'avec l'autre, mais que l'on dise de l'un de ces corps qu'il est en mouvement, de l'autre qu'il est en repos, ceci n'est que relatif et dépend de notre manière de concevoir, comme c'est bien le cas de ce mouvement qui est appelé local : ainsi quand je marche sur la terre, tout ce qu'il y a d'absolu ou de réel et de positif dans ce mouvement consiste dans la séparation de la surface de mes pieds d'avec la surface de la terre, et cette séparation n'est pas seulement pour moi, mais pour la terre, et c'est dans ce sens que j'ai dit qu'il n'y a rien de réel et de positif dans le mouvement qui ne soit aussi dans le repos. Quand j'ai dit que le mouvement et le repos étaient contraires, je l'ai entendu en considérant du point de vue de l'un des corps, toujours le même, qui en effet se trouve dans des manières d'être contraires, quand sa surface est séparée de celle d'un autre corps ou quand elle n'en est pas séparée.

Nous ne trouverons pas de difficulté à l'étendue indéfinie du monde, si nous prenons soin seulement de considérer qu'en disant qu'il est indéfini, nous ne nions pas que peut-être, dans la réalité, il ne soit fini, mais nous nions seulement que notre intelligence puisse comprendre qu'il ait des bornes ou des extrémités quelconques, et cette pensée me paraît tout à la fois plus souple et plus sûre que celle de ceux qui en affirmant que le monde est fini osent imposer des bornes aux œuvres de Dieu. Et de plus, à nous qui tenons pour l'infini, n'incombe pas la charge de résoudre les contradictions que l'on a coutume de proposer à son sujet ; mais nous sommes délivrés de toutes les difficultés par cet aveu simple et très vrai de reconnaître que notre entendement n'est pas infini et qu'il est par conséquent incapable de comprendre telles quelles les choses qui concernent l'infini. Nous n'aurons même pas à craindre qu'en philosophant sur l'extension indéfinie du monde, nous paraissions lui accorder une durée infinie, parce que nous ne disons pas que le monde est infini mais qu'il est très certain que sa durée est indéfinie à notre égard, c'est-à-dire que nous ne saurions déterminer, par les seules forces de notre raison naturelle, à quel moment il a dû être créé. Et ensuite parce que malgré quelques raisons naturelles qui prouveraient peut-être sa création de toute éternité, alors que la foi nous enseigne cependant le contraire, nous savons fort bien qu'il ne les faut écouter en aucune manière, comme il appert de l'article 76 de la première partie. Le mouvement et le repos diffèrent vraiment et modalement, si par mouvement on entend la séparation de deux corps l'un de l'autre et par repos le contraire de cette séparation. Mais lorsque de deux

corps qui se séparent l'un de l'autre on dit que l'un est en mouvement et l'autre en repos, mouvement et repos n'ont en ce sens qu'une distinction de raison.

Le mouvement de la Terre n'est pas chez Copernic mais plutôt chez Tycho. Ainsi l'Écriture se justifie, soit que l'on dise qu'elle parle selon l'usage vulgaire — et alors rien contre Copernic — soit qu'on dise qu'elle parle d'après une connaissance de la vérité ignorée en son temps du commun des hommes — et alors elle est pour Copernic.

(Traduction P. COSTABEL et M. TESTARD)

A PROPOS DE LA CORRESPONDANCE DE DESCARTES *

La Correspondance de Descartes dans l'édition Adam-Tannery a vu l'achèvement de sa mise à jour l'année dernière. Bernard Rochot, déjà longuement évoqué ici à propos de Mersenne, avait assumé de 1964 à 1969 la responsabilité de la réédition des Tomes VI à X des Œuvres, puis avait été relayé par Joseph Beaude pour le tome XI. C'est à partir de 1969 que nous avons entrepris, Beaude et moi, les tomes I à V spécialement consacrés à la Correspondance, mais les obligations de Beaude au C.N.R.S. ayant progressivement diminué ses possibilités de travail pour la réédition Adam-Tannery, j'ai pris de plus en plus de responsabilité directe. Pour le nouveau tome V surtout, qui a clos la réédition en 1974 et qui est très différent de l'ancien, de nombreux problèmes délicats exigeaient des soins attentifs. Il s'agissait d'une part d'intégrer tous les éléments non encore repris du *Supplément* de l'ancien tome XII, et d'autre part de compléter les index. Il s'agissait surtout d'établir une table chronologique correcte et de situer pour le lecteur toutes les références, non seulement dans les tomes I à V, mais aussi dans les tomes X et XI où se trouvent effectivement des lettres ou fragments de lettres.

Notre table fait apparaître (par une étoile blanche)les documents nouveaux (c'est-à-dire qui ne se trouvaient pas dans l'édition précédente), et elle signale (par une étoile noire) les documents pour lesquels sont intervenues des corrections — de quelque nature que ce soit.

La grande majorité des documents nouveaux est constituée par la correspondance entre Descartes et Constantin Huygens (Edition Roth, 1926). Et l'on peut même préciser de la manière

* Actes des Journées de Synthèse sur les Correspondances scientifiques à Chantilly (Les Fontaines), 5-7 mai 1975. *Revue de Synthèse*, Paris, no. 81-82, janvier-juin 1976, p. 77-80.

suivante : sur les 850 documents que présente actuellement la Correspondance de Descartes, 110 sont nouveaux au sens précisé à l'instant, et sur ces 110, une quinzaine seulement proviennent d'une autre source que Roth. Le mathématicien est tenté de conclure que depuis le début de ce siècle et la publication de la 1re édition Adam-Tannery, une progression géométrique de raison 1/10 environ, semble régir la découverte de documents nouveaux sur les deux grandes étapes à considérer, celle qui va de la 1re édition Adam-Tannery jusqu'à Roth et celle qui s'étend ensuite jusqu'à nous. A ce compte nous pourrions penser qu'il n'y a pas lieu de s'attendre maintenant à des découvertes sensationnelles et nombreuses.

Je ne crois pas, pourtant, qu'il faille trop se reposer sur la confiance en l'exploitation exhaustive des sources utilisées jusqu'ici. C'est grâce à nos collègues M. et Mme Hall, ici présents, que je dois d'avoir eu connaissance d'une importante correspondance entre Cavendish et John Pell — et ceci à temps pour l'intégrer au tome IV. L'importante mise au point concernant la correspondance entre Descartes et More, qui figure au tome V, n'a été possible que parce que notre jeune collègue Alan Gabbey, de Belfast, a compulsé les « Hartlib's Papers » à Sheffield. Je suis persuadé que les fonds d'archives en Angleterre nous réservent encore des surprises.

Et ils ne sont probablement pas les seuls. Notre collègue hollandais, M. Bots, a droit à la reconnaissance des Cartésiens pour la découverte de cette lettre de Jan Van Foreest à Descartes, de janvier 1647, qui confirme la charité du philosophe et son action en faveur des humbles. Nos collègues de Hanovre, M. Heinekamp et Mlle Utermöhlen, ont fait la preuve, avec une lettre de Descartes à Dozen du 6 février 1642, que les fonds Leibniz n'ont pas dit leur dernier mot.

Mais voici justement du nouveau, que je n'ai connu que trop tard pour l'intégrer à la publication. Une collègue de Hongrie, Mme Judith Esze, a récemment découvert dans la bibliothèque de l'Eglise réformée de Debrecen deux copies de lettres de Descartes. La première, de Descartes à Regius, en date du 6 février 1642 — la même date que je viens de signaler à l'instant à propos de Dozen — confirme la lettre à Dozen sur le fait d'une mission confiée à l'abbé Picot. Regius est prié de faciliter la tâche de l'envoyé spécial pour savoir si l'atmosphère d'Utrecht est meilleure que celle de Leyde, et le renseignement ainsi fourni est important. La seconde lettre, moins significative parce qu'elle n'est qu'un billet datant de l'affaire Stampioen en 1639, est cependant intéressante du fait que son destinataire est très vraisemblablement Wassenaer. Regius, Wassenaer : deux disciples qui furent quelque temps chéris par le maître, mais que celui-ci dut finalement désavouer, et dont les noms sont pour moi suggestifs. Mme Esze déclare, sans préciser comme nous le souhaiterions, que les copies qu'elle a découvertes proviennent d'un étudiant hongrois, de religion réformée, qui fut étudiant à Franeker en 1710. C'est donc qu'il existait encore à cette époque, en Hollande, des dossiers cartésiens, peut-être constitués par les anciens disciples rejetés et soucieux de garder trace des faveurs passées, à toutes fins utiles. Il n'est pas impossible que des lambeaux subsistent, là où l'on n'a pas encore eu l'idée de chercher.

En France même, il est évident qu'il reste beaucoup à faire. Si j'ai eu la bonne fortune de retrouver, grâce à Mersenne, le contenu du n° 74 du classement de Dom Poirier, je n'ai pas pour autant remis la main sur le manuscrit qu'avait vu le bénédictin vers 1800. L'incroyable odyssée des manuscrits de Descartes en France et la non moins incroyable négligence avec laquelle ils sont encore conservés à certains endroits, rendent les pertes successives fort compréhensibles, mais sans qu'on puisse considérer ces pertes comme absolument irrémédiables. Puissions-nous trouver quelque chercheur qui accepterait de faire le travail de bénédictin — et c'est bien le cas de le dire — qui consiste à reprendre patiemment la filiation de nos documents français afin de clarifier une histoire assez confuse et de situer les pistes susceptibles d'être encore à suivre. Pour ma part, j'estime que la piste Arbogast-Français, au début du XIXe siècle, n'a pas été l'objet de l'attention qui convenait. Paul Tannery a établi qu'Arbogast a effectivement eu entre les mains, à la fin du XVIIIe siècle, des lettres de Descartes, et notre collègue M. Taton a récemment montré, d'une part, que les frères Français, neveux d'Arbogast, ont hérité de ses riches collections de manuscrits, d'autre part, que ces collections n'ont très probablement pas été toutes vendues à Metz en 1833. De telle sorte que certains documents ont pu échapper ainsi à la redoutable attention de Libri.

Permettez-moi d'ajouter une remarque. Clerselier lui-même a avoué son embarras devant des fragments qu'il ne savait comment assembler. Les lettres 23 et 24 de son tome II, auxquelles la 1re édition Adam-Tannery donnait le nom de lettres à Boswell, ont été reconnues depuis comme un exemple très caractéristique de l'opération d'assemblage de morceaux à laquelle Clerselier fut parfois réduit. J'ai essayé de proposer une solution que je crois meilleure que celle de Cornelis De Waard, car il y a évidence de l'appartenance de plusieurs morceaux à la correspondance de Descartes et de Mersenne pour la période 1635-37, mais des problèmes demeurent. Comme pour la lettre 92 du même tome II de Clerselier (15 nov. 1638) : j'ai mis en évidence que Clerselier a interverti des feuillets, mais je crois qu'il y aurait lieu de mieux dépouiller les renseignements contenus dans le recueil Cavendish au British Museum.

Je m'arrête. Après avoir participé de manière étroite à l'achèvement de la réédition Adam-Tannery, je suis très conscient du fait qu'on ne saurait considérer le résultat comme définitif. Du moins, me semble-t-il, une bonne base a été donnée aux moindres frais pour la préparation future d'une meilleure édition. Et qu'on me permette en terminant de signaler qu'il existe depuis quelques années une équipe Descartes, dont l'une des activités consiste dans un bulletin de bibliographie critique. Bulletin qui paraît dans les *Archives de Philosophie* chaque année, grâce à la bienveillance du R. P. Régnier, et dans la maison qui nous accueille ici, aux Fontaines, je serais bien ingrat de ne pas exprimer ma reconnaissance très vive.

L'expérience a montré que le Bulletin Cartésien nous oblige à découvrir dans le vaste monde des articles utiles pour la recherche des documents et qui pourraient aisément rester sans écho. Nous souhaiterions être cependant moins livrés à nous-mêmes dans notre quête et devenir la véritable boîte à lettres de l'internationale cartésienne. Puisse notre vœu se réaliser avec le temps!

Achevé d'imprimer en France par Dupli-Print à Domont (95) en mai 2013
N° d'impression : 231071